普通高等教育"十二五"规划教材

管理信息系统

主 编 刘 永
副主编 付永华 常金玲
编 写 李泽锋 许烨婧 刘坤锋
主 审 李建文

中国电力出版社
CHINA ELECTRIC POWER PRESS

内 容 提 要

本书为普通高等教育"十二五"规划教材。本书具有以下特点:一,体系清晰,理论与实践并重——教材按照结构化思想,以信息系统周期为主线,结构合理,系统性强,且辅以具体实例,图形化展示流程;二,重点突出,便于教学与自学——将章节问题、课堂讨论等,融合实际案例,穿插相对应知识点中,符合学习规律,便于学习;三,需求驱动,实用与适用结合——基于社会需求调研,按照课程发展思路,构建既符合实际需要又适用于不同专业的内容。

本书可作为普通高等院校信息管理与信息系统、管理科学与工程、工商管理、计算机应用等专业的本、专科教材(可以根据本科、专科教学要求的不同进行适当取舍),也可作为相关领域从业人员的参考资料。

图书在版编目(CIP)数据

管理信息系统 / 刘永主编. —北京:中国电力出版社,2012.12(2018.5 重印)

普通高等教育"十二五"规划教材

ISBN 978-7-5123-3804-3

Ⅰ.①管… Ⅱ.①刘… Ⅲ.①管理信息系统-高等学校-教材 Ⅳ.①C931.6

中国版本图书馆 CIP 数据核字(2012)第 287808 号

中国电力出版社出版、发行

(北京市东城区北京站西街 19 号 100005 http://www.cepp.sgcc.com.cn)

北京九州迅驰传媒文化有限公司印刷

各地新华书店经售

*

2012 年 12 月第一版 2018 年 5 月北京第二次印刷

787 毫米×1092 毫米 16 开本 15 印张 361 千字

定价 **28.00** 元

前　　言

在人类进入 21 世纪的今天，组织面临全球性竞争和复杂多变的环境，同时也面临以计算机为核心的信息技术所带来的各种机遇和挑战。越来越多的组织认识到信息、信息技术、信息系统是管理者可以利用的最重要的资源之一。在一个组织中，信息系统的应用占有日益重要的地位。管理者如何开发、管理和利用信息系统，关系到企业的生存和发展。

信息系统的原理和方法随着科技进步和信息技术的深入应用也有一个不断完善和发展的过程。早期，信息系统的应用主要是以提高工作效率、替代繁杂的手工重复劳动、节省时间与开支等为主的常规数据处理。现在，信息系统已经拓展到以综合数据分析与利用、辅助决策、支持电子商务为主的多层次、多方位的应用领域并朝着集成化和智能化的方向发展。

管理信息系统实现的原理与方法不仅依靠信息技术的应用，更融合了现代管理的思想和理念、系统的观点与方法。信息系统的应用已经影响到了企业和组织的管理模式、管理制度、组织结构、运作方式等各个方面。因此，管理信息系统实现的基本原理、开发与应用技术等已经成为从事信息管理与信息系统及相近专业的人们所必须具备和掌握的知识与技能。

本书的内容，涵盖了管理信息系统实现的基本原理、系统开发与应用的技术及信息系统领域最新的发展。

本书的编者长期从事该领域的教学和科研工作，将该学科的前沿知识融会其中，确保内容的权威性，具有较强的参考性。

全书共分 10 章。第 1 章介绍了管理信息系统的一些基本概念；第 2 章对管理信息系统开发的相关知识作了初步阐述；第 3 章～第 7 章详细介绍了按照系统生命周期法进行系统开发的整个过程，涉及系统规划、系统分析、系统设计、系统实施及运行维护等各个方面；第 8 章讲述了面向对象的程序设计方法；第 9 章探讨了基于 B/S 结构的信息系统开发；第 10 章对管理信息系统的发展趋势及一些相关的系统进行了介绍。第 8 章～第 10 章的内容，可以选学，也可以在学习的时候，将内容融汇到前面的章节中，将有助于理论的理解。

管理信息系统是一门实践性很强的学科，在学习本书内容的时候，建议结合所学知识进行一个小系统的全过程的课程设计，以更好地理解与掌握本书的内容。

本书由郑州航空工业管理学院刘永主编，郑州航空工业管理学院付永华、常金玲副主编，郑州航空工业管理学院李泽锋、郑州大学许烨婧、郑州大学刘坤锋编写。其中，刘永编写第 2 章和第 9 章；常金玲编写第 7 章和第 8 章；付永华编写第 4 章～第 6 章；李泽锋编写第 1 章和第 3 章；许烨婧编写第 10 章的 1～4 节，刘坤锋编写第 10 章的 5～8 节。另外，郑州航空工业管理学院的苏毅聪、马晓林、石冲、谢晶、刘冬青等也参与了一些章节的资料准备和文字校对工作。全书由刘永统稿，由陕西科技大学李建文主审。

在全书的撰写过程中，参阅了大量的文献资料，在此谨向原著作者表示感谢。

由于作者的学识与水平有限，书中难免存在不妥及疏漏之处，敬请读者批评指正。

编　者

2012 年 10 月

目　　录

第1章　信息系统理论与应用基础

进入 21 世纪以来，经济全球化的趋势加速，现代科学技术突飞猛进，社会面临着巨大的变革，每一个个人、组织对信息资源的开发利用能力已成为其竞争力的主要标志之一。20 世纪 60 年代开始发展起来的信息系统，随着计算机硬件、软件、数据通信设施、数据存储设备的飞速发展，已经广泛应用在了各个领域，成为组织不可或缺的组成部分。

信息系统是计算机软硬件、数据存储技术、数据通信技术、数据存储技术、有关人员和规章制度的统一体，其目的是实现组织对其信息资源全面、系统、综合的管理。管理信息系统（Management Information System，MIS）是最具代表性的一类信息系统，其他如计算机集成制造系统（Computer Integrated Manufacturing System，CIMS）、决策支持系统（Decision Support System，DSS）、计算机辅助教学系统等也在各自的领域得到了广泛应用。

总之，信息系统的概念是随着计算机技术的发展而逐步形成的，是伴随着组织的管理过程对信息进行收集、存储、加工和使用的人机系统。它既是一个组织的信息资源的有序组合，又是开发、利用信息资源以支持组织目标的手段。系统、信息及管理是信息系统的三大基本概念。

1.1　系　　　统

1.1.1　系统的概念

系统，是一个人们常用的术语。自然界和人类社会所见到的任何事物都可以看成是一个系统，研究的问题也可以看做一个系统，如自然界的生物系统、人体的呼吸系统、社会的教育系统、财务系统、计算机的操作系统、数据库管理系统等。

系统的形式和表现是各种各样的，不同的人在不同的环境下对系统有不同的理解，系统的定义也随理解的不同而有很多种，至今也没有一个统一的定义。但就系统的本质而言，我们可以这样认为：系统是由相互联系、相互制约的若干组成部分结合而成的、具有特定功能的有机整体。也就是说，系统是一个整体，它由若干个具有独立功能的元素组成，这些元素之间相互联系、相互制约，共同完成系统的特定功能。功能、元素和联系是系统不可缺少的要素。可以从以下三个方面去理解系统这个概念。

（1）系统是由若干部分组成的。这些组成部分就是组成系统的要素，可以称为系统的元素。这些元素本身也可能是一个系统（子系统）。例如，计算机是由硬件和软件组成的，而硬件本身又是一个子系统，由运算器、存储器、输入设备与输出设备五个元素组成，这些要素为实现整体的目标充当必要的角色，缺一不可。

（2）系统有一定的结构。系统的诸要素相互联系、相互制约，构成了系统。系统内部各个要素之间相对稳定的联系方式、组织秩序及时空关系的内在表现形式，就是系统的结构。例如，计算机硬件系统是由五个元素组成的，如果把这些部件随意放在一起没有什么意义，只有按照一定的方式组织在一起，才能构成一个计算机硬件系统。系统的结构在一段时间内是相对稳定的。随着系统目标的改变和系统的发展，系统的结构也会发生相应的变化。

（3）系统具有一定的功能，具有较强的目的性。企业是一个系统，其功能是利用已有的资源（人、资金、原料、设备等）达到赢利的目的。而信息系统的功能是进行信息的收集、存储、传递、加工、维护和使用。

> ◆ 见仁见智
>
> 　根据系统的概念，生活中，都有哪些事物可以称为系统？为什么？

系统的概念为我们认识世界、描述世界、理解世界提供了有力的工具。系统的观点最早可以追溯到 20 世纪 30 年代。1945 年美籍奥地利人、理论生物学家 L. Von. Bertalanffy 发表了《关于一般系统论》的论文，提出了一般系统概念和一般系统理论，宣告了系统论的诞生。从此系统的观点逐渐被人们接受。一般系统论是对各种不同系统的模式、原理和规律进行科学理论研究的新科学。1954 年在美国成立的一般系统论促进协会，标志着对系统的研究进入了一个蓬勃发展的时代。1957 年美国密执安大学的 H.Goode 和 R.E.Machol 合著了《系统工程学》一书，对系统工程的理论与方法作了初步阐述，系统工程这个术语由此被广泛地确认下来。20 世纪 70 年代，计算机技术的成熟使系统工程的思想有了充分实现的可能性，进一步在越来越多的领域得到了应用。目前，在军事、航天、水利、交通、通信等领域，包括技术工程、企业管理、社会管理等方面，都应用了系统工程的发放与思想。特别是在信息管理中，系统工程的思想与方法贯穿了信息系统的各个阶段。

1.1.2　系统的一般模型

一个实际的系统模型从宏观上来看有输入系统、处理系统和输出系统三部分，如图 1-1 所示。

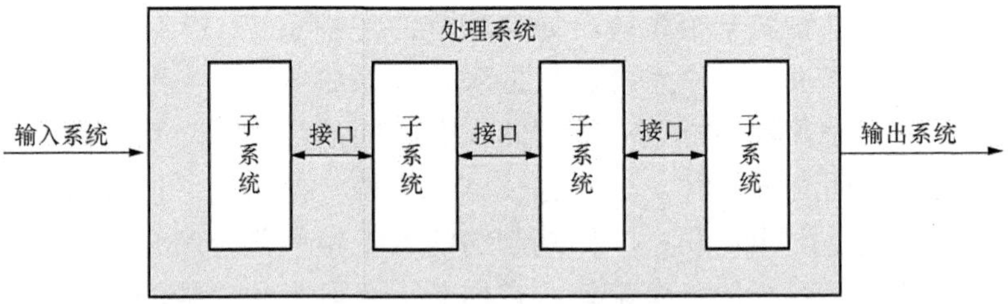

图 1-1　系统的一般模型

系统的边界由定义和描述该系统的一些特征来确定。边界之内是系统，之外是环境。系统与环境之间存在着相互影响，这种影响表现为物质、能量与信息的流动。由环境向系统的流动成为输入，由系统向环境的流动成为输出，系统则作为输入与输出之间的转换装置。系统为了自身生存，必须考虑到环境对其的影响，一般模型中还应有反馈与控制。系统通过反馈获得环境对自身的反应，通过控制调节自身以适应环境。

1.1.3　系统的特性

一般说来，系统具有以下五个方面的特性。

1. 整体性

整体性是系统最主要的特性，是系统论的核心思想。一个系统由多个元素组成，所有元素的集合构成了一个有机的整体。系统的整体性体现的是非加和性原则，即各个元素有自己的目标，一旦这些元素组成系统整体，就表现出各个独立元素所不具备的功能和性质，形成了系统的功能和性质。例如，飞机的各个零部件按一定的结构有机地组合在一起，加上航油，才可以起飞。起飞这个功能是各个零部件所不具备的，只有组成一个新的系统即飞机才能实现。

2. 目的性

任何一个系统的产生与变化都具有很强的目的性。系统的目的性是系统变化发展时期表现出来的特点，即系统在与环境的相互作用过程中表现出某种预先确定的状态发展变化的趋势。目的是一个系统的主导，它决定系统的构造和组成，目的也引导着系统的发展行为。在系统的发展过程中，必须依据信息不断地调节系统行为，才能实现系统的预期目的。

没有目的性的系统是不存在的。实际上，正是目的决定了系统的存在。系统存在于客观世界，必然要与外界事物或系统相互影响，这种对外界的影响就是系统的目的，也是系统的功能。在实际应用中，系统的目的性原理具有很强的实践指导意义：要解决的问题必有一个特定的明确目标，达到这个目标可能有若干条路径，可以运用一定的理论与方法找出其中的最佳方案，实施该方案，并在实施的过程中加以监控、修正，最终实现系统的目的。

3. 层次性

系统的层次性是指由于组成系统的主要素的差异，使系统组织在地位、作用、功能、结构上表现出等级秩序性。一般说来，某个系统由若干元素组成，而这些元素本身又是一个小的子系统，又是由更低一级的元素组成的；而该系统又可以看做是它的上一级的构成要素，即子系统。它的上一级又有可能是构成更上一级的元素。这样就构成了金字塔形的层次结构。这个包含该系统的更大的系统，通常被称为环境。

根据系统的层次性原理，我们在分析事物时必须注意系统的层次性，将待认识的事物放在一定的环境中加以分析、研究，尽量避免认识事物时的简单化和绝对化，要注意到一个系统既是上层系统的构成要素，同时它本身还具有复杂的结构。高层结构对底层结构有制约性，而底层结构又是高层结构的基础，对高层结构有反作用。

4. 开放性与稳定性

系统按与环境的关系划分有开放系统、封闭系统、孤立系统。在现实中，真正存在的是一些开放的系统。因为一个不断变化运动的系统要存在，就必须与周围的环境进行物质、能量和信息的交换，以减少熵值。

系统的稳定性是指在外界作用下的开放系统有一定的自我稳定能力，能在一定范围内保持原有的状态、结构和功能。系统的稳定性与系统的整体性、目的性是相关的。系统内部建立在反馈基础上的自我调节、自我稳定能力，使系统得以消灭偏离稳定状态的失稳因素而稳定存在着，使系统保持自己的整体性、目的性。但系统总是处于变化之中，系统的稳定性是相对的。即使系统整体是稳定的，也有可能存在局部或某个要素的不稳定性，当这些不稳定因素在一定条件下放大时，会打破原有的稳定状态而进入到新的稳定状态。

5. 突变性

系统的突变性是指系统从一种稳定状态进入到另一种稳定状态的一个剧烈变化过程，是质变的一种基本形式。无论是自然界还是在人类社会中系统的突变都是普遍的现象。例如，火山爆发、河堤决口、灵感等。对于信息系统来说，突变性表现在系统的更新或被其他系统所替代。突变和稳定是相关的。当系统内部某个元素的变化得到其他要素的响应时，系统内部的不平衡性加剧，使得整个系统产生质的变化，进入另一个新的稳定状态。

见 仁 见 智

　　举例子说明系统的五个特性，比如高校如何体现层次性等。

1.1.4　系统的分析与评价

1. 系统的分析

系统方法论是研究系统工程思考与处理问题的方法论，它以研究大规模复杂系统为对象、以系统概念为主线，引用其他学科的一些理论、概念和思想而形成的多元目的科学。系统的思想就是把研究对象作为一个系统，考虑系统的一般特性和被研究对象的个性。信息系统的开发就是以信息方法为基础，首先对信息系统进行分析，然后设计、实施与维护。

系统分析的方法有很多种，但一般都应遵循以下原则。

（1）明确系统的功能，这是系统分析的首要任务。任何一个系统都有自己的特定功能，因此必须明确系统的目的，了解系统所要完成的任务。

（2）明确系统的边界。系统有自己的边界，边界之内是系统，之外是环境。物质、能量与信息通过其边界在它与环境之间进行流动，这个双向的过程就是系统的输入与输出，系统的功能正是通过这种双向流动得以实现。系统的边界由定义和描述该系统的一些特征来确定。要想更好地研究系统，必须找出系统的某些特征以明确其边界，以区分系统与环境。

（3）明确系统的处理流程。系统的处理流程将其输入转化为输出，由此实现了系统的功能，要想进一步明确系统的功能，必须明确物质、能量和信息进入系统后是怎样流动、被转换的。

（4）明确系统的分解与合并。任何一个系统都是由若干个元素组成的，根据系统论的观点，这些元素又可以看做是小的系统，又由若干个其他元素组成。对于一个复杂系统来说，直接从整体上对其来明确其功能、处理流程是不太现实的，需要对其进行分解来细化系统以使研究工作更容易，还要对分解后的系统进行合并，以掌握、实现整体系统。

对系统的分析还应该采取自顶向下进行，在了解全局的基础上，对要研究的系统进行层层划分，直到分解为易于理解、便于掌握的部分为止。由于系统和环境之间相互影响，环境的变化必然对系统有较大的影响，系统必须要有较强的应变性来适应环境的变化。对于人造系统的信息系统而言更是如此，如果一个信息系统的应变能力差，则其维护将变得困难，生命周期也将缩短。

2. 系统的评价

信息系统作为一个人造系统，必然有优劣之分。根据系统分析的原则，判断一个系统的好坏可以由以下四点观察。

（1）目标明确：每个系统均为一个目标而运动。系统的好坏要看它运行后对目标的贡献。因而目标明确合适是评价系统的第一指标。

（2）结构合理：子系统通过联接组成系统的结构。联接清晰，路径通畅，冗余少等，以达到合理实现系统目标的目的。

（3）接口清楚：子系统之间有接口，系统和外部环境也有接口，好的接口其定义应十分清楚。

（4）能观能控：通过接口，外界可以输入信息，控制系统的行为，可以通过输出观测系统的行为。只有系统能观能控，系统才会有用，才会对目标作出贡献。

1.2　信　　息

1.2.1　信息的概念

信息（Information）一词对我们来说已并不陌生，在人们的实际生活和工作中，每个人随时都在与信息打交道，都在不断地接收信息、加工信息、利用信息。管理学家将人类与信息的关系比喻为人与空气的关系。随着社会经济和科学技术的迅速发展，信息在管理中的地位越来越重要。

信息是一个内容丰富、运用普遍、含义又相当模糊的概念，要对信息一词做出确切的定义是很困难的。由于信息概念广泛地渗透到各门学科之中，人们可以根据各学科自身的特点为信息做出各种各样的定义。

在日常生活中，人们常把信息、消息和信号等同起来，其实这样的认识并不确切。信息、消息和信号之间有密切联系，信息常以消息形式表现出来，并通过信号来传递，但是三者之间是有区别的，消息有可能包含甚为丰富的信息，但也可能信息甚少，若这种信息并未给人们带来新的知识的话，那么这种消息所包含的信息实际等于零。所以信息是给人们带来新知识的消息，消息是外壳，信息是消息的内核。信息与信号也是有区别的，信号是携带信息的载体，信息则是这个载体所携带的内容，同一种信息可用多种信号来表示，一种信号也可能用来传递多种信息。

决策专家西蒙认为信息是影响人改变对于决策方案的期待或评价的外界刺激，该定义强调信息的效用和价值。控制论专家维纳定义信息是不确定因素减少的有用知识，该定义强调了信息的事后作用。如果从技术处理的角度，信息可以定义为实体、属性、属性值所构成的三元组，即

$$信息 = 实体（属性 1：值 1；属性 2：值 2；\cdots；属性 n：值 n）$$

例如，信息 = 计算机（品牌：DELL；硬盘：500GB；…；内存：2GB），则表明获得了一条有关一台计算机的信息。

据不完全统计，关于信息的定义有 39 种之多。这些说法是从不同的侧面提出的，都有一定的道理。从信息系统的角度分析系统的概念，可以这样认为：信息是经过加工后的数据，它对接受者有用，对决策和行为有现实的和潜在的价值。从以上分析可以看出，信息是和决策密切相关的，正确的决策有赖于足够的、可靠的信息，信息又是通过决策来体现其自身的价值的。

1.2.2　信息的特点

从信息系统的角度看，作为资源的信息具有如下六个特点。

1. 事实性

事实性是信息最基本的特性，是信息的中心价值。不符合事实的信息不仅没有价值，甚至可能有负价值。

2. 时效性

信息的时效是指从信息源发送信息，经过接受、加工、传递、利用的时间间隔及其效率。信息具有很强的时效性，时间间隔越短，使用信息越及时，使用程度越高，其时效性越强。

延迟的信息可使其功效减少或全部消失，甚至可能起到截然相反的作用。

3. 传输性

信息是构成事物联系的基础，是可以传输的。信息可以利用多种手段进行传输，如电话、电报、卫星等。信息传输的形式也越来越完善，包括文字、图形、图像、视频和音频等。信息的传输性加快了信息资源的交流，促进了社会的发展。

信息的传输成本远远低于传输物质与能量的成本，但对于信息的接受利用者来说，获取和利用信息时往往要花费一定的费用成本。正因为如此，信息利用者就必然会考虑到他们的花费对改进管理带来的功效是否合算，来决定是否获取和利用该信息。

4. 共享性

同一条信息可以让多个人同时共享，具有共享性。物质的交换是零和的，交换一方失去，另一方得到，所得与所失之和为零。信息则不然，不具有独占性，在同一时间可以为多人所拥有，是一种非零和的共享，即共享的诸方受益、受损是不确定的，各方因同一条消息而获得的增值并不等于少数方独占该信息所获得的增值。

5. 扩散性

扩散是信息的本质。由传输性，信息可以通过各种介质向外扩散。信息的浓度越大，扩散的速度越快，扩散的面越广。信息的扩散具有两面性：一方面，信息的扩散有利于知识的传播；另一方面，扩散可造成信息的贬值，不利于信息的保密。对于组织或个人来说，信息失密后，可能意味着信息带来的增值减少。在信息系统的建设中，要充分考虑信息的扩散性。在信息的有效时间内，在系统内部迅速扩散，同时采用适当的保密手段，抑制扩散的负效用，保护用户的信息。

6. 不完全性

根据人们的认识规律，关于客观事物的信息不可能一次全部得到，而且往往也没有必要收集全部信息。信息收集与信息利用必须运用已有的知识，进行分析和判断，根据需要收集那些主要的信息，对于那些次要的、无用的信息应该舍弃掉。只有正确地舍弃信息，才能正确地使用信息。

> 见仁见智
>
> 举例子说明信息的六个特性。

1.2.3　数据与信息

与信息密切相关的概念是数据。通常，数据和信息这两个名词可以同用互换。但是，它们之间是有区别的，尤其在信息系统中，更应该清楚地区别二者的不同和联系。例如，地理信息是有关地理特征与地理现象之间关系的地理数据的解释，地理数据则是各种地理特征和现象间关系的符号表示，包括空间位置、属性特征与时域特征三部分。

1. 数据的含义

数据是对客观事物的性质、状态及相互关系等进行记载的物理符号或这些符号的组合。它是可识别的、抽象的符号，可以是字母、数字或其他符号，也可以是图形、图像、声音等。

2. 信息与数据的关系

信息是加工后的数据，是经过选择、分析、综合的数据。对于信息系统来说，数据是系统的原材料，系统把数据加工成适合用户使用的形式——信息。数据与信息可以认为是原料与成品的关系，如图 1-2 所示。

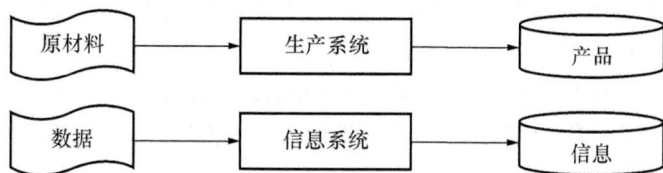

图 1-2　数据与信息

　　数据和信息的关系还可以被看做是载体与所负载的内容之间的关系。数据是载体，信息是数据所负载的内容；数据是信息的表达，而信息是数据的内涵。例如，一组数字 06046101 是数据，它可以表示一个学号，此时学号是该数据所负载的信息内容。该组数字也可以负载不同的信息内容，如表示一个产品编号。由上可见，数据和信息是相对的。一些数据对某些人来说是信息，对另一些人来说只能是数据。例如，对于发货人员来说，发货单是信息，他要根据发货单给用户发货；对于负责库存事物的经理来说，发货单仅仅是一种原始数据。

　　信息与决策密切相关，如行驶汽车的速度表上的数据不是信息，只有当司机看了速度表做了加速或减速的决定之后，这个数据才转化为信息。数据只有对实体行为产生影响时才成为信息。

　　信息是观念上的。由于信息是加工了的数据，采用什么处理方法与方式、多长的信息间隔来加工数据以获得信息，是受主体对客观事物变化规律的认识制约，由主体决定的。因此信息揭示数据内在含义，是观念上的。

　　对于信息系统而言，微观上就是由计算机进行数据处理的过程。也就是说，通过信息的采集和输入，有效地把信息组织到计算机中，由计算机系统对数据进行编辑、加工、分析、计算、解释、推论、转换、合并、分类、统计、存储、传送等操作，向人们提供有用的信息。

　　鉴于信息与数据的密切相关性，在本书中如果不做特殊说明，不再对数据和信息加以区别。

1.2.4　信息与管理

1. 管理的概念

　　管理是通过计划、组织、控制、激励、领导等环节来协调资源，以期更好地达到组织目标的过程。可以从以下三个方面去理解管理的概念。

　　（1）管理的措施，即计划、组织、控制、激励和领导。管理者通过这五项基本活动去实现管理，达到组织目标。

　　（2）管理措施的实施对象，即组织中的资源，包括人、财、物、技术和信息等。管理者通过管理措施来协调组织的资源，以达到同步化与和谐化。只有同步、和谐才能达到组织目标。

　　（3）管理的目的，即达到组织目标。管理者调度各种资源，以求以最小的投入去获得最好或最大的产出目标。这也是整个管理活动的根本目的。

2. 管理的基本职能

　　管理的职能就是管理工作所包含的五项基本活动内容，即计划、组织、领导、控制、激励。管理的五项职能贯穿于管理工作的整个过程。

（1）计划职能。计划是管理的首要职能。管理者在实际行动之前应当预先对追求的目标和应采取的行动方案做出选择和具体的安排。有了详尽周密的计划，可以促进和保证管理人员在今后的工作中进行有效的管理。

（2）组织职能。制订出计划后，管理者就要组织必要的资源去执行计划。组织工作包括设计合理的组织机构、为组织结构的不同岗位配备合适的人员、协调组织机构中的各个部分及人员使之和谐地进行工作等。

（3）领导职能。领导是指挥、引导成员为实现组织目标而奋斗的过程。领导职能贯穿于管理工作的各个方面，但领导并不等同于管理，领导者也不一定是管理者。

（4）控制功能。与计划相比，控制偏重于对计划实施的监督。随着计划的实施和工作的开展，管理者需要检查下属人员工作进展的实际情况，采取措施纠正已经发生的各种偏差或预防偏差的发生，保证计划的顺利进行。

（5）激励职能。在企业所有的资源中，人力资源是最宝贵的。企业要提高劳动效率、增加经济效益，最重要的是调动人的积极性，进行人力资源的开发。激励职能的实质就是要根据职工的需要设置适当目标，引导职工按组织所需要的方式行动，产生组织所期望的行为。

3. 企业与管理活动的构成

企业是一个管理系统。无论规模的大小，也无论行业的不同，都具有五大基本功能，即生产、销售、研究发展、财务和人事。相应的，企业的管理活动也分为以下五个领域。

（1）生产管理。企业通过加工原材料而创造新的使用价值，为社会提供所需要的产品。

（2）销售管理。企业生产的产品必须通过各种有效手段销售出去，才能收回投资，实现利润。

（3）研究发展管理。任何产品最终都会被淘汰，为了企业的持续发展，企业必须根据社会需求研制具有新功能或创造新的产品，以满足不断变化的市场需求。

（4）财务管理。任何企业的运转都离不开资金。企业要有计划地组织、使用和分配资金，通过货币、价值形式对企业的经营活动进行综合管理。

（5）人事管理。人事管理也称为人事资源管理，即对人的管理，包括企业内部人员的聘用、任免、考核、晋升、流动等管理。

这五种管理活动构成了企业内部相应的职能管理部门，如生产管理部、人事管理部、产品销售部、财务部等。

4. 信息与管理的关系

信息在管理中起着基础性作用。管理的任务就是要通过有效地管理好人力、财力、物力等资源来实现组织的目标。对这些资源的管理，体现在对反映这些资源的信息的管理。任何一个管理系统，首先都要收集反映各种资源的有效数据，然后，将这些有效数据加工成各种统计报表、图形、曲线等形式，以便各级管理人员能了解各种情况，有效地利用各种资源完成企业的任务。管理就是决策，管理工作的成败，取决于能否做出有效的决策，而决策的正确性取决于信息的质和量。如果缺乏管理者、管理对象、管理环境等有关管理信息，则任何管理活动都无法进行。可以说，信息贯穿于各项管理活动的始末。

信息对管理的作用，也反映在管理的各个基本职能中。制订计划时，必须先收集和分析过去、现在的实际信息，掌握和运用反映未来趋势的预测信息；实施计划时，无论是设置机构、配备人员，还是调度物力、财力，都需要有相关的信息作为前提条件；调节控制时，也必须根据反映系统运行状态的监测信息来进行反馈和控制；信息也是激励职工的依据，一方面激励目标的制订需要分析职工需求信息，另一方面，激励目标的兑现也要度量职工的业绩信息；信息也是领导的基础，领导者需要掌握组织的全面信息才能指挥全局。

> **自学模块**
>
> 　　学习管理学的相关知识，理解信息是管理的信息，管理是信息的管理这句话的含义。

1.2.5　信息的生命周期

信息和其他资源一样也有一个从产生到消亡的过程，我们称这个过程为信息的生命周期。信息的生命周期包括收集、传输、加工、存储和使用的整个过程。

1. 信息的收集

信息的需求是信息的孕育和构思阶段。信息产生以后，必须根据需要收集信息，这是整个信息处理的第一个环节，也是以后各种处理环节的基础。在系统的内部与外部存在着各种各样的信息，这些信息可能是杂乱无章的，人们不需要也不可能将现实世界中的所有信息都收集起来，必须根据系统的需要对信息进行收集。

收集过程中，有些信息适合由人的感觉器官来获取并通过一定的途径输入计算机中，而有些信息却只适合通过相应的技术和设备来获取。即便是人可准确感知的信息，在某些场合下由专用的技术设备来完成信息的获取，效率会更高。信息的自动收集主要通过传感技术和遥感技术来完成。

2. 信息的传输

信息的传输就是利用一定的装置和设备，实现信息有目的的流动，以满足对信息的需求。就目前来看，信息的传输主要通过通信技术和广播技术来实现，其中通信技术是信息传输技术的主流。

3. 信息的加工

加工是信息处理的中心环节，它的任务是依据某项任务的要求，以计算机为工具对信息进行鉴别、选择、比较、分类、计算和编写等工作，使之成为有用的数据。

信息加工的范围很广，从简单的查询、排序、归并到复杂的模型调试及预测等。随着计算机技术、网络技术、人工智能技术的发展，处理信息的能力得到飞速发展，处理时间大大缩短。

4. 信息的存储

信息的存储是将信息暂时或长期保存起来，以备需要时使用。信息存储时要确定哪些信息需要存储，存多长时间，以什么方式存储及存储在什么介质上等。对于信息系统来说，主要的存储技术是数据库技术。

信息的存储应该关注的是存储信息的内容、存储的时间、存储的方式、存储的介质等。信息存储是信息系统的重要内容，没有了存储的信息，信息系统就成了无米之炊。信息存储必须根据系统目标及管理需要确定应该存储的信息。面对信息爆炸的时代，只有正确地保存信息，舍弃冗余信息，才能正确地利用信息。

5. 信息的维护

信息的维护就是保持信息处于适合使用状态，包括经常更新存储器中的数据，消除不必要的数据等。其根本目的就是保证信息的安全性、准确性、及时性、完整性、一致性等，以便及时、准确、快速为用户提供所需的各种粒度的信息。

6. 信息的使用

信息处理的根本目的还是使用，保证能高速度、高质量地把信息提供到使用者手中，以实现信息价值的转化。从技术方面看，就是如何高质量、高速度地把信息提供给使用者实现信息价值的交换。

1.2.6　信息资源管理

信息资源管理（Information Resource Management，IRM）是 20 世纪 70 年代末 80 年代初在美国首先发展起来然后渐次在全球传播开来的一种应用理论，是现代信息技术特别是以计算机和现代通信技术为核心的信息技术的应用所催生的一种新型信息管理理论。美国信息资源管理专家，霍顿（F.W.Horton）和马钱德（D.A.Marchand），是 IRM 理论的奠基人，最有权威的研究者和实践者。威廉·德雷尔（William Durell）在 1985 年出版了《数据管理》一书，论述了信息资源管理的基础标准。

信息资源管理有狭义和广义之分。狭义的信息资源管理是指对信息本身即信息内容实施管理的过程。广义的信息资源管理是指对信息内容及与信息内容相关的资源如设备、设施、技术、投资、信息人员等进行管理的过程。

1. 信息资源管理过程

信息资源管理过程始于信息人员对用户（在此充当信源）的信息需求的分析，以此为起点，经过信源分析、信息采集与转换、信息组织、信息存储、信息检索、信息开发（即信息再生）和信息传递等环节，最终满足用户（在此充当信宿）的信息需求。信息资源管理过程本质上就是信息生命周期的体现。

该过程具有以下特点。

（1）它是围绕用户信息需求的产生和满足而形成的闭环系统，也称为信息资源管理系统，用户是它的出发点、归宿和核心。

（2）它是由信息资源管理人员控制和操作的过程，如何满足用户的信息需求、在多大程度上满足用户的信息需求及一个信息资源管理系统能够达到什么样的运行状态，在很大程度上取决于信息资源管理人员的整体结构、素质和能力。

（3）它是由现代信息技术支持和衔接的网络活动过程，以计算机技术为核心的 IS/IT 构成了它的操作平台。信息网络是两个或两个以上的信息系统联结在一起的集成化系统，是信息资源、技术设备、通信网络、用户群体和信息资源管理人员的统一体。

（4）它是以认识论意义上的信息生命周期为内在依据的，是从管理的角度重塑的信息生命周期。

（5）它更多的是一种宏观调控行为，需要组织统一规划和组织落实。

2. 信息资源管理的主要内容

信息资源管理主要研究组织信息流的形成、运动与发展过程，信息资源管理过程的构成环节及其内容、方法与衔接，信息资源有序运行的条件、机制与障碍，围绕信息资源管理的计划、预算、组织、指挥、协调、控制等活动。信息资源管理还要研究信息用户，研究用户对信息需求的表现形式与决定因素、用户潜在信息资源的开发。信息系统与信息网络研究也是信息资源管理的一个重要内容，信息系统的分析、设计、运行、检测、维护与更新过程，现有信息系统的评价与改造，网络环境下信息系统的运行与发展等都应是信息资源管理的范畴。

在组织信息资源管理的计划、实施等活动中，应注意以下几个方面。

（1）信息资源与人力、物力、财力和自然资源一样，同为企业的重要资源。要像管理其他资源那样管理信息资源，IRM 是企业管理的必要环节，应纳入企业管理的预算。

（2）IRM 包括数据资源管理和信息处理管理。数据资源管理强调对数据的控制，后者关心管理人员在一条件下如何获取和处理信息，且强调企业信息资源的重要性。

（3）IRM 是企业管理的新职能，产生这种新职能的动因是信息与文件资料的激增、各级管理人员获取有序信息和快速简便处理信息的迫切要求。

（4）IRM 的目标是通过增强企业处理动态和静态条件下内外信息需求的能力来提高管理的效益。以期达到高效（Efficient）、实效（Effective）和经济（Economical）的最佳效果，也称 3E 原则，三者关系密切，互相制约。

（5）IRM 的发展是具有阶段性的。共四个阶段，即物理控制、自动化技术管理、信息资源管理和知识管理。可以用推动力量、战略目标、基本技术、管理方法和组织状态等因素进行比较。目前，我国的大部分企业尚处于前三个阶段，属于初中级水平阶段。

3. 信息资源管理的职能

20 世纪 90 年代，美国制定了《联邦政府信息资源管理》，首次从政府的角度把信息资源管理定义为"与政府信息相关的规划、预算、组织、指挥、培训与控制"，并将信息资源的范围扩展到信息本身及与信息相关的人员、设备、资金、技术等方面。从上述定义可以看出，信息资源管理的职能是对组织的信息资源开发和利用进行决策、计划、预算、组织、指导、培训与控制等，特别是对与信息内容有关的资源如人员、设备、资金和技术进行管理。

（1）决策。为了使组织信息资源的开发和利用取得预期的目的，对信息资源规律认识和对管理对象有关信息进行分析和预测，并制订行动方案。决策是信息资源管理的起点，是信息资源管理活动的最重要内容和管理者最基本的职责。

（2）计划。这是决策的具体化，它决定做什么、怎么做和谁去做，预见在实施过程中的各种问题并做出相应的反应。

（3）预算。预算反映组织信息资源开发和利用的政策，规定了信息资源开发和利用的方向，为信息资源管理活动提供资金保证。

（4）组织。设计一种内部机构，由该机构安排、协调各部门在信息资源开发和利用中的活动，使这些部门了解自己在相互协调的系统中的作用。

（5）指导。指挥、引导组织的信息资源开发和利用活动，通过指导、激励等指导相关工作人员有效地参与信息资源管理活动。

（6）培训。对参与信息资源管理活动的人员进行相关知识与技能的教育、训练，使其掌握信息资源开发和利用的技术、方法。

（7）控制。采用科学方法对信息资源利用和开发进行监督、评估，通过有效的反馈活动，调整管理活动以确保信息资源管理目标的实现。

4. 信息资源管理的机构

随着信息技术在组织的应用水平和作用的提升，信息部门在组织中的位置也在发生着变化，它基本同步于信息处理在组织中所经历的各个阶段。回顾计算机在组织中应用发展的过程，信息部门在组织中的安排大概可归纳成三种形式。

（1）分散式。早期的较原始的形式是将计算机设备和应处理的业务由相应的主管部门负责，组织内没有专门的信息管理部门，信息处理由各部门自己进行。这种结构对于外界的变化可以很快适应，但各部门之间的约束力不强，易产生信息孤岛现象。

（2）集中式。在集中式结构模式中，由组织的信息中心负责信息的收集、加工、检索、传递等工作，各个职能部门需要的信息统一由信息中心提供。这种模式对于信息人员的素质要求很高，不适合规模大的企业。该形式下将信息处理部门与其他业务部门安排在平行的位置，如图 1-3 所示。

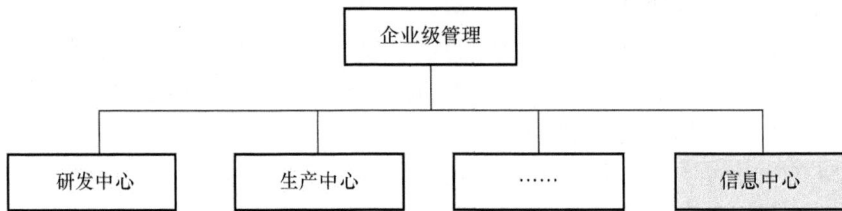

图 1-3　与各部门平行的信息中心

（3）集中—分散式。集中—分散模式则汇集了上述二者的优点。组织有独立的信息部门，负责信息的收集、加工、传递，同时各部门也存在一定的信息联系。信息部门在企业中的位置高于其他的业务部门，充当了组织参谋中心的角色，如图 1-4 所示。

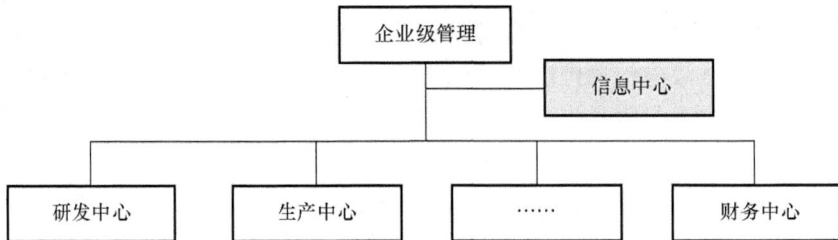

图 1-4　充当参谋中心的信息中心

在第三种形式下，信息部门负责建立整个企业的信息系统，在组织形式上就充分强调了信息及信息部门在企业中的重要作用和地位。在这种形式下，必须妥善处理好信息部门与其他部门的关系，以保证企业信息渠道的畅通，同时对整个组织能起到控制和调节作用。这类信息处理机构的出现，既反映了各级领导对信息化工作的重视，同时也是为了能从全局来控制和引导企业或部门信息化工作的健全发展。

5. CIO

CIO 的英文全称是 Chief Information Officer，它的中文意思是首席信息官或信息主管。CIO 即负责一个公司或者企业的信息技术所有领域的高级管理者。这种职务在国外某些公司企业中是一种与公司中其他的最高层管理人（如首席行政官（CEO）、首席财务官（CFO））这一类职务相对应，而权力比 CEO 小的职务，与 CEO、CFO 等共同组成企业高级管理团队。有些国家（如美国）的政府机构内或非商业性机构也设有这种职务。作为高层管理团队的一员，CIO 不仅能促使 IT 技术在组织的发展中发挥出战略作用，而且还能够影响 CEO 等其他高层管理人员。

首次提出 CIO 概念的不是信息界，而是工商企业界。1981 年，美国波士顿第一国民银行经理 Williamr.Synnott 和坎布里奇研究与规划公司经理 Williamh.Grube 二人在著作《信息资源管理：80 年代的机会和战略》中首先给 CIO 下了一个明确的定义："CIO 是负责制定公司的信息政策、标准、程序的方法，并对全公司的信息资源进行管理和控制的高级行政管理人员。"在西方工商企业界眼中，CIO 是一种新型的信息管理者。他（她）们不同于一般的信息技术部门或信息中心的负责人，而是已经进入公司最高决策层，相当于副总裁或副经理地位的重要官员。

CIO 的角色，已经走出了程序员、系统维护员的范畴，对企业发展起到的作用已经变"被动"的提供支持为"主动"的推动发展。在这种环境下，CIO 走入企业的核心管理层，成为重新构架核心业务流程的主要变革力量，和 CEO、CFO 一起探讨战略方向和制订发展规划，并不断整合、完善和提升企业 IT 系统的功能，让信息技术成为企业发展的强大推进器。CIO 必然在企业转型的过程中扮演举足轻重的角色。CIO 成长的阶梯为由技术型 CIO，到战术型 CIO，再到战略型 CIO。

在美国，CIO 不仅出现在企业工商界，还已经进入了政府部门。美国的所有联邦政府机构，都设立了直接向部门主要领导的信息主管，设有专门的办事机构。各个部门必须制定本部门的《信息资源管理战略规划》，而且每年流动进行。

在我国，除了一些企业，许多政府机关也在积极推进 CIO 机制的建设。如上海市政府 1999 年启动了 CIO 制度的试点，江苏省政府于 2001 年启动 CIO 研修制度，2002 年广东省明确提出要在各级政府部门建立信息主管制度。尽管 CIO 从一开始就被赋予了很多管理的功能，但实际工作中他们的地位还远没有确定，更多的还停留在技术层面。有调查显示，到 2003 年初只有 5% 的企业明确确立了 CIO 的职位，60% 的 CIO 准备在名片上印出 CIO，高达 89% 的信息化负责人认为自己根本谈不上 CIO。从这些数据来看，我国的 CIO 群体还远远没有成长起来。

📖 自学模块

现在，不少企业还出现了 CKO，了解其与 CIO 的区别，并探讨什么类型的企业适合 CIO 或 CKO，两者可否并存。

1.3　信　息　系　统

1.3.1　信息系统的形成与发展

信息系统是依据系统的观点，通过计算机、网络等现代化工具和设备，运用数学的方法，服务于管理领域的人机相结合的信息处理系统。它从本质上说是一个人机系统，是伴随着组织的管理过程对管理信息进行收集、存储、加工和使用的系统。

信息系统的发展是随着计算机技术的发展而逐步形成的。自从 1946 年第一台计算机诞生以来，人们就开始了管理领域内的计算机应用。20 世纪 50 年代，计算机在数据处理技术上的突破，为计算机的应用拓展了空间，陆续出现了数据统计系统、数据更新系统、数据查询系统、数据分析系统、系统状态报告系统等。同时，出现了电子数据处理系统（Electronic Data Processing System，EDPS），有力地促进了信息系统的发展。当时，各大企业纷纷投资于计算机设备，以追求它的高处理速度、大存储能力和广阔的应用领域，这给他们带来了巨大的经济效益。因此，信息技术日渐得到重视，人们对信息技术的发展充满了信心和期望。但 30 多年过去，计算机在信息处理领域并没有达到人们的预期。在管理领域，人的参与还是必不可少的，部分企业的信息系统始终达不到设计要求。资源利用的不充分，使得人们重新思考该如何开发好信息系统，对信息系统的研究从实际上升到了理论研究，取得了较大的进展。

在经过曲折的不断探索后，信息系统的开发出现了较为成熟的系统分析、设计、开发的方法。20 世纪 60 年代后期到 70 年代时又出现了多种形式的信息系统，如管理信息系统（Management Information System，MIS）、决策支持系统（Decision Support System，DSS）。20 世纪 80 年代，又出现了支持企业最高决策层的高层主管支持系统（Executive Support System，ESS）和支持中高层管理人员的经理信息系统（Executive Information System，EIS）。同时，不同领域的信息系统也有了新的发展。在人工智能领域，出现了专家系统（Expert System，ES），在加工制造企业中，计算机集成制造系统（Computer Integrative Manufacturing System，CIMS）的应用使企业生产经营环节实现了自动化。步入 20 世纪 90 年代，信息技术进一步发展，出现了群体决策支持系统（Group Decision Support System，GDSS）、智能决策支持系统（Intelligent Decision Support System，IDSS）、产品数据管理（Product Data Management，PDM）等。

21 世纪，各个行业均出现了大量的、不同风格与应用的信息系统。信息系统已经成为评价组织信息化程度的一个最重要的指标。同时，随着数据挖掘技术的出现与发展，计算机对信息的处理上升到了对知识的处理，出现了知识管理系统（Knowledge Management System，KMS）和基于数据挖掘的客户关系管理（Custom Relation System，CRM）等。

总之，信息系统的发展与计算机技术的发展密切相关。计算机应用技术经历了数值处理、数据处理、知识处理和智能处理四个阶段，与之相对应的信息系统也经历了从数据处理系统到知识处理系统，再到智能处理系统三个阶段。

1.3.2　信息系统的构成

计算机是信息系统的依托，计算机设备是信息流动的载体和加工处理的场所。同时信息系统离不开人的参与，因为信息的收集往往要由人来进行取舍，在处理过程中，也要由人来操作。一般说来，信息系统由如下要素构成。

1. 硬件系统

硬件是信息系统对信息进行收集、存储、加工、使用和传输等生命周期处理过程中所使用的物理设备或装置。可以进行如下分类。

（1）主机系统及其外围设备。

1）主机，如大型机、小型机、工作站、微机等。

2）大容量的外存储器，如磁盘阵列、光盘库和光盘塔。

3）输入设备，如键盘、鼠标、扫描仪、条码阅读机和触摸屏等。

4）输出设备，如显示器、打印机、绘图仪等。

（2）通信、网络设备。

（3）办公自动化设备，如传真机、复印机、视频会议设备、闭路电视等。

2. 软件系统

软件系统包括操作系统（Windows 系列、UNIX、Linux 等）、支撑软件（数据库、平台软件等）与应用软件（各种管理软件、设计软件）。

3. 数据资源

数据资源是信息系统的核心内容，是系统运行的物质基础。数据是信息的载体，在计算机的表示方法中，数据同信息本质上是一致的。信息系统依据用户的需求，将需要处理的数据集中存放，从而形成数据资源。对于管理者而言，信息系统提供的数据表示形式可能会多种多样，如文本、图表、声音等，但本质上只是数据的不同表示方式。在信息系统运行过程中，如何有效地组织和使用这些数据是关键问题。数据库技术和数据仓库技术是目前比较流行的数据资源管理技术。

4. 运行规则

运行规则是帮助用户使用和维护信息系统的说明材料，如用户手册、系统设计说明、操作手册、故障处理手册等。运行规则是系统正常运行的重要保证。

5. 操作人员

信息系统是人机结合的系统。在信息系统运行过程中，人始终处于中心地位，计算机只是辅助工具。信息系统是为管理服务的，是为人服务的。没有合适的人员，系统不可能发挥应有的效能。所以在信息系统开发、实施、使用、维护和评价各个阶段，人的参与是不可少的。

与信息系统相关的人员有系统分析员、系统设计员、程序员、数据库管理员、系统管理员和计算机操作人员（普通用户）。这里需要说明的是系统分析员、系统设计员和程序员可划归为系统开发人员，数据库管理员和系统管理员可划归为系统维护人员，计算机操作人员则是系统的使用人员（包括各层管理者）。一个组织应对以上人员进行合理分工，明确相关责任。

1.3.3　信息系统的类型

信息系统的划分主要有两种：一是依据组织内部的管理活动进行横向划分，组织的管理活动不同，可建立的系统也就不同。如在企业内部可分为销售管理系统、生产管理系统、财务管理系统、人力资源管理系统等。二是依据管理活动的深度（层次）进行纵向划分，主要有三大类型，即作业信息系统、管理信息系统、高层信息系统。每一种类型又可以按照第一种方法进一步分类。以下简单介绍后一种信息系统。

1. 作业信息系统

作业信息系统的任务是处理组织的业务，控制生产过程和支持办公事务，并更新有关的数据库，通常由以下三部分组成。

（1）业务处理系统。业务处理系统的目标是迅速、及时正确地处理大量信息，提高管理工作的效率和水平，如产量统计、成本计算和库存记录等。

（2）过程控制系统。过程控制系统主要指用计算机控制正在进行的生产过程。例如核电站通过敏感元件对生产数据进行检测，并予以实时调整。

（3）办公自动化系统。办公自动化系统是以先进技术和自动化技术设备（如文字处理设备、电子邮件、轻印刷系统等）支持人的部分办公活动业务。这种系统较少涉及管理模型和管理方法。

2. 管理信息系统

管理信息系统的概念起源很早，1970 年，Walter T. Kennevan 首先提出了管理信息系统一词，并下了如下定义："以口头或书面的形式，在合适的时间向经理、职员及外界人员提供过去的、现在的、预测未来的有关企业内部及其环境的信息以帮助他们决策"。该定义强调了信息支持决策，但没有强调一定要用计算机。20 世纪 80 年代随着计算机在组织管理中的广泛应用，管理信息系统的概念有了进一步的发展，逐渐发展成为一门新兴的学科。

1985 年，管理信息系统的创始人、明尼苏达大学卡尔森管理学院的教授 Gordon B. Davis 给出了一个完整的定义："一个利用计算机硬件和软件、手工作业，分析、计划、控制和决策模型，以及数据库的用户—机器系统。它能提供信息支持企业或组织的运行、管理和决策功能。"这个定义全面地说明了管理信息系统的目标、功能和组成，说明了管理信息系统在高、中、基三个层次上支持管理活动。

20 世纪 80 年代初，《中国企业管理百科全书》则给管理信息系统如下定义："一个由人、计算机等组成的能进行信息的收集、传送、储存、加工、维护和使用的系统。管理信息系统能实测企业的各种运行情况；利用过去的数据观测未来；从企业全局出发辅助企业进行决策；利用信息控制企业的行为；帮助企业实现其规划目标。"这个定义再次强调了管理信息系统的功能和性质，也再次强调了计算机只是管理信息系统的一种工具。对于一个企业来说没有计算机也有管理信息系统，管理信息系统是任何企业不能没有的系统。所以说企业的管理信息系统只有好差之分，没有有无的问题。这个定义还说明管理信息系统绝不只是一个技术系统，而是把人包括在内的人机系统，因而它是一个管理系统，是个社会系统。它具有社会系统所具有的许多特点，例如，开放性、随机性、动态性及历史局限性等。

3. 高层信息系统

（1）决策支持系统。决策支持系统（DSS）比管理信息系统更高一层，它支持中高层管理者针对具体问题形成有效的决策，运用数据库、模型库、知识库等更新的技术解决半结构化和非结构化的问题，如运输路程最短问题、最优经济订货批量决策、合理优化的生产调度等。DSS 注重的是经济效益而不是效率，它的运行需要利用从 MIS 中抽取决策所需的综合数据，还要利用大量与决策有关的外部信息。

（2）高层主管支持系统。高层主管支持系统（Executive Support System，ESS）。它是综合了各种信息报告系统和决策支持系统的特色而构成的一种专为组织中高层领导使用的信息系统。从它所处理和提供信息的特点来看，它主要为满足高层领导对战略信息的需求而构筑的。它提供经过过滤处理的关键性信息，如组织运动状态的监控信息、竞争对手活动的信息、与公司的关键成功因素相关信息等，使相关领导能够及时发现问题，并做出相应的决策。

（3）经理信息系统。经理信息系统（Executive Information System，EIS）是 20 世纪 80 年代中期出现的面向组织高层领导，能支持领导管理工作，为他们提高效率和改善有效性的信息系统。国内有时也将 EIS 称为总裁信息系统或高层管理信息系统等。管理信息系统的初衷提出应包括支持组织各阶层的功能，决策支持系统更是明确地突出支持组织的半结构化和非结构化的决策活动。但由于高层用户及其工作特性的分析及组织外部信息的开发等方面的欠缺，实际上这些信息系统都未能真正地实现面向组织高层领导的特殊功能。另一方面组织环境变化速度加快，面临问题的不确定因素增加，高层领导在时间上的压力越来越大，问题分析判断的难度增大。EIS 就是在此背景下提出与产生的。当前在西方发达国家，EIS 已成为一个热门话题，研究与开发已有较大的发展，我国有关的学者与企业界也在不断地探讨。

EIS 有以下一些特点。

（1）人机界面必须十分友善且富有个性化，图文表并茂且层次清晰，用户可在很短的时间内学习掌握使用方法。提供的信息是关系到组织生存与发展的关键信息，但又可对其"追根问底"，提交逐级细化的信息，为此系统要增设综合信息库，外部数据库也比内部数据库的地位更重要。

（2）决策功能面对的问题是非结构化的，与 DSS 要解决的问题相比，分析与求解的难度更大，EIS 必须基于人工智能技术，其中基于案例的类比推理技术尤为重要。另外 EIS 还具有丰富的办公支持功能，例如电子邮件、传真、无线通信、文字处理、电子会议、通信录、日程安排与公文处理等。由于经理或总裁等领导的流动性很大，除要配备固定的工作站点外，还必不可少地要配备便携机流动站点，实现远距离通信，形成移动办公室。

EIS 的特点决定了开发过程的特殊性，EIS 的分析与设计建立在对经理和总裁等领导职能、工作状况及个性分析的基础之上。信息需求分析的重点在于关键数据的确定，由精到细的数据层次关联分析。开发 EIS 难度很大，费用也很高，目前国内基本上还停留在研究与讨论的阶段，少数报道的 EIS 例子与目标尚有较大的差距。

📖 自学模块

了解当前企业使用上述系统的现状，为什么要使用这些系统，这些系统为企业带来了什么样的改变？

1.3.4 信息系统的结构

1. 信息系统的基本结构

信息系统的基本结构由四大部件组成：信息源、信息处理器、信息用户和信息管理者，如图 1-5 所示。信息系统的基本结构体现了信息的生命周期。

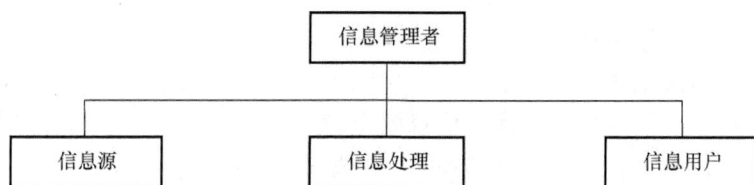

图 1-5 信息系统的基本结构

信息源是信息的产生地，信息处理器完成信息的收集、传输、加工、存储、维护等一系列工作。信息用户是指信息的使用者，信息系统的一切设计与实现都是围绕信息用户的需求来进行的。信息管理者则是负责系统本身的分析、设计、实施、维护与管理的人员。上文分析的 CIO 职位就是信息管理者重要性的体现。

现代信息系统的基本结构中，除上述四大部件之外，还应有计算机网络、数据库管理系统及相关的组织机构和管理制度等基础条件，否则很难构成一个具有实用价值的信息系统。对 MIS 而言，计算机网络是信息共享的基础，数据库是信息战略储备和供给机构，而组织协调则为管理信息系统有效运行提供了一颗"奔腾的芯"。

2. 信息系统的功能结构

一个信息管理系统从使用者的角度来看，它总是有一个目标，具有多种功能，各种功能之间又有各种信息联系，构成一个有机结合的整体，形成一个系统的功能结构。如图 1-6 所示为一个高校教务管理系统的功能结构。

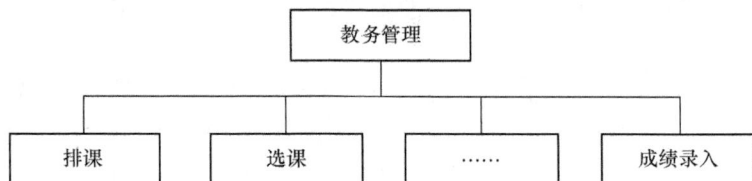

图 1-6 高校教务管理系统的功能结构

3. 信息系统层次结构、职能结构和交叉结构

由于管理活动分为三个层次——作业管理、管理控制和战略管理，因此信息系统也具有层次性——作业管理信息系统、管理控制信息系统和战略管理信息系统。

作业管理是一个组织的基层管理，主要包括两大部分：作业控制和业务处理。由此作业管理系统有事务处理、报告处理和查询处理三种信息处理方式。该信息系统主要为基层工作人员提供信息服务。

管理控制是一个组织的中层管理，主要包括组织内各个部门工作计划的制订、监控和工作完成情况的评价等。管理控制信息系统主要是为组织内中层管理人员，如各个部门的负责人，提供信息服务，以保证他们在其管理活动中能够正确、有效地制订各项计划。该系统的信息来源一方面来自战略管理中的各种预算、计划等，一方面来自于作业管理信息。

战略管理主要涉及组织的总体目标和中长期发展规划。该信息系统的信息来源是非常广泛和概括性的，不仅有组织内部信息，还有大量的外部信息。由于战略管理信息系统主要是为组织制定战略规划服务的，它所提供的信息也必须是将需要的数据经过高度概括和综合后的信息。

1.3.5 信息系统的相关技术

信息系统的发展离不开信息技术，信息技术是信息系统的基础。信息技术包括信息基础技术、信息系统技术、信息应用技术、信息安全技术四个层次，其主体技术主要有计算机硬件技术、计算机软件技术、网络和通信技术、数据资源管理技术等。

1. 计算机硬件技术

随着电子技术的不断进步，计算机硬件技术正在以极快的速度发展着。从生产技术看，世界各生产厂家正在不断改进电子器件的内部结构，降低工作电压和功耗，提高总线带宽和速度，减小体积和降低成本。从外部设备上看，各种大容量的存储器、超大容量的微型磁盘和光盘设备，都在短短几年内得到了突飞猛进的发展。

计算机硬件技术是有关计算机内部元器件、系统及外部设备等硬件的研制、设计和生产技术，包括硬件体系结构设计、硬件器件制造技术、总线技术等几个方面。

计算机体系结构，又称计算机系统结构，指的是机器语言或汇编语言程序员所看到的计算机的属性。计算机体系结构是计算机软/硬件交界面，交界面之上是软件，下面是硬件，双方都可向对方渗透。目前，计算机体系结构正在朝着网络化、多媒体化、并行化和智能化的方向发展。

计算机硬件器件可以由处理器、存储器、系统逻辑电路器件、印制电路板（Printed Circuit Board，PCB）及输入/输出设备五个部分组成。计算机硬件系统中的电子器件目前正在向更高集成度、省电节能和功能模块方向发展。

总线是计算机硬件和软件系统的基本骨架，是计算机系统的神经中枢。总线技术的发展是计算机硬件系统发展的基本标志，与计算机体系结构、处理器基本结构及电子技术的发展密切相关。总线的发展往往决定一代计算机的特征。所以，它的发展可以比较全面地代表计算机硬件和软件系统的发展。计算机总线的发展方向是开放式总线结构、动态高速宽带数据和地址总线。此外，随着计算机硬件技术的不断发展，在不久的将来，全局串行总线也将会应用在计算机系统中，特别是网络计算机中。计算机总线的另一个发展趋势是与各种工业系统相连接，这也是计算机普遍应用的结果。

2. 计算机软件技术

计算机系统中的程序和有关的文档资料总称为软件。软件是一个计算机系统必不可少的组成部分，它保证计算机系统能有效地运行并为用户提供特定的服务。

软件是计算机用户与硬件之间的接口，用户通过软件使用计算机。根据软件与计算机硬件和用户之间的关系，软件一般可分为系统软件和应用软件两类。

系统软件泛指为整个计算机系统配置的、不依赖于具体应用的软件，例如操作系统、各种语言处理程序、数据库管理系统及一些常用的实用软件等。应用软件是指用于特定应用领域的专用软件；另一类是可以适合多种不同领域的、通用性的应用软件，例如文字处理、图形绘制、财务管理、报表处理等方面的软件。

计算机软件大致经历了四个发展阶段，各阶段的标志性软件分别是汇编语言处理程序、高级语言处理程序、操作系统、网络软件。操作系统的出现具有划时代的意义。它使计算机得以普及；网络软件是计算机技术和通信技术两者高度发展和密切结合的结果，从某种意义上讲，它是更高意义上的操作系统。它利用通信线路把分布在不同地点上的多个独立的计算机系统连接起来，使网络中的用户可以实现数据传送、共享网络中的所有硬件和软件资源，并且提高了计算机的可靠性，均衡了网络中各种计算机的加载情况，同时便于系统的扩展。

3. 通信与网络技术

通信技术是信息技术的另一个重要组成部分。数据通信是 20 世纪 50 年代后期随着电子计算机的广泛应用而发展起来的。数据通信是以计算机为中心，结合分散在远程的终端装置或其他计算机，通过通信线路彼此连接起来，进行数据的传输、交换、存储很处理的设备总称。

计算机网络使用通信介质把分布在不同地理位置的计算机和其他网络设备连接起来，实现信息互通和资源共享的系统。计算机网络中的重要概念有网络介质、协议、节点、链路等。

由于一个组织中的信息处理往往都是分布式的，把分布在不同地理位置的信息按其本来面目由分布在不同位置的计算机进行处理，并通过计算机网络把分布式信息集成起来，是目前信息系统运行的主要方式。因此，计算机网络是信息系统运行的基础。

4. 数据资源管理技术

数据是重要的组织资源，它同其他的重要资源如人力、原材料、资金等一样应该放在重要的位置上进行管理。广义的数据资源管理包括三个方面：文件组织、数据库、数据规划和数据管理。为了使数据成为有意义的信息，需要将数据有序地组织起来，才能对数据进行有效的处理。数据的逻辑组织一般有四个基本的逻辑单元：数据项、记录、文件和数据库。这四个基本逻辑单元形成了以数据库为最高层的层次结构。

目前企业在信息系统建设中，大量使用了数据库管理系统。数据库管理系统是一种系统软件包，能帮助用户开放、使用、维护数据库。它既能将所有数据集成在数据库中，又能允许不同的用户应用程序方便地存取相同的数据。

随着数据量的增多和组织对数据处理要求的提高，在传统数据库技术的基础上出现了数据仓库技术。数据仓库（Data Warehouse）是一个面向主题的（Subject Oriented）、集成的（Integrate）、相对稳定的（Non-Volatile）、反映历史变化（Time Variant）的数据集合，用于支持管理决策。对于数据仓库的概念我们可以从两个层次予以理解，首先，数据仓库用于支持决策，面向分析型数据处理，它不同于企业现有的操作型数据库；其次，数据仓库是对多个异构的数据源有效集成，集成后按照主题进行了重组，并包含历史数据，而且存放在数据仓库中的数据一般不再修改。数据仓库技术分为数据的抽取、存储和管理、数据的表现三个基本方面。

1.4 信 息 化

1.4.1 信息化基础设施

信息基础设施是信息化的核心层次，要推进信息化，必须加快信息基础设施的发展。信息基础设施包括信息网络、信息资源、信息装备三方面内容。

（1）信息网络。计算机网络基础设施是推进企业信息化建设的前提，是信息传输与交换赖以实现的通道，也是组织创新服务的技术基础。网络基础设施建设主要包括各种信息传输网络建设、信息传输设备研制、信息技术开发等设施建设。

（2）积极开发利用组织的信息资源，实现信息资源的高度共享。信息化的一个重要目标是实现信息资源的高度共享和加值利用。目前，我国在信息资源的组织与开发利用方面较为滞后，信息采集环节薄弱，缺乏对信息资源的深层次开发，部门间信息资源共享不足、封锁严重，信息资源社会化利用有限。针对上述问题，应注重信息资源的数字化工作，以便通过网络实现社会共享和加值利用。同时做好信息资源的深度开发与利用工作，对信息进行组织、筛选、分析、综合，扩大信息的交换与流通，实现信息资源的高度共享。

（3）提高信息设备普及率，尽快建立业务人员一人一台计算机的工作环境，提高业务人员利用现代信息技术设备的能力，使他们掌握现代管理和服务方法，提高管理水平。

1.4.2 政府信息化

信息技术的发展，特别是网络技术的发展，正在改变着人们几千年来形成的信息传递方式、人际间的沟通方式和社会管理的组织方式，并深刻地影响着社会生活和政府运作的方式。从世界范围来看，工业社会型经济逐渐为全球化的知识经济所取代。信息已取代传统的其他资源，成为战略性资源。信息资源管理和知识管理，成为各行业的核心管理领域。信息和知识的生产、加工与处理，成为创造财富的基础。以信息和知识为基础的信息产业，已成为全球经济的主导产业。国民经济和社会信息化水平的高低，是衡量一个国家综合国力的重要标志。在世界各国大力倡导的信息高速公路五个应用领域中，建立信息化的"电子政务"被列在"电子商务"、"远程教育"、"远程医疗"、"电子娱乐"之前而居首位。可以说，在国民经济和社会信息化过程中，政府信息化处在关键和核心的位置。这是由政府在推动国家信息化中的主导地位和特殊角色，以及政府管理对信息的广泛依赖所决定的。

不少国家及地区政府，一方面积极发展国家信息基础设施，另一方面致力于政务信息化，利用信息技术改革政务，构建电子政务。诸多发达国家如美国、英国、日本、加拿大等都积极推进政府信息化建设，试图以此革新政府机构，减少政府支出，提供优质服务，提高政府效率，进而提高本国的国际竞争力。

随着信息技术的发展，政府信息化的概念不断演化，政府信息化所包括的内容也在不断扩展。20 世纪七八十年代，人们提出了办公自动化（Office Automation，OA）的概念，即利用计算机技术来处理办公室的内部业务，主要是文件资料的制作、传送和储存。20 世纪 80 年代后，管理信息系统 MIS 又成为人们关注的焦点，它是为满足管理者需要而建立起来的信息加工和处理系统，重点是支持决策和满足管理者对适时、准确、相关信息的需求。20 世纪 90 年代后，随着国际互联网技术的发展及其在政府管理中的应用，人们又提出电子政务（Electronic Government，EG）的概念，主要指在政府内部行政电子化与自动化的基础上，利用现代计算机和通信技术，建立起网络化的政府信息系统，并通过不同的信息服务设施（如电话、网络和公共电脑站等），为企业、社会组织和公民，在其更方便的时间、地点及方式下，提供政务信息和其他公众服务。电子政务是国际上一个比较通用的概念，西方国家的政府信息化主要是指电子政务。电子政务的核心内容是构建一个跨越时间、地点、部门的全天候的政府服务体系。

总的来说，政府信息化，主要是指政府部门为更加经济、有效地履行自身职责，为全社会提供更优质的服务而广泛应用信息技术、开发利用信息资源的活动和过程。政府信息化的最终结果是建立高效可靠的电子政务。

1. 政府信息资源

政府信息资源是由政府产生和通过收集、处理、传输、发布、使用、存储的信息，它包括社会、经济、政治、军事等各方面的信息。这些信息以数据库、纸质、缩微品、光电介质等形式存储，这是狭义的政府信息资源。广义上看，政府信息资源是一切产生于政府内部或虽然产生于政府外部但对政府活动有影响的信息资源的统称，如人力资源、信息化基础设施等。

由于政府总以某种方式与人们的工作和生活的每一方面直接或间接相联系，因此，其信息总量常常多得惊人，甚至达到无法计数的地步。据统计，目前各级政府部门大约集聚了全社会信息资源总量的 80%。这些信息资源还常常比一般的信息资源更有价值，质量和可信度也较高，直接关系到国民经济与社会发展的状况和水平。如何加强管理、综合开发和有效利用这些资源已经成为各级政府工作的当务之急，也是一个值得研究和探讨的新领域。

2. 政府信息化基础设施建设

政府信息化的基础设施建设，主要是指信息传输网络系统、提供各种信息接入服务和信息内容服务的网站、与信息网络实现连接的各种接入设备、在信息网络实现信息输入/输出所需要的信息终端设备和工具等的建设。最终在充分利用现有资源的基础上，政府应该加大资金投入，建设一个宽带、高速、大容量、高水平的国家信息主干网，逐步消除部门间、地区间的网络分割壁垒、资源垄断和体制性障碍。

3. 政府信息化政策法规和标准

与政府信息化相关的法律法规和技术标准是进行与加强政府信息资源管理的基础与重要保障。随着信息技术的迅猛发展并不断地在实践中被应用，相关的法律法规的制定是动态的、不断更新的过程。

2005 年通过的《电子签名法》是我国第一部真正意义上的信息化法律。其他如个人信息保护法、政府信息公开法、信息安全条例、电子版权法、电子文件法、数据保护法等都需要加快立法或制定相应的行政法规。可以说，在互联网环境下，政府机构间的关系，政府与企业间的关系、政府与个人间的关系、企业与个人间的关系都应该以法律的形式加以明确，确保各方利益不受侵害。

立法的同时也必须加快建立政府信息化的标准化体系，发展具有自主知识产权的技术标准和系统。政府信息化中的标准化主要有数据标准、技术标准和安全标准。数据标准主要是明确地定义和规定政府信息的标准和采集与应用的规范，还应该包括元数据标准。

技术标准是对政府信息化过程中所使用的计算机与通信系统的软硬件制定统一的标准，以便于政府内信息的交流与共享。例如数据库的标准、数据格式的标准、软件工程管理的标准等。

安全标准是系统安全的一个重要阶段。安全标准包括物理安全标准和技术安全标准。物理安全标准指对系统、设备、工作环境等在物理上采取的保护措施，如防火墙、物理隔离等。技术安全标准包括口令和密钥、数据加密标准、防病毒、防黑客及各种加密措施等。

4. 信息化人才队伍建设

政府信息化成功的关键在于政府的信息化人才队伍建设。信息化的实现应实行 CIO 制度，充分发挥 CIO 在政府信息化工作中的核心作用。各级政府部门领导更是信息化成功的关键中的关键，领导不仅应该真正理解信息化的含义，大力支持信息化建设，还应该具有评估和鉴别各种最新技术的能力。

政府公务员是政府信息化的基本人力资源，是政府信息化的实践者，他们的信息素质对信息化的实施效果有着重大影响。在政府信息化过程中，需要一支具有较高政治素质和职业道德水准、既懂业务又懂技术的公务员队伍。必须大力加强对公务员相关知识的培训，如信息化与电子政务的基础知识、政府信息化建设的总体构架、信息安全的知识、计算机应用与网络技术等。需要特别重视的是对公务员的培训不仅仅在于技术的培训，更应该注重实施信息化后的业务流程的变化及其带来的管理方面的培训。

我国的政府信息化大致从 20 世纪 80 年代起步，在 90 年代得到长足发展。如今，我国的政府信息化建设已取得显著成绩：公共信息网络已遍及全国城乡，"金"字系列国家级电子信息应用工程已投入应用，国务院各部委和各级地方政府已相继上网并发挥网上作用，"电子政务"的雏形正孕育形成。但是，我们应该认识到，我国的政府信息化还未能发挥其所有的潜能，和西方发达国家相比也存在相当大的差距，因此借鉴发达国家政府信息化的经验，结合的实际，探讨推进我国政府信息化的措施和方法以推动政府信息化的长足发展，建立廉洁、勤政、务实、高效、具有更高服务品质的电子政府显得尤为重要。

1.4.3　企业信息化

企业信息化是国家信息化的重要组成部分，也是企业在激烈竞争中获胜的关键。企业信息化是指企业利用网络、计算机、通信等现代信息技术，通过对信息资源的深度开发和广泛利用，不断提高生产、经营、管理、决策效率和水平，从而提高企业经济效益和企业核心竞争力的过程。在这个过程中，应该挖掘先进的管理理念，应用先进的计算机网络技术去整合企业现有的生产、经营、设计、制造、管理，及时地为企业管理活动的三个层次提供准确而有效的数据信息，以便对需求做出迅速的反应，其本质是加强企业的核心竞争力。

对于一个企业来说，应该从产品信息化、设计信息化、生产信息化、管理信息化和市场信息化。

1. 诺兰模型

把计算机应用到一个单位（企业、部门）的管理中去，一般要经历从初级到成熟的成长过程。美国哈佛大学教授查理诺兰通过对世界 200 多个公司、部门发展信息系统的实践和经验的总结，于 1973 年首次提出了企业信息化建设的阶段理论，该理论被称为诺兰阶段模型。1980 年，诺兰进一步完善模型，把企业信息化的建设过程划分为六个不同阶段。

（1）初始阶段。该阶段，计算机刚进入企业，只作为办公设备使用，应用非常少，通常用来完成一些报表统计工作，甚至大多数时候被当做打字机使用。在这一阶段，企业对计算机基本不了解，更不清楚 IT 技术可以为企业带来哪些好处，解决哪些问题，IT 的需求只被作为简单的办公设施改善的需求来对待，采购量少，只有少数人使用，在企业内没有普及，大多数用户对信息系统抱着敬而远之的态度。同时企业对数据处理费用缺乏控制，信息系统的建立往往不讲究经济效益。

该阶段最典型的表现就是企业财务部门应用统计报表软件如 Excel 或单机版小型财务软件。

（2）扩展阶段。该阶段企业对计算机有了一定了解，想利用计算机解决工作中的问题，比如进行更多的数据处理，给管理工作和业务带来便利。于是，应用需求开始增加，企业对IT 应用开始产生兴趣，并对开发软件热情高涨，投入开始大幅度增加。但此时很容易出现盲目购机、盲目定制开发软件的现象，缺少计划和规划，因而应用水平不高，IT 的整体效用无法突显。

该阶段典型的表现是企业的许多部门都有了自己的应用软件，但这些软件一般都是单机版，没有网络作为运行平台，功能比较简单。

（3）控制阶段。在经过前一阶段盲目购机、盲目定制开发软件后，企业管理者意识到计算机的使用超出控制，IT 投资增长快，计算机预算每年以 30%～40%或更高的比例增长，而投资回收不理想，于是开始从整体上控制计算机信息系统的发展，在客观上要求组织协调，解决数据共享问题。此时，企业 IT 建设更加务实，对 IT 的利用有了更明确的认识和目标。在这一阶段，一些职能部门内部实现了网络化，使用了部门级网络版应用系统，如财务系统、人事系统、库存系统等。

该阶段典型的表现是出于控制数据处理费用的需要，出现了由企业领导和职能部门负责人参加的信息化领导小组或相关机构来控制其内部活动。这是实现从以计算机管理为主到以数据管理为主转换的关键，标志着计算机应用开始走向正规，为将来的企业级信息系统的发展打下基础。

以上三个阶段称为企业信息化的第一个时代，即计算机时代。该时代企业购置了大量计算机硬件，有了一定的计算机使用能力，但企业对信息化的关注重点放在了计算机本身的管理上，没有上升到数据管理或信息管理的层次，各软件系统之间还存在"部门壁垒"、"信息孤岛"，信息系统呈现单点、分散的特点，各部门的数据存放在自己的数据库中，造成数据大量冗余，不同部门对于同一事务记录的数据有许多不一致，数据标准不统一，难以在整个企业内共享，只有一部分计算机的应用收到了实际的效益，系统和资源利用率不高。

（4）集成阶段。从第一阶段到第三阶段，通常产生了很多独立的实体。在该阶段，开始使用基础数据库和远程通信技术，努力整合现有的信息系统：在控制的基础上，企业开始重新进行规划设计，对内部不同系统中的硬件进行重新连接，建立统一的基础数据库，并建成统一的信息管理系统，使人、财、物等资源信息能够在企业集成共享，更有效地利用现有的IT系统和资源。企业的IT建设开始由分散和单点发展到成体系。

该阶段，企业从管理计算机转向管理信息资源，这是一个质的飞跃。不过这样集成的费用急剧增加。

（5）数据管理阶段。这一阶段，企业高层真正意识到了信息战略的重要，企业开始全面考察和评估信息系统建设的各种成本和效益，全面分析和解决信息系统投资中各个领域的平衡与协调问题。信息成为企业的重要资源，企业的信息化建设也真正进入到数据处理阶段。企业开始选定统一的数据库平台、数据管理体系和信息管理平台，统一数据的管理和使用，信息系统开始从支持单项应用发展到在逻辑数据库支持下的综合应用，各部门、各系统基本实现资源整合、信息共享，IT系统的规划及资源利用更加高效。

（6）信息管理阶段。信息管理阶段也称为企业信息化的成熟阶段。到了这一阶段，信息系统已经可以满足企业从简单的事务处理到支持高效管理的决策过程中各管理层（高、中、低）的需求，实现了信息资源的管理。企业真正把IT同管理过程结合起来，将内部、外部的资源充分整合和利用，信息系统的开发跟上了企业的发展，信息资源成为企业提高竞争力、促进其发展的动力。

后面的三个阶段是企业信息化的第二个时代，称为信息时代。由于诺兰所处的时代信息技术尚未能充分支持知识管理，因此该模型没有体现知识管理阶段。

诺兰模型还指出了企业实施信息化的六种增长要素：计算机硬件资源、应用方式、计划控制、信息系统在组织中的地位、领导模式、用户意识。这六种要素对于企业实施信息化有着决定性因素。

诺兰阶段模型描述了企业信息系统波浪式的发展过程，总结了发达国家信息系统发展的经验和规律。诺兰认为，企业信息化的六阶段是一个客观的发展规律，要想跳跃某个阶段或几个阶段是很难的，除非是一个普遍由信息技术运用能力很高的员工组成的新企业（如IT及其相关高科技企业），有可能跳跃前三个阶段，直接从第四个阶段开始规划和实施企业信息化。

因此，这个模型是我们进行企业信息化规划工作的一个重要参考。它要求企业信息化要把强调重点从技术的引进转到信息的处理，从信息化工具转到信息化内容。其次，应首先明确本组织当前处于哪一阶段，进而根据该阶段特征来指导企业的信息化建设。

2. 企业信息化的主要内容

（1）企业信息资源建设。早期的企业信息或以手工处理或存储在不同部门的系统中，可能存在冗余、不一致、不全面等现象，有些数据是多年前产生的，当事人自己都难以判定这些数据的真实性与完整性，由此产生了大量的脏数据，造成数据集中在统一的基础数据库难度增加。因此，在企业信息化实施前，就应该制定好历史数据预处理（清洗、转换和加载等）的策略与方法。

（2）企业信息化基础设施建设。企业信息化基础设施建设应把重点放在企业网络的建设上，尤其是企业内网 Intranet 的建设。对于尚未开展信息化的公司来说，可以通过外包或聘请专家直接建设一个连接企业各部门的内网；对于已经进入诺兰模型的某个阶段的公司，主要的是将以前散布在企业各个部门的硬件连接起来。这样的一个企业内网，考虑到用户的使用和软硬件的标准化，应当采用因特网的通信标准和 Web 信息流通模式，以 TCP/IP 作为网络协议，具有 Web 的跨平台兼容性，为企业提供了十分方便的发布信息的机制。

（3）实现企业三个层次管理的信息化。所谓的三个层次就是作业管理、管理控制和战略管理。

作业管理层是企业生产过程的自动化，即通过应用现代电子信息技术（如 CAD、CAM 等），提高企业生产过程自动化，加速企业产品更新换代，提高产品质量。

管理控制层是企业数据的自动化、信息化，用电子信息技术对生产、销售、财务等数据进行处理，这是最基础的、大量的数据信息化过程。这个层次中最主要的是建设企业的管理信息系统，即利用计算机、网络技术和先进的管理知识，建设企业管理信息系统，实现无纸化办公，加快企业内部信息的交流，改进企业业务流程和管理模式，提高运行效率，降低成本，提高竞争力。

战略管理层具有更高层次，主要是实现企业的决策支持系统：利用现代通信技术，加入因特网，进行企业的信息发布，并建设企业外部网。通过采集和利用国家宏观信息、企业材料供应商及合作伙伴的生产流通信息、市场信息等经营信息，提高企业对市场的快速反应能力，提高企业的正确决策能力。

（4）培养高素质的企业信息化人才。企业信息化是应用新技术的发展过程，除了需要技术支持，人才已成为关键环节。如何培养与国际接轨的高素质的企业信息化人才，已经成为制约企业信息化的瓶颈。企业需要一大批不仅精通专业知识，能够充分利用信息技术进行研究和应用，推动企业内部信息化建设，而且还具有强烈的创新精神和实践能力的高层次专门人才作为支撑。这就要求企业通过加强人才培训、技术交流与合作等方式来造就一支既懂技术又懂管理、知识结构合理、技术过硬的"复合型"信息技术人才队伍。

3. 企业信息系统

企业的信息系统建设应该构建统一的基础数据库，将以前的单点信息系统在 Intranet 平台下连接成一个或若干个企业级的信息系统，如 PDM、ERP、CIMS 等。

4. 实施信息化对企业的要求

企业实施信息化，最重要的是领导层的正确认识和重视。领导层应该认识到企业信息化是企业促进管理水平、提高效益和自身竞争力的有力手段，是企业自身的需要，而不是企业的一个摆设。作为一个复杂的、长期的系统工程，企业在实施信息化过程中应安排最高领导层中一名既懂信息技术又懂管理的领导（CIO）来专门负责，CIO 直接对企业最高领导负责。

企业信息化的重要内涵，就是用现代信息手段改造传统管理，创造新的管理概念和管理体系，提高管理水平和生产效率。因此企业的信息化并不是简单地将原有的手工作业忠实地计算机化，而是对原有的生产、管理流程的改进与优化。尤其是我国企业现行的管理模式大都是金字塔形，为达到信息化的预期目标，企业应引入精简化和扁平化的网络式管理模式。

根据诺兰模型，首先应找出目前企业所在的信息化阶段。根据所处的阶段，站在发展的高度进行总体规划。规划可适当超前，但要适度，要注意重点突出，最终分阶段、逐步实现企业信息化。

数据在网络中的共享最重要的就是要求数据标准化，因此企业在进行信息化建设前，应该在参考国际、国家、行业等标准和管理制度的基础上，制定自己的一套完整、有效的信息化标准、规范和规章制度，使系统能正确、规范地采集和处理信息，从而保证企业信息化走在正常、稳定和规范的轨道上。

章节主题讨论

1. 一些专家认为：电子商务的发展将使国家和地方政府失去大量的销售税收入，除非Internet 交易受销售税收控制。你赞成吗?为什么?

2. 针对以下命题陈述赞成或反对的理由：由于 IT 管理者必须了解企业的各个阶段，所以公司可以通过提升 IT 管理者的方式填补最高管理层的空缺。

3. 计算机执行许多以前由人来完成的工作，基于计算机的事务和扩展的电子商务，是否最终会取代人与人之间面对面的联系?从消费者的观点来看，这样好吗?为什么?

项目实践

1. 在你的学校调研至少三个信息系统，列出系统的类型、系统的主要功能、系统的输入数据和输出数据，了解系统的运行为学校带来了什么样的改变。

2. 用微软的 Word、Visio 或类似软件创建你的学校或学校部门的组织结构图。

3. 微软的 Excel 其实也是简单的决策支持软件，利用它，可以产生图形化的数据分析结果。尝试进行一个校内的调查并图形化调查数据。

第2章 信息系统开发基础

本章将在第1章有关基本概念介绍的基础上，对信息系统开发的复杂性、影响因素、生命周期、开发方法、开发方式作深一步的探讨，以求从宏观上认清和理解信息系统开发的一些常规观念。

2.1 信息系统开发概述

信息化是现代化的重要特征之一，随着信息技术的迅猛发展，其应用范围也在急剧扩大。目前，信息系统的现代化管理手段的地位已经得到了较为普遍的认同，出现了不少信息系统成功开发的范例。近20年来，在我国各个领域所实际运行的信息系统越来越多，对社会和经济的影响日益增大。但从总体来看，对信息系统的开发应用仍然存在着诸多不足，许多系统的效益远不如开发之初的承诺，还有不少系统在开发过程中半途而废，人们为信息系统开发建设的效率和成功率担忧也就不足为怪了。究其原因，一是信息系统本身的多学科性与综合性，决定了其发展必定有一个较长的过程；二是人们对信息系统在认识上存在着不足和偏差。

2.1.1 信息系统开发的复杂性

信息系统的开发存在着周期长、投资大、风险大的特点，比一般工程技术项目建设有着更大的难度和复杂性。究其原因，主要有以下四个方面。

1. 投资强度大，投资效益难以量化

信息系统的开发，从分析设计到运行维护，都需要投入大量的资金，而且还需要大量的人力和时间。虽然目前在信息系统的开发中采用了大量的先进技术，但实际开发过程中的自动化程度仍不高，系统的分析、设计和程序编写，必须靠足够的人力和时间去完成。信息系统的开发建设是一种高智力的劳动密集型项目，简单劳动所占的比例非常小，这也是一般技术工程项目所不能比拟的。

信息系统的投入很大，但为企业带来的效益是很难直接计算出来的，也就是很难见到有形的直接效益，而必须认真去体会那些无形的间接效益。

2. 需求多样，内容复杂

信息系统最重要的特征就是面向管理。一个组织当中的管理系统所需要的信息面广量大，形式多样，来源不一。一个综合性的信息系统要支持组织内各级多个部门的管理，结构复杂，规模庞大。各个部门和管理人员对信息的需求不尽相同，甚至相互有冲突，因而协调困难，很难求得一个各方都满意的方案。管理工作当中的有些需求是模糊的，不易表达清楚。对于一般技术工程项目，往往可以通过具体模型或样品试验去解决设计中的问题并对设计加以完善，而一个信息系统的样品就是产品，在投入实际运行之前极难进行现场实测，系统开发的问题只有在投入运行之后才能充分暴露。加之信息系统的开发周期一般较长，极易造成人力、物力、财力和时间的浪费。

3. 技术手段复杂

信息系统是现代信息技术与管理理论相结合的产物,它试图用先进的技术手段去解决社会经济问题。计算机硬件和软件、数据通信与网络技术、人工智能技术、各种管理决策方法等都是当今发展最快的技术,是信息系统借以实现其各种功能的手段。由于这些技术本身都在迅猛地发展,那么如何掌握这些技术手段,合理地加以应用以达到预期的效果,就是信息系统开发的主要任务,而且也给开发增加了难度。

4. 环境复杂多变

信息系统要想成为一个企业在竞争中的有力武器,就必须能够适应企业所处的竞争环境。这就要求信息系统的开发建设者必须十分重视、深刻理解企业面临的内外环境及其发展趋势,充分考虑到企业的管理思想、管理体制、管理方法和管理手段,考虑到人的心理状态、行为习惯及现行的各种制度、惯例和社会、政治等诸多因素。系统的目标、功能既要适应企业当前的发展水平和能力,又必须有足够的适应性,以便在一定的程度和范围内适应政策、规章和制度的变化,促进管理水平的提高,从而实现管理目标。这些更是一般技术工程所不能与之比拟的。

◈ 见仁见智

探讨学校或者生活、学习中见到的系统的投资额度、效益转换情况、新的需求和实现的技术,并分析这些系统的环境。

2.1.2 信息系统开发的影响因素

如果将信息系统开发与一般技术工程作进一步比较,可以看到,有的时候,技术不是影响信息系统开发成败的唯一因素,甚至不是主要因素,影响信息系统开发成败的因素更多的来自组织的内外部环境。根据来源的不同,分为内部因素和外部因素。

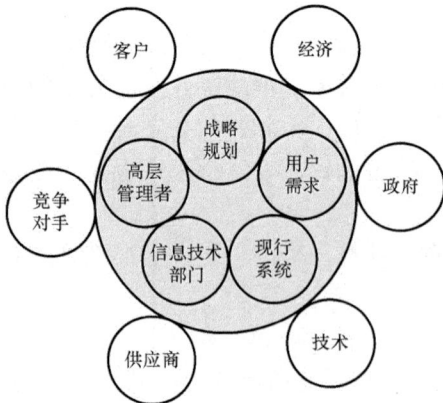

内部因素包括企业的战略规划、高层管理人员、信息技术部门、现行系统。外部因素包括技术、供应商、客户、竞争对手、经济和政府等。如图 2-1 所示。

1. 内部因素

内部因素包括战略规划、高层管理者、用户需求、信息技术部门及现行系统。

(1)战略规划。战略规划为公司规划总体的方向,并对 IT 项目有重大的影响。公司需要 IT 支持的长期和短期目标将会产生系统需求并对 IT 的优先权产生影响。

图 2-1　影响系统开发的内外因素

(2)高层管理者。高层管理者的指令是大规模系统项目的主要来源。那些指令通常来源于需要新的 IT 系统、制定决策需要更多信息或者是对紧要使命信息系统需要更好支持等战略决策。

(3)用户需求。随着用户对信息系统的依赖程度的加深,他们越来越倾向于要求更多的 IT 服务和支持。比如,销售代表可能要求改进公司的 Web 站点、更强大的销售分析报告、连接所有销售站点的网络或者允许客户及时获取订单状态的在线系统。用户还可能由于难掌握或者缺乏灵活性而对当前的系统不满意。他们可能需要信息系统支持某些在系统开发时并不存在的企业需求。

（4）信息技术部门。许多系统项目需求来自于 IT 部门。IT 部门成员常常根据他们的企业运作知识和技术倾向做出建议。1T 建议可能是严格的技术问题，比如某种网络组件的替换；或者是更加面向企业的建议，比如提出一个新的报表系统或数据采集系统。

（5）现行系统。现行系统中的错误或者问题可能会引起系统项目的需求。系统错误必须修正，而分析员通常耗费太多的时间处理日常的问题，而不是仔细地考虑潜在的原因。这可能将信息系统变成通过纠正错误或者进行改进拼凑出来的东西，很难支持公司的总体企业需求。

2. 外部因素

外部因素包括技术、供应商、客户、竞争对手、经济和政府。

（1）技术。一般来讲，技术的更新是影响商业和社会的主要力量。比如，无线电通信的快速增长创建了全新的行业和技术。技术也重新构造了现有的企业运作模式。扫描技术的成果——通用条形编码如今影响了几乎所有的产品。大部分公司拥有必须同时高效运行的软硬件系统。随着技术的变化，公司会制定一些引发系统需求的决策。

（2）供应商。随着电子数据交换（EDI）的发展，企业与供应商的关系显得十分重要。比如，汽车公司可能要求供应商将他们的零件以某种特定的方式编码，来匹配公司的库存控制系统。EDI 使得及时库存管理系统成为可能。所用的原理就是通过计算机到计算机的数据交换来最小化不必要的库存。及时库存管理系统的目的就是在合适的时间、合适的地点提供恰当的产品。

（3）客户。客户在任何企业信息系统中都是十分重要的，其中与用户交互的部分通常具有较高的优先权。许多公司实施客户关系管理（CRM）系统，该系统集成了所有与客户相关的事件和事务，包括推广、销售以及客户服务活动。CRM 组件可以提供对销售数据自动的响应、基于 Web 的订单处理及在线的库存跟踪。一个高效的仓库和一个成功的网站同样重要。因此，供应商们常常使用智能铲车（smart fork lift），该装置可以读取通用产品代码（UPC）数据并传送到 CRM 系统中。

（4）竞争对手。竞争激励了许多信息系统决策的制定。比如，如果一个移动电话供应商提供了一种新类型的数字服务，其他公司为了保持竞争力就必须做出相应的规划。新产品的研究和开发、市场、销售及服务都需要 IT 的支持。

（5）经济。经济活动对公司的信息管理有巨大的影响力。在经济膨胀阶段，公司需要准备好扩展性较好的系统以便处理额外的容量和增长。商业周期预测不是一门精确的科学，在这里，仔细地研究和规划是相当重要的。

（6）政府。国家及地方政府的规定都影响公司信息系统的设计。比如，所得税报表需求必须设计到工资包中。关于 Internet 销售税问题的争论可能极大地影响电子商务及传统的零售业。

综上所述，如果仅将信息系统的开发、设计、运行和管理看做一个纯技术过程，许多问题将无法得到解决。信息系统的开发不是单纯建立一个计算机系统的过程，而是综合各个方面因素的集大成者。它协调了不同因素的影响，为这些影响在系统内部选择一个合适的位置，调整一个和谐的关系，这种关系可能是某些影响之间的单方面的影响，也可能是两个或者两个以上影响的关系的调和。

通过这种对不同因素的协调汇总，可以使本应理性的开发系统的行为变得富有感情、丰富多彩。也只有充分认识系统开发的本质，正确对待信息系统的复杂性，重视这些非技术因素，信息系统才能发挥出应有的作用。

见仁见智

你是一个公司的 IT 主管，你所负责的系统审核委员会目前在两个关键项目上面临着巨大的分歧：市场部经理王亚楠认为，非常有必要拥有一套新的计算机化的订票系统。以提供更好的客户服务、减少运营成本；财务副总傅尔胜态度同样坚决，认为拥有一套新的财务系统迫在眉睫，因为调整现有系统来满足新的需求将会有很大开销。傅尔胜的职位比王亚楠高，并且她还负责 IT 部门。下次会议定在明天早上 9:00，将会做出最后决策。你将如何准备这个会议，哪些问题应该提出来讨论？

2.1.3　信息系统开发方法体系结构与实质

现代信息系统的开发，既是一个项目管理和控制的过程，又是一个各种技术综合运用的过程。换句话说，一个成功的信息系统开发，包含两种因素：一是在开发过程中，如何对信息系统开发的各种资源进行合理的、科学的管理和控制；二是如何灵活地运用各种先进的计算机技术。前者往往为信息系统开发者所忽视，成为导致系统开发失败的一个根本原因。

这里提出的体系结构正是基于"首先强调开发项目的管理和控制，其次再考虑如何综合运用各种计算机方法和技术"这一想法而提出的。

信息系统实质上是实际业务系统的一种计算机模型，因此，信息系统的开发实际上就是要建立业务系统与计算机模型系统之间的映射关系。可以从不同的角度建立不同的映射关系，从而形成了不同的信息系统开发方法学，这就是所谓的驱动对象的观点。

传统的结构化方法是从业务过程或功能的角度建立二者之间的对应关系；信息工程方法是从数据或信息的角度建立二者之间的对应关系；而面向对象的开发方法则是从将过程与数据封装在一起并视之为一个整体的对象的角度建立二者之间的对应关系。如图 2-2 所示。

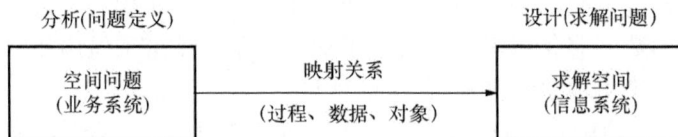

图 2-2　信息系统开发方法学的实质：驱动对象的观点

不同方法的主要区别如下。

（1）对问题空间和求解空间的结构描述方法不同。结构化方法是按"自顶向下、逐步求精"的方法描述问题空间和求解空间的。

面向对象方法则是一种"归纳→演绎"的过程，即由特殊（通过抽象）→一般，一般（通过继承）→特殊。因此，面向对象方法一般是通过自底向上的方法来归纳描述问题空间的。

（2）映射的构造方法不同。一种好的、生命力强的信息系统开发方法学的根本就在于所建立的映射是一个"同构关系"。通过该同构关系，使问题空间与求解空间之间保持结构上的一致，同构关系的实质是尽可能接近人类的思维方式。

从图 2-2 可以看出，信息系统的开发过程可以理解为一种"对话过程"，这种对话是在问题空间（业务系统领域）与求解空间（计算机领域）之间进行的。要把各式各样的问题领域的语言转换（映射）成计算机领域的"二进制"语言，在今天仍是非常困难的事情。

从驱动对象的观点来分，目前主流的开发方法有：结构化方法（面向过程的方法）、数据建模方法（面向数据的方法，又称系统工程方法）和面向对象方法。

在实际进行系统开发时，选择哪种方法来开发，则主要取决于该系统的哪个基本特征占主导地位。

如果一个信息系统的功能特征占主导地位，则适合用结构化方法进行开发。

如果一个信息系统的数据特征占主导地位，则适合用数据建模方法进行开发。

如果一个信息系统的行为特征占主导地位，则适合用面向对象的方法进行开发。

2.2 信息系统的生命周期

信息系统的生命周期指的是系统开发方利用各种工具和方法，将用户的需求转换成信息系统的过程。

信息系统的生命周期一般可分为开发阶段和运行维护阶段。开发阶段的工作包括规划系统的目标、分析用户的需求、设计实现需求的方法并最终建成信息系统；运行维护阶段包括运行期间的记录及在运行过程中随着其生存环境的变化需要不断地进行维护，以延长其使用时间。当系统因为自身的原因或者环境的变化发生衰变并被新的系统所取代，该信息系统的生命周期便告结束。取而代之的新系统也将经历同样的生命周期。

传统上，信息系统的生命周期被生动地描述为如图 2-3 所示的模型。

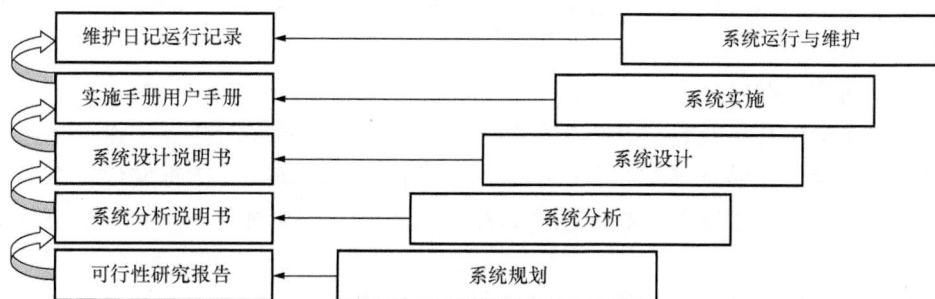

图 2-3　系统开发生命周期

由图 2-3 可见，信息系统的开发阶段由系统规划、系统分析、系统设计、系统实施四个部分组成，再加上系统的运行维护阶段，一个信息系统的生命周期共划分为五个阶段。每一阶段结果称为可交付结果或最终结果，这个结果也是下一段工作的前驱，可据此顺序进入下一个阶段。

将信息系统的生命周期划分为若干个阶段是为了对每一个阶段的目的、任务、所采用的技术、应参加的人员、要取得的阶段性成果及与前后阶段的联系等做深入具体的研究，降低工作难度，也便于对系统的整个开发过程进行管理。

2.2.1 系统规划阶段

系统规划阶段的任务是根据用户提出的开发新系统的请求，对组织的环境、目标、现行系统的状况进行初步调查，根据企业的目标和发展战略，确定信息系统的发展战略，对开发建设新系统（目标系统）的需求做出分析和预测，同时充分考虑目标系统所受到的各种约束，研究开发建设目标系统的必要性和可能性，并给出拟建系统的几种备选方案。对这些方案进行可行性分析，提出可行性研究报告。可行性研究报告评审通过之后，将目标系统的开发建设方案及实施计划编写成系统设计任务书。如果目标系统的开发建设采取合作或委托外包方式，则本阶段还要包括招标过程。

2.2.2 系统分析阶段

系统分析阶段的任务是根据系统设计任务书所确定的范围和要求，对现行系统进行详细调查，描述现行系统的业务流程，利用数据流程图分析现行系统的局限性和不足之处。在现有调查资料的基础上，与用户充分讨论协商，确定目标系统的目标和逻辑功能要求，提出目标系统的逻辑模型。这一阶段又称为逻辑设计阶段，是整个信息系统开发建设的关键。

系统分析阶段的工作成果体现在系统分析说明书中，这是信息系统开发建设过程中一系列文档中的重要一份。它是下一个阶段的工作根据。因此，要求系统分析说明书准确、通俗。用户通过系统分析说明书可以了解未来系统所具备的功能，判断是不是其所要求的系统。系统分析说明书一旦讨论通过，就是系统设计的依据，也是将来对目标系统验收的依据。

2.2.3 系统设计阶段

简单地说，系统分析阶段的任务回答了新系统"做什么"的问题，而系统设计阶段则要回答"如何做"的问题。这一阶段的任务，是要根据系统分析阶段构造出的独立于任何物理设备的目标系统逻辑模型，考虑系统分析说明书中规定的功能要求和实际条件，进行目标系统的物理模型设计，具体选择一个物理的计算机信息处理系统。这一阶段又称为物理设计阶段。其中一般又分为系统的总体设计和详细设计两个阶段。这一阶段的技术文档是"系统设计说明书"。

2.2.4 系统实施阶段

系统实施阶段的任务是将设计出来的新系统付诸实施。这一阶段的工作主要包括计算机等硬件设备的购置、安装和调试；程序的编写与调试；人员培训；数据文件转换；系统整体调试等。这一阶段的特点是几个相互联系、相互制约的工作同时展开，必须精心组织，合理安排工作进程。

系统实施是按实施计划分阶段完成的，每一阶段的工作都应写出实施进度计划，工作完成之后提交相应的报告，如测试分析报告等。在这一阶段要基本完成用户手册和操作手册的编写。

2.2.5 系统运行维护阶段

系统实施阶段完成之后，已经得到了一个可以运行的新系统。系统转换之后，目标系统经过一段时间的试运行，以及进一步的修改、调试和定型，应当对系统整个开发阶段的工作情况和结果进行一次评审验收。其内容主要是系统的工作质量和经济效益。

系统转换完成，评审结束并且通过之后，目标系统便进入了一个正常的、长期的运行和维护阶段，直至被更新的系统所替代，于是，另一个新系统的生命周期开始了。

这一阶段的主要工作就是保证系统日常的正常运行，逐日记录系统运行的情况，根据需求对系统进行必要的维护并履行相应的审批验收手续。

> ✦ 见仁见智
>
> 分析一下，学校正在应用的某些系统，它们每个阶段的详细任务。

2.3　信息系统的开发方法

计算机在数据处理领域当中的应用开始于 20 世纪 50 年代中期。之后，随着计算机科学技术本身的迅猛发展，特别是数据库技术的出现，促进了信息系统的发展。计算机在数据处理领域的应用，使得管理工作面貌一新，极大地提高工作效率，增强了企业的竞争能力。

但是，信息系统带给人们的并不都是成功的效益和喜悦，由于对新生事物认识上的不足及对其中规律性的东西缺乏足够的了解和掌握，也带来了不少的问题和失败的教训。出现这种情况的根本原因，是信息系统的多学科性和综合性。信息系统的开发具有长期性、复杂性和风险性的特点，需要科学的方法论作指导。导致系统开发失败的原因是多方面的，如缺乏科学的管理基础；领导重视仅停留在口头上；业务人员有顾虑甚至抵触等。人们对信息系统的复杂性缺乏足够的认识，认为它无非是一个大的计算机程序，缺乏开发信息系统的方法。这些问题具体反映在以下几个方面。

首先，目标不清。信息系统是为实现组织的目标服务的。如果对于组织的目标没有明确的认识，对于信息系统要达到的目标没有明确、恰当的规定和表述，开发设计人员根据"想象"或"想当然"来研制系统，必然造成系统的先天不足，不可能实现一个成功的系统。

其次，交流障碍。一个信息系统的开发建设，需要管理人员与技术人员密切配合，互相协作。但这两方面的人员往往由于专业背景和经历极不相同，彼此不精通甚至不熟悉对方的业务，造成思想交流上的困难，容易产生误解。而这种误解恰恰会给系统造成巨大的隐患。俗话说"隔行如隔山"，对于一方看来是常识性的、不言而喻的术语和规则，另一方却不一定了解。实际工作中经常出现这样的情况，许多管理人员精通自己的业务，但不善于将业务过程简明而准确地表述出来，或者他们认为某项业务理所当然、约定成俗地就应该这么做，对方应该知道，根本就没有想到要去表述出来。再加上管理人员往往缺乏计算机和信息系统方面的知识，不了解计算机能做什么和不能做什么，很难用系统分析设计人员熟悉的术语来描述其业务过程。而系统分析设计人员也因为缺乏相应的管理业务方面的知识，提出的问题可能不得要领，难以抓住问题的关键和本质。这样，势必造成对系统需求的理解不透，产生许多误解和遗漏。根据这种需求建立起来的系统必定存在很多缺陷，有时甚至根本不是用户所要求的。

再次，过程混乱。信息系统的开发是一项长期的复杂工程，各个阶段的工作环节之间有着内在的逻辑关系，应该一环扣一环，超越某个阶段就会出现问题，造成返工和浪费。不经过深入的系统分析，只是根据对系统的肤浅理解就着手程序设计，本想早日完成系统开发，但其结果必定是旷日持久，多次反复，欲速则不达。遗憾的是，将信息系统的建立看成是购买计算机和编写程序的现象，至今仍屡见不鲜。

最后，缺乏控制。信息系统的开发由于是一项复杂的系统工程，往往需要多方面人员较长时间的通力合作。同时，开发设计期间又常有环境和人员的变化。因此，如果开发设计工作缺乏计划性和没有必要的管理控制，则势必造成工作上的难以协调和涣散，从而不能实现最终目的。

通过信息系统的开发实践，人们认识到了开发方法的重要性，从而逐步发展了多种指导信息系统开发的科学方法。本书将重点介绍结构化生命周期法，并简要介绍一些其他开发方法。

2.3.1 结构化生命周期法

结构化生命周期法也称结构化方法或生命周期法，它将信息系统的整个开发运行过程划分为若干个阶段，预先规定每一阶段的目标和任务，按部就班地完成。

1. 结构化方法的由来

结构化生命周期法是由结构化系统分析（Structured System Analysis，SSA）和结构化系统设计（Structured System Design，SSD）组合而成的一种信息系统的开发方法。

"结构化"一词出自于结构化程序设计。在结构化程序设计思想出现之前，程序员们按照各自的思路和习惯编写程序，没有统一的标准和方法，"条条大路通罗马"，只要最终能解决问题即可。解决同样一个问题，不同的程序员编写的程序所占用的内存空间、所花费的运行时间可能差异很大。更为严重的是，这些程序的可读性和可修改性很差，这种现象对于大的程序或软件来说是致命的。

20 世纪 60 年代中期，荷兰埃因霍芬大学的 E.W.Dijkstra 教授和 C.Bohm 及 G.Jacopini 先后提出了结构化程序设计的思想。Dijkstra 不断地强调程序的结构化，认为 GO TO 语句是造成程序结构混乱的根源。Bohm 和 Jacopini 在两人共同发表的一篇论文中，认为只要用顺序、判断、循环三种基本的逻辑结构，就能实现任何一个程序。在这一思想的指导下，一个程序的详细执行过程可以按照"自顶向下，逐步求精"的方法确定。"自顶向下"是将程序分解成若干个功能模块，这些模块之间尽可能彼此独立；"逐步求精"是将模块的功能进一步分解成一组子功能，通过对每一个子功能的实现来形成一个完整的程序。这种方法大大提高了程序员的工作效率，增强了程序的可读性和可修改性，改进了程序质量。这种方法使得程序设计的技术性成分高于了艺术性成分。

人们受到结构化程序设计的启发，将其核心——模块化思想引入到系统设计中来，把一个系统设计成层次化的模块结构。这些模块相对独立，完成特定的、相对单一的功能。这就是结构化系统设计的基本思想。

但是，用户关心的是他在实际得到并使用这个系统之前，就能够知道这是否就是他们需要的系统，系统的逻辑功能是否满足他的需要，是否能解决他希望解决的问题，而结构化系统设计不能帮助系统设计人员建立一个直观的系统模型供用户去判断。在实施系统设计之前，首先要正确理解和准确表达用户的需求，是系统分析阶段的基本任务。而结构化系统分析，正是强调系统分析人员与用户一道，按照系统的观点对组织的活动进行由表及里的分析，调查分析清楚系统的逻辑功能，并利用数据流程图等工具，将系统的功能细致、清晰地描述出来。用户据此可以判断未来的系统是否满足其功能需求，而系统设计人员则根据这种描述进行系统设计，来保证系统功能得到实现。这就是结构化方法的由来。

2. 结构化生命周期法的开发过程

在信息系统的开发建设中运用生命周期法，是将系统开发阶段的工作进一步细分为若干个步骤。应用系统工程的方法，按照各个阶段规定的任务要求，使用一定的图表工具，完成规定的文档资料，在结构化的基础上进行信息系统的开发建设工作。

3. 结构化生命周期法的特点

（1）建立面向用户的观点。用户的要求是一个系统开发建设的出发点和归宿。信息系统是为用户服务的，最终要交给管理人员使用，那么系统的成败就取决于用户是否对其满意，它是否符合了用户的要求。因此，必须动员、说服和吸引管理业务人员参与系统的整个开发建设过程，使得系统开发人员与用户密切联系，及时交流信息，充分理解用户的业务活动过程和对管理信息的需求，及时发现并解决问题，保证系统开发的质量。实践证明，用户的参与，尤其是领导的介入，是系统开发能够成功的关键。

（2）严格划分工作阶段。生命周期法每一阶段都有明确的工作内容，前一阶段的工作成果是后一阶段的工作依据，工作任务要严格按照工作阶段的顺序来安排，以避免开发工作的返工、延期甚至失败。

（3）运用结构化系统分析设计方法。采用自顶向下、逐层分解细化和模块化的思想，便于系统的分析、设计、实施和维护。

（4）文档资料标准化、规范化。信息系统的开发建设是一项内容复杂、耗时较长的系统工程，为了保证工作的连续性，在每一阶段的工作完成之后，要将工作结果按要求形成相应的图表和文档资料。这些资料既是开发过程中开发人员与用户共同完成的成果，又是今后系统维护的重要依据。

利用结构化生命周期法开发信息系统的工作步骤、内容和应形成的文档资料如图 2-3 所示。

结构化生命周期法，克服了此前在信息系统开发建设中"软件作坊"式开发方法的诸多弊端，是在信息系统开发中最成熟、应用最广泛的一种工程化方法。当然，任何事物都不可能是十全十美的，这种方法也有其局限性和不足之处。

首先，是所谓的"需求冻结"问题。根据生命周期法的特点和要求，开发工作严格分阶段进行，上一阶段的工作成果是下一阶段工作的依据。因此，如果在系统分析阶段系统的需求不能确定，需要经常变动调整的话，会导致后面的工作返工甚至无法进行。但是，由于用户对计算机和信息系统的开发不太懂，而系统分析人员又缺乏对管理业务的了解和认识，再加上双方在相互理解和交流上的偏差与错误，因此，很难一次对系统的需求进行准确的描述。这是一个必须要面对的矛盾。

其次，开发周期较长。这样一方面使得用户在较长的时间里不能得到、甚至不能感觉到一个可以实际运行的物理系统；另一方面，由于周期较长，系统的周边环境必定会有变化，这就使得系统的需求不得不随之跟着改变。

最后，生命周期法所要求的文档资料较多，而且内容较细，有些文档用户难以真正理解，这也导致了文档审批的困难。如图 2-4 所示。

2.3.2 原型法

利用生命周期法开发软件，只有当能够对系统做出准确的需求分析时，才可能得到预期的正确结果。否则，系统的开发工作会经常反复，甚至推倒重来或无法进行下去。

原型法是在 20 世纪 80 年代初兴起的一种信息系统开发方法，旨在改进生命周期法的不足。所谓原型，即系统的工作模型。原型法是为了动态地确定用户对系统的需求，逐步弄清楚不确定因素而提出的一种试验保证方法。

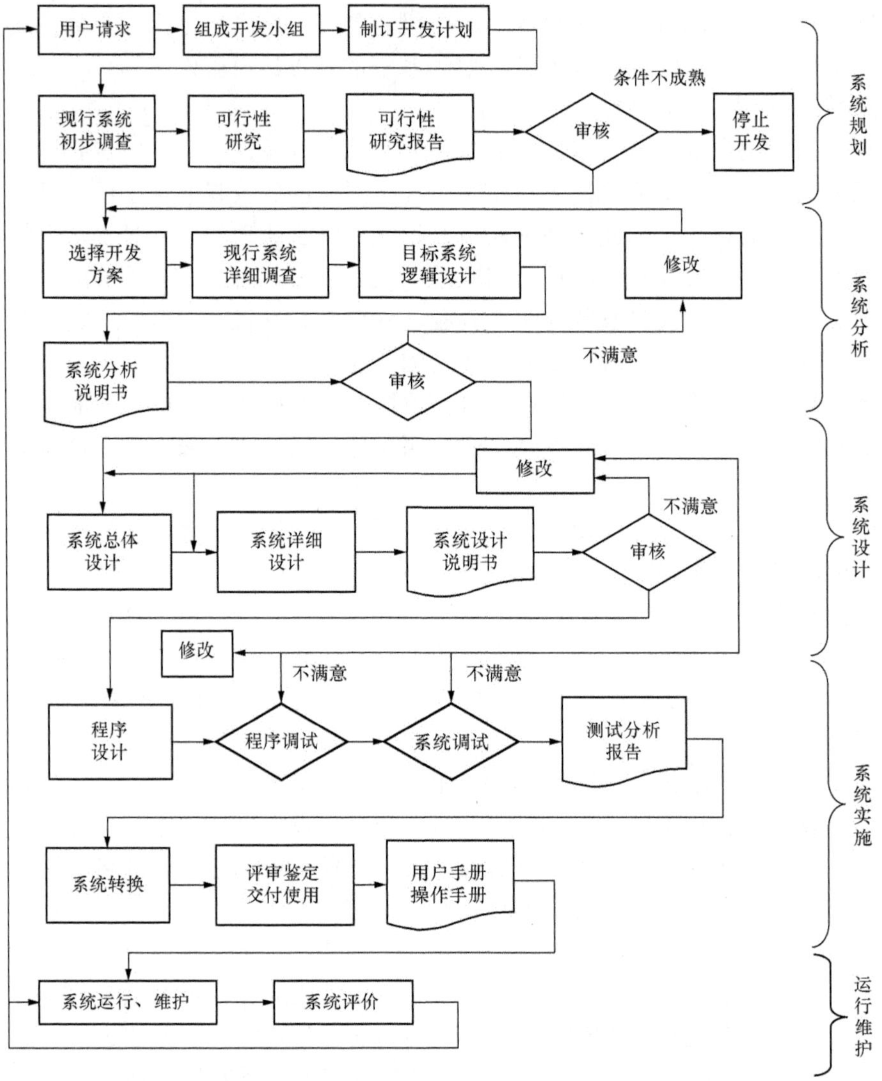

```
┌──────────┐   ┌──────────┐   ┌──────────┐                                              ┐
│ 用户请求 │──▶│组成开发小组│──▶│制订开发计划│                                            │
└──────────┘   └──────────┘   └──────────┘                                              │
     │                                                                                  │ 系
     ▼                                              条件不成熟                           │ 统
┌──────────┐   ┌──────────┐   ┌──────────┐      ◇─────────▶ ┌──────────┐                │ 规
│现行系统   │──▶│可行性     │──▶│可行性     │──▶◇ 审核 ◇      │停止      │                │ 划
│初步调查   │   │研究       │   │研究报告   │      ◇         │开发      │                │
└──────────┘   └──────────┘   └──────────┘                 └──────────┘                ┘
```

图 2-4　生命周期法步骤、内容和文档资料示意图

原型法将系统调查、分析、设计、实施等融为一体，在得到一组基本的需求之后，立即建立一个能够反映用户需求的初始系统原型，让用户看到未来系统的概貌，以便判断哪些功能是符合要求的，哪些方面还需要改进。它强调一个"快"字，即尽快实现一个系统的雏形，然后随着双方对系统理解程度的逐步加深，再不断地对这些需求进一步补充、细化和修改，依次类推，反复进行，直到用户满意为止。

1. 原型法的基本原理

原型法的基本原理是：系统开发人员在初步了解用户需求的基础上，迅速构建出一个初始系统模型，该模型就称之为原型（Prototype）。这个原型是一个可以实际运行的系统应用模型。用户和开发人员在此原型的基础上共同探讨、改善和完善设计方案，开发人员根据改进后的方案，对原型进行修改，再去征求用户意见，反复多次直至取得满意的结果为止。

从本质上讲，原型法避开了经典意义上的需求定义阶段，用户的需求在一个快速而有反馈的系统开发过程中由用户的主动参与而逐步清楚并最终确定。原型法的最基本假设是系统的初步分析肯定是不完善的，需要逐步进行修正，因而也就不存在一次完成系统的分析设计工作。

2．原型法的开发过程

原型法的开发过程通常分为以下四个阶段。

（1）确定基本需求。在尽可能短的时间里调查并确定用户的基本需求，对系统给出初步的定义。基本需求通常是系统的各种基本功能，对数据结构、人机界面和输出内容及格式的需求等。这些需求可能是不完全的、粗略的，但是最基本的，易于描述和定义。

（2）设计初始原型。根据用户的基本需求，开发出一个可以运行的系统初始原型。初始原型不要求完全，只需满足上述由用户提出的基本要求。这一阶段重要的是初始原型的开发速度，而非其他。

（3）试用和评价原型。让用户对原型进行试用，根据实际运行情况，对其做出评价，指出原型所存在的问题，提出进一步的需求和修改意见。

（4）修改和完善原型。根据用户提出的问题、新的需求和修改意见，与用户共同研究修改方案，经过修改得到新的系统原型。然后再试用、评价，再修改、提高，经过有限次的循环往复，直到形成一个用户满意的系统。

原型法的开发过程如图 2-5 所示。

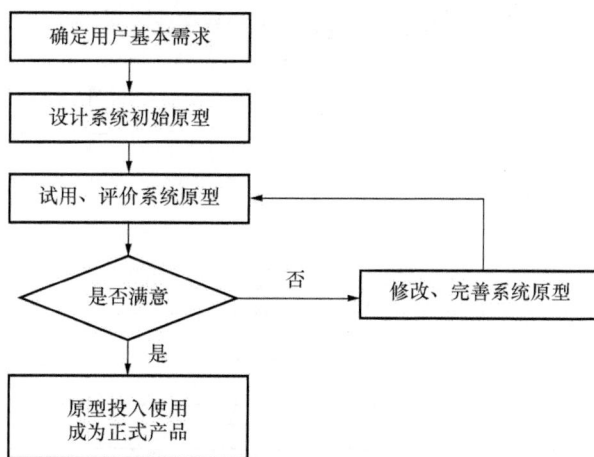

图 2-5　原型法开发过程示意图

3．原型法的特点

从前面的讨论可以看出，原型法通过对系统原型的反复试用、评价和修改，给开发人员和用户双方创造了一个不断学习、实践和提高的机会，这一过程与人们对事物的认识过程是一致的。原型法的特点主要体现在以下几点。

（1）原型法可以使系统开发的周期缩短、成本降低、速度加快，获得较高的综合开发效益。

（2）原型法是以用户为中心来开发系统的，用户参与的程度大大提高，开发的系统符合用户的需求，因而增加了用户的满意度，提高了系统开发的成功率。

（3）由于用户参与了系统开发的全过程，对系统的功能和结构容易理解和接受，使得系统的移交工作比较顺利完成，而且有利于日后系统的运行与维护。

原型法的主要不足之处是：①系统的开发缺乏统一的规划和开发标准，难以对系统的开发过程进行控制；②如何确定用户的满意程度，如何控制对系统原型的修改次数等，是较难协调的问题；③原型法对系统开发的环境要求较高，如开发人员和用户的素质、系统开发工具、硬软件设备等，都会对原型法的开发效果产生重要的影响。

4. 原型法与生命周期法的比较

原型法是一种迭代、循环型的系统开始方法，而生命周期法强调分阶段的严谨性，两种方法各有所长。生命周期法的开发过程阶段清晰，每一阶段都有明确的任务，并通过标准化的图表及文字说明形成文档资料，便于开发过程中的控制与管理。其缺点是：要求业务处理定型、规范；开始阶段就要求对系统进行完全定型，冻结系统需求；开发必须严格按阶段进行，周期较长。从软件生产管理的角度讲，生命周期法是比较理想的方法，但往往因为开发周期长，系统还未正式使用，就已经因为管理工作本身的变化而失去了使用价值。

原型法摒弃了那种一步一步周密细致的调查、分析、设计，逐步做出阶段结果，形成文档资料，最后才能让用户看到最终系统的烦琐做法。其主要优点是开发周期短而见效快，管理业务人员可以较早地就接触到了系统的计算机处理模式，根据直接的感性知识去提出修改意见。不足之处是初始原型的设计较困难，开发过程缺少管理和控制手段，开发人员修改软件的工作量比较大。

原型法和生命周期法的具体定性比较见表 2-1。

表 2-1 原型法与生命周期法的比较

方法 内　容	原型法	生命周期法
开发流程	循环、迭代型	严格、顺序型
文档数量	较少	多
用户参与程度	高	较低
对系统需求的确定	动态	固定的
开发过程的可见性	好	差
开发过程或环境变化的适应性	较好	较差
用户的信息反馈	早	迟
对开发环境、软件工具的要求	高	低
对开发过程的管理和控制	较困难	较容易

通常生命周期法比较适合于那些管理基础较好、管理模式定型的系统的开发，如会计核算系统、人事劳资系统、银行柜台业务处理系统等。这些系统的工作比较定型，目标明确，有完善的管理规章制度。而对于那些比较新的管理业务和开放型的系统，如企业信用评估、经济预测、各种决策支持系统等，一般宜采用原型法去进行系统开发。

当然，原型法和生命周期法并不是信息系统开发建设中两种互不相干或互为对立的开发方法，在实际工作中，这两种方法现在常常互为补充、相互渗透。

2.3.3 面向对象法

面向对象法是近 10 年来发展起来的基于问题对象的一种自底向上的系统开发方法。面向对象的思想也是首先出现在程序设计的语言中，产生了面向对象的程序设计方法（Object-Oriented Programming，OOP）。进入 20 世纪 80 年代后期，面向对象的设计方法已经大大地超出了程序设计语言的范围，它对软件工程、信息系统、工业设计与制造等领域都带来了深远的影响。

面向对象技术是一种按照人们对现实世界习惯的认识与思维方式去研究和模拟客观世界的方法学。它将现实世界中的任何事物均看成"对象"，每一个对象都有自己的内部状态和运动规律，不同对象之间的相互联系和相互作用就构成了完整的客观世界。面向对象方法中所引入的对象、类、实例、方法、消息、继承、封装等一系列重要的概念和良好机制，为人们认识和模拟客观世界，分析、设计和实现各种复杂的系统奠定了坚实的基础。

1. 面向对象法中的基本概念

下面对在面向对象方法中所引入的一些重要概念作一个简要的介绍。

（1）对象。对象（Object）的本质就是客观现实世界中的任何事物，只不过人们所创建的对象是对客观事物进行描述和模拟的一种包括客观事物形状数据和行为特征的数据模型。也就是说，一个对象与一个客观实体相对应，由客观实体抽象出的形状数据和对此数据进行的各种操作一起封装构成的一个整体，称为对象。简单地说，对象=数据+操作。

（2）类。类（Class）是指相同属性（数据和操作）对象的集合。

（3）实例。实例（Instance）是由类所创建的具体对象。类可看成对象的类型，实例则视为具有此种类型且具体赋了值（拥有具体数据和操作）的实际对象。

（4）方法。方法（Method）是定义在对象上用以描述对象行为特征的操作。它是实施对象操作和访问的外部接口。

（5）消息。消息（Message）是对象之间相互作用和相互协作的一种机制。对象之间的相互操作、调用和应答都是通过发送消息到对象的外部接口来实施的。因此，消息就是为了完成某些操作而向对象所发送的命令和命令说明。

（6）继承。继承（Inheritance）是对具有层次关系的类的数据和操作进行共享的一种机制。假如类 B 继承了类 A，那么在 A 中所定义的数据和操作也将成为 B 的组成部分。

（7）多态性。多态性（Polymorphism）的本质是指一个相同名称的操作可以对多种数据类型实施操作的能力，即一种操作名称可赋予多种操作语义。

（8）封装。封装（Encapsulation）是将一个实体的属性（数据信息）和操作（程序代码）集成为一个整体而使之成为对象模型。封装提供了对象中信息的隐藏机制，使得对象中的数据成员对外是不可见的，人们只能通过对象的方法来实施对对象数据的操作，这就增加了数据操作的安全性。

2. 面向对象法的开发过程

面向对象的系统开发方法分为系统分析、系统设计、系统实施三个阶段。但与生命周期法不同的是，这一开发过程不是线性的，各阶段的工作之间没有严格的界限，是一个边分析、边设计、边实施、边验证的进化过程。

面向对象的分析是通过分析系统中的对象和这些对象之间相互作用时出现的事件，以此来把握系统的结构和系统的行为。面向对象的分析模拟人们理解和处理现实世界的方式，视系统为对象的集合，每个对象均处于某种特定的状态。面向对象的设计则将分析的结果映射到某种实施工具的结构上，这个实施工具可以是面向过程的（如 COBOL、C 等），也可以是面向对象的（如 Smalltalk、C++等）。当采用面向对象的实施工具时，这个映射过程有着比较直接的一一对应关系，因为面向对象的技术使得分析人员、设计人员、程序员和用户都使用相同的概念模型。正因为如此，从分析、设计到实施的转变是非常自然的。

如果使用像结构化分析与设计的方法，那么这种转变就没有了自然性。因为结构化分析与设计方法的实现基础是满足结构化的程序设计语言，而程序设计语言抽象的基础是计算机的指令系统，并非从考虑人们思维方式出发的。由于这种看问题的方法与现实系统相差很大，人们试图借助于系统分析和设计这样一个过程来弥合两个世界（计算机世界与现实世界）的差异，导致在系统分析和设计中去使用差别很大的工具。例如，在系统分析中使用数据流程图（DFD），在系统设计中使用层次功能分解技术（HIPO）等。

3. 面向对象法的特点

面向对象是一种认识客观世界的方法，它将客观世界的事物看做具有不同属性和操作的对象，将具有某些相同属性和操作的对象抽象为一个类，每个具体对象则是此类中的一个实例。对象之间可以相互通信，通过继承可以形成新的对象。

该方法的最主要特征是整个开发过程中使用相同的概念、表示法和策略，即每一件事都围绕着对象。当在面向对象法中采用 OMT（Object—Oriented Modeling Technique）技术时，它从三个不同的方面来建立系统模型，这就是对象模型、动态模型和功能模型。由于面向对象的实现工具提供了支持分析所形成的模型的构造块，使得设计变得简洁，而重点更加偏重在分析阶段。同时，简化了维护，软件易于扩充，使开发工作变得相对简单。

面向对象法的详细内容请见第 8 章。

2.3.4 联合应用程序开发和快速应用程序开发

过去，IT 部门有时在没有足够用户输入的情况下开发系统。毋庸置疑，用户经常会对所完成的产品不满意。随着时间的推移，许多公司发现由 IT 团队、用户和管理者组成的系统开发团队能较快地完成工作并产生较好的结果。

在这种环境下，有两种方法变得流行起来，分别是联合应用程序开发（JAD）和快速应用程序开发（RAD）。二者都使用由用户、管理者和 IT 职员组成的团队。其不同点在于 JAD 注重基于团队的事实发现，这只是开发过程的一个阶段。而 RAD 更像一个完整过程的压缩版本。

2.3.5 其他开发策略

除了上述方法策略之外，还有其他的系统开发技术。例如，微软公司提供了一种称为微软解决方案框架（Microsoft Solutions Framework，MSF）的方法。

应用 MSF，系统分析员设计一系列的模型，其中包括风险管理模型、团队模型和过程模型。每一个模型有其专门的用途和输出，有助于系统的整体设计。尽管微软公司处理方法不同于 SDLC 这种面向阶段的方法，但 MSF 开发者执行相同的计划，询问相同的事实发现问题并处理相同的设计和实施问题。MSF 应用 O-O 分析和设计概念，但也核查围绕信息系统开发的较广的企业和组织背景。

公司常常选择遵循他们自己的方法。应用 CASE 工具，IT 团队能够应用各种技术而不是局限于单一固定的方法。许多 CASE 工具提供了支持各种方法和策略的一套完整的分析和建模工具。如果系统分析员需要其他的选择，他或她可以从 IT 软件公司和咨询公司的整个行业选择。

见仁见智

　　直到早上的会议结束，王亚楠和傅尔胜也没有达成一致。实际上，没有达成一致是因为出现了新的问题，傅尔胜现在认为新的财务系统具有最高优先级。因为。政府很快将需要对某些公司支付健康保险金的类型进行汇总。当前的系统不能处理这些报表。他坚持认为整个财务系统是个不可自由支配项目。可以想象，王亚楠很难过，项目的一部分可以是不可自由支配的吗？需要讨论哪些问题，委员会明天将再次召开会议，你是 IT 部门的主管。所有的成员将会密切关注你的看法。

2.4　信息系统开发的组织管理

　　信息系统的开发建设需要耗费大量的人力、物力、时间和资金，并且是一项涉及多个学科领域、多项业务范围、多层次管理人员的系统工程。因此，严密而有序的组织管理工作是使系统开发建设能够顺利进行并取得成功的保证。

2.4.1　信息系统用户结构

　　近几年，企业的组织结构发生了很大的变化。作为减小规模和企业过程再造工程的一部分，许多企业减少了管理层的数量而把权力和工作更多地赋予给基层员工。尽管现在用户结构趋向于"扁平化"，但大多数企业仍然存在着清晰的组织层次。

　　一般的信息系统的用户结构如图 2-6 所示，为了更好地进行系统开发的组织，清晰地辨别谁负责指定的过程和决策并知道他们需要什么样的信息，系统分析员必须了解信息系统的用户结构。

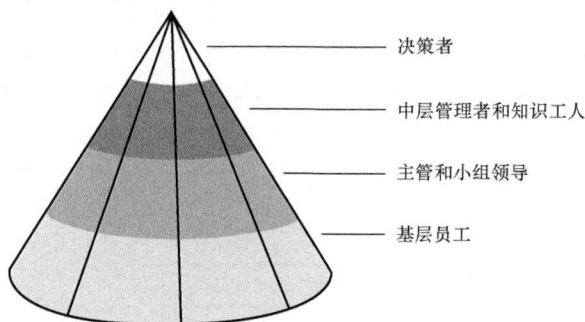

图 2-6　信息系统的用户结构

1. 决策者

　　决策者制订长远计划，称为战略规划，决定公司的所有任务和目标。为了策划未来的进程，决策者提出诸如"公司在信息技术方面投资多少"，"在今后的五年中 Internet 销售会增长多少"，或"公司是否应该建立新的工厂或把生产功能包出去"等问题。

　　战略规划影响公司未来的生存与发展，包括长期的 IT 规划。决策者致力于整个企业并用 IT 规划公司的进程与方向。为了确定一个战略规划，决策者也需要公司外部的信息，如经济预测、技术趋向、竞争威胁和政府政策。

2. 中层管理者和知识工人

目前，大多数公司有中层管理者和知识工人这一层。中层管理者为主管和小组领导提供方向、必要的资源和信息反馈。因为他们的精力集中于较短时间的目标框架上，所以比决策者需要更多的详细信息，但比管理日常运行的主管要少。例如，一个本地销售小组领导需要当地客户销售日常报告，而一个中层管理者可能需要检查三个区域的每周销售汇总。除了中层管理者，每个公司有知识工人。知识工人包括专业职员，如系统分析员、程序员、会计师、研究员、培训员的人力资源专家。知识工人也使用业务支持系统、知识管理系统和用户生产率系统，他们对组织的基本功能提供支持。就像军队需要后勤支持一样，一个成功的公司需要知识工人来完成它的任务。

3. 主管和小组领导

主管经常称为小组领导，管理操作员工，完成日常职责。他们调整操作任务和人员，做出必要的决定，确保得到正确的工具、材料和培训。像其他管理者一样，主管和小组领导需要决策支持系统、知识管理系统和用户生产率系统来完成他们的职责。

4. 基层员工

基层员工包括依靠事务处理系统输入和接收数据的人员。在许多公司，基层员工也需要信息来完成任务并做出事先指派给主管的决策。这种趋势称为授权，它给员工更大的责任与义务。许多公司发现这种授权提高了员工的能动性并增进了客户的满意度。

2.4.2 组织领导

任何一项工作的开展，都必须有相应的领导核心和组织机构。通常，在了解了信息系统用户结构之后，需要设立一个系统开发领导小组，负责对开发工作的规划、计划、资金预算等工作的审核；协调各部门对信息系统中规章制度、数据流程、数据标准等事项需求的统一；安排参加各阶段开发工作的人员和各自的任务；组织召集各有关人员对各阶段开发工作的方案文件、文档资料等进行审核；负责组织对系统实施之后进行最终的验收和评审。

按照"一把手"的原则，系统开发领导小组应由用户单位的最高领导担任组长，中层管理者为组员，以保证领导小组的权威性，有利于协调与系统开发有关的各部门之间的工作。

系统的具体开发工作，应由一个直接受系统开发领导小组领导的系统开发项目组负责，按照开发工作的需要进行合理的分工并选配符合要求的专业技术人员。典型的开发组织及人员结构如图2-7所示。

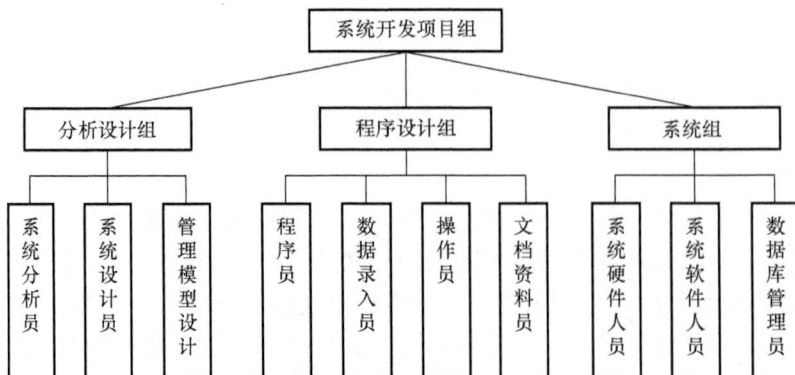

图 2-7　开发组织及人员结构示意图

2.4.3　开发方式

信息系统的开发有着多种方式，各有其优点和不足。在选择时，需根据使用单位的技术力量、资源状况、管理基础工作及外部环境等各种因素统筹考虑。不论选择哪一种开发方式，都必须有使用单位的领导和业务人员参与，并在系统的整个开发过程中培养、锻炼和壮大本单位的系统开发和维护人员队伍，为将来的系统二次开发做准备。常用的几种开发方式和特点比较见表 2-2。

表 2-2　　　　　　　　　　　　　　几种系统开发方式和特点比较

特点比较 ＼ 开发方式	自行开发	委托开发	合作开发	购买商品软件
分析和设计力量	非常需要	少量需要	需要、培养	不需要
编程力量	非常需要	不需要	需要	不需要
系统维护	容易	困难	较容易	基本不可能
开发费用	少	多	较少	最少

自行开发适合于那些有较强的信息系统分析与设计人员、程序设计人员和系统维护人员的组织和单位。自行开发的优点是开发费用少，所得到的系统适合本单位的需求并且满意度较高，最为方便的是系统的维护及日后的升级换代工作。这种方式需要很强的组织领导和技术支持，协调好开发人员和各有关部门的工作。

委托开发适合那些基本没有信息系统开发设计人员，但是资金较为宽裕的组织和单位。这种方式最省事，开发速度也较快，所得到的系统技术水平较高。双方应通过协议或合同，明确所开发系统的目标和功能、开发进度和费用、验收标准和方式、人员培训等内容。使用单位应选配精通业务的人员，配合开发工作，做好沟通、协调与检查工作。

合作开发能够让使用单位在参与信息系统的整个开发过程中，逐渐培养和提高自己的技术队伍，便于做好系统的维护和日后的二次开发工作。这种方式具有半委托的性质，双方在真诚合作的基础上，既要职责分明，又要相互配合，主动沟通，及时解决开发过程中出现的问题。

购买现成的、商品化的管理软件，可以避免重复劳动，提高系统开发的经济效益。这种方式适合于小型的单位和规范化程度较高的管理领域，节省时间。但必须要有能力鉴别软件，同时由于商品化软件的通用性较强而针对性较差，因此很难完全满足使用单位管理上的需求。

2.4.4　系统开发原则

确定了系统的组织领导、开发方法和开发方式之后，在建立信息系统的时候，还应该考虑以下基本的原则。

（1）坚持总体开发规划。如果应用 SDLC 作为系统开发的框架，那么要顺序完成各个阶段。如果应用 O-O 方法，那么当定义构件时要遵循一系列逻辑步骤。

（2）确信用户也要融入到开发过程，特别是确定系统需求和建立系统需求模型的时候。建模和原型设计能帮助系统分析员更好地了解用户需求，从而开发出一个好的系统。

（3）仔细听取意见。最好的系统能最有效地满足用户需要。当系统分析员与用户沟通的时候，必须放下任何设想并仔细聆听他们告诉你些什么。

（4）确定项目检查和评估的重要事件。在这些重要事件中，管理者和系统开发者必须决定是否继续这个项目、重做某些任务、返回到早期的阶段或者完全中止这个项目。SDLC 模型需要最终结果和可交付结果的正式评估。O-O 分析包括一个连续的建模过程，也需要检查点和项目检查。

（5）建立主要事件之间临时的检查点以确保项目进度。无论哪一种开发方法，系统分析员必须保持项目的进度，避免差错。建立一系列有依据的合理数量的检查点，太多了会无法承担，太少了就无法提供适当的控制。

（6）计划的框架要具有灵活性。系统开发是一个动态过程，在系统规划、分析、设计和实施的各个阶段之间经常存在一些交迭。因此，如果采用快速开发的系统开发方法时，各阶段重叠的能力是特别重要的。

章节主题讨论

1．某城市开发灾害自动报警系统，应该采用哪种开发方法？为什么？
2．你所在的学校打算开发年度评估系统，应该采用哪种开发方法？为什么？

项目实践

了解一个学校正在使用的信息系统或者你经常用的信息系统，分析影响该系统开发成败的内外部因素，尤其是外部因素。

第 3 章　系 统 总 体 规 划

　　规划是指全面的、长期的发展计划。现代社会组织特别是企业的结构与活动内容都十分复杂，开发建设一个计算机化的信息系统，需要经过长期的努力，因而首先应当进行系统的规划。信息系统的总体规划应根据组织的目标和发展战略及系统开发建设的客观规律，并考虑与其相关的环境的影响，科学地制定其长期发展战略，合理地安排其开发建设的进程，以保证其成功性和建设效率。

3.1　系 统 总 体 规 划 概 述

3.1.1　总体规划的出发点

　　在人类文明史上，材料、能源、信息一直是社会发展的三大基本资源。工业革命使人类在生产、利用材料和能源这两种资源上取得了巨大的成功。高效率、专业化的大生产创造了一个又一个的经济奇迹，而信息资源的开发、利用则一直处于相对落后的状态。直到第二次世界大战结束后电子计算机的问世，电子计算机和现代通信技术的结合才使信息资源的开发利用摆脱了传统的迟缓与分散的方式，走上了高效率、专业化、多样化的开发利用阶段。信息已成为生产力中最主要的因素，成为社会发展的战略资源。通过信息资源的开发、利用来加速提高人们的素质，加快科技文化的进步，促进物质和能源的高效利用，使农业、工业、服务业取得更高的效率和效益，这是国民经济信息化的本质所在，是信息系统开发的最终目标。可以这样说，现代的科学技术都是围绕着信息发展起来的。

　　美国麻省理工大学斯隆管理学院院长莱斯特·瑟罗认为：在历史上，无论个人、企业还是国家，若想要致富，一是要拥有比竞争对手更多的自然资源；二是要天生富有，获得人均占有资本（包括工厂和设备）高于别人的优势；三是使用更高超的技术；四是有更多的技术工人。具备以上条件，加上合理的管理，成功便有了保障。然而，新技术和新体制从根本上改变了四大竞争优势，自然资源实际上不再是竞争的要素，天生富有的优势也不如过去那么重要。技术本身调了个儿，新产品技术成了第二位的，而新加工技术变得更为重要了。在 21 世纪，劳动者的教育水平和技能水平将成为竞争力的主要来源。只有通过对信息资源的开发利用，才能够提高劳动者的信息能力和生产资料中的信息含量，减少能耗、物耗，提高劳动生产率，提高管理决策水平，从而提高国家的综合国力和竞争力，提高全体人民的生活质量。从这样的角度来看，信息资源的有效开发、利用是社会经济发展的必然趋势，而开发的第一步就是要进行信息系统的总体规划。

3.1.2　总体规划的必要性

　　一个组织其信息系统的开发建设是一项复杂的系统工程，必须按照系统的方法，将组织看做一个有机的整体，全面、综合地去考虑在组织中建立信息系统的问题。而总体规划就是站在组织的战略层次上，全面考虑组织本身所拥有的条件、所具备的潜力、组织进一步发展的需要及组织所处的环境等各种因素，描绘出组织在一定时期内其信息系统所需开发的各类项目，最终达到建立一个组织的信息系统的目标。

信息系统的总体规划是信息系统生命周期中第一个阶段的工作，是建立信息系统必不可缺的基础，其质量直接关系到系统建设的成败。总之，信息系统的总体规划工作是非常必要的，其原因主要有以下四个方面。

（1）一个信息系统通常由若干个子系统构成，为了分析子系统的组成及其相互间的关系，应首先从总体上提出方案。

（2）为了使领导对信息系统的开发与否做出决策，并筹集与之相关的费用，需要做出一个概略的投资方案。

（3）在进行具体的系统分析设计之前，应当拿出一个令人信服的系统可行性研究报告，对系统开发建设的效果做出论证。

（4）通常由于能力的限制，整个信息系统需要按子系统分期、分批地去实现，因此需要事先制订出分步的开发计划。

总之，有效地进行信息系统的总体规划可以更好地明确系统开发的目标，将信息资源进行合理的分配和使用，节省系统建设的投资；可以促进信息系统应用工作的不断深化，逐步提高管理水平，增加效益；可以明确系统开发人员的方向，考核他们的工作，调动其积极性；还可以使得领导及相关人员检查已做过的工作，改正存在的问题。因此，信息系统的总体规划是系统开发建设的一项非常重要的基础工作，必须认真加以对待。

3.1.3　总体规划的任务

系统规划的主要任务包括以下三个方面。

（1）制定信息系统的发展战略。信息系统应当服务于组织的管理工作，它的新建、改造或扩充，均应服从于组织的整体目标和管理决策活动的需要。制定信息系统的发展战略，首先要调查分析组织的目标和发展战略，评价现行信息系统的功能、环境和应用状况，然后在此基础上确定目标系统的使命，制定其战略目标及相关决策。例如，企业的信息系统发展战略就要根据企业的目标，从产值、产量、产品性能，产品投资规模等方面来考虑。

（2）制定信息系统的总体方案，安排开发计划。在调查分析组织的信息需求的基础上，提出信息系统的总体结构方案，包括长、中、短期的计划，并确定具体的开发顺序和时间安排。

（3）制订系统开发建设的资源分配计划。提出实现分步开发计划的软件、硬件、人员、资金等资源及整个信息系统开发建设的概算。

3.1.4　总体规划的特点

为了提高总体规划工作的科学性和有效性，我们应当充分认识这一工作所具有的特点，具体如下。

（1）总体规划工作是面向全局的、长远的问题，具有较强的不确定性，非结构化程度比较高。

（2）总体规划是战略管理层次上的工作，高层管理人员是工作的主体。

（3）总体规划的目的是为整个信息系统确定发展战略、总体结构和资源计划，而不是解决系统开发中的具体问题，因此不宜过细。其作用是给后续工作以指导，而不是代替后续工作。

（4）总体规划是组织战略规划的一部分，并将随着环境的改变和发展而发生变化。总体规划工作既是一个管理决策过程，也是一个管理与技术相结合的过程，规划者对管理和技术发展的见识、开创精神和务实态度是总体规划成功与否的关键。

3.1.5　总体规划的原则

总体规划通常应当遵循以下原则。

（1）与组织的总目标相一致。组织的战略目标是信息系统总体规划的出发点。总体规划应以组织目标为基础，分析管理工作中的信息需求，进而逐步导出信息系统的战略目标和总体结构。

（2）以高层管理需求为重点，兼顾各管理层的要求。信息系统主要是为决策者服务，为各级决策者提供及时、准确的决策信息，总体规划应以此为重点。

（3）信息系统要摆脱对组织机构的依从性。组织中最基本的管理活动与决策是可以独立于任何管理层和管理职责的，一个管理过程可以由一个部门独立完成，也可以由几个部门联合完成。组织机构可以变动，而管理过程大体上是不变的。因而在总体规划中，要对管理信息进行整合，摆脱其对组织机构的依从性，以提高系统的应变能力。

（4）使系统结构有良好的整体性。信息系统的规划和实现的过程是一个"自顶向下规划、自底向上实现"的过程。采用自上而下的方法，可以保持系统结构的完成性和信息的一致性。

（5）便于实施。总体规划应采用"自顶向下"的规划方法，而系统实施则采取"自底向上"的实现过程，从而保证信息系统结构的完整性和信息的一致性。方案选择应追求实效，技术手段应强调实用，选取最经济、最简单、最易于实施的方案。

系统规划情景案例——青钢管理信息系统的系统规划

青岛钢铁集团公司（以下简称青钢）杨总经理上任后发现，青钢在信息管理手段上较为落后，信息管理方面的工作很大部分都手工进行。即便是有些单项业务使用了计算机，如生产经营日报的汇总打印，也极具形式化的特征（例如，生产经营日报的汇总打印实际上是管理人员手工将经营日报的各项数据计算出来后再录入计算机并打印出来而已）。杨总与高层领导们商量以后，决定拨出相应经费建立企业管理信息系统。

杨总指派有很高协调能力的宣传部部长傅希岭组织协调这项工作的开展。傅部长接手这项任务后第一项工作就是组建青钢信息中心，并亲自担任信息中心主任。组建的信息中心除傅部长外，还有一位懂技术且原则性很强，能全身心投入的马副主任、熟悉计算机硬件及系统软件的小范及其同事们，共 10 人左右。

傅部长及马副主任接手这项工作以后，找到了北京科技大学管理学院的李教授，通过与李教授咨询，决定：为了使企业中上层领导对企业管理自动化有一个知识性的了解并配合企业管理信息系统的开发工作，傅部长请示杨总经理后邀请李教授及其他北科大相关专家在青钢举办了针对处级以上领导的企业管理及其信息化的培训班。

之后，北科大李教授组织北科大管理学院及信息工程学院管理信息系统方面的专家到青钢搜集青钢相关资料，了解目前的业务情况，并分别与各部门的主要管理人员面谈，以了解青钢管理信息系统的需求范围与内容。

几周后，李教授及各位专家根据收集来的资料及对其他企业的管理信息系统的了解（这之前青钢信息中心马副主任带领其中心成员曾到已有管理信息系统的企业进行过参观考察），列出了青钢管理信息系统的主要功能需求及信息需求，并应用一些方法对各项功能进行了整理分析，得到了青钢管理信息系统的总体功能结构，并据此与计算机及网络公司初步进行了经费估算，规划了人力分配、进度计划。最后经杨总经理同意，决定将整个系统的建设分为三期工程来完成。第一期工程开发建设物资管理、销售管理、技术管理、生产计划管理、生产调度、财务管理及总经理综合信息服务等七个子系统。李教授的课题组通过几周的工作写出了《青钢管理信息系统可行性研究报告》。

青钢随后组织了一次研讨会，由李教授及其他专家向青钢的各级主管领导和外请专家对青钢管理信息系统的系统规划工作，做了一个详细的报告。外请专家及青钢各级领导确认了报告的内容并对一些问题提出了修改意见与建议。

随后杨总指派青钢信息中心与北京科技大学课题组就经费与完成时间进行了谈判，最后双方同意以三百五十万元的经费及一年半的时间完成这个系统的第一期工程并签署了合作协议。

这之后在北京科技大学李教授的组织下，组成了由北科大专家和青钢信息中心工作人员组成的联合项目组开始进入了青钢管理信息系统的第二阶段——系统分析阶段。

3.2　信息系统战略规划

信息系统的战略规划是企业战略规划的重要组成部分，是一项耗资巨大、历时很长、技术复杂且又内外交叉的工程。现有系统可以为企业制定或调整企业战略规划提供各种必要的信息支持。一个有效的战略规划可以使信息系统和用户有较好的关系，可以做到信息资源的合理分配和使用，从而可以节省信息系统的投资；一个有效的规划还可以促进信息系统应用的深化，可以为企业节约更多的利润。 因此，信息系统的战略规划应当与企业战略规划有机地结合。信息系统战略规划的核心问题之一，就是使信息系统的发展战略与整个企业的发展战略保持一致。

3.2.1　信息系统战略规划的内容

信息系统的战略规划包括以下方面的内容。

（1）信息系统的总目标、发展战略与总体结构。进行信息系统战略规划，应根据企业的战略目标和内外约束条件，确立信息系统的总目标和总体结构。信息系统的总目标规定信息系统的发展方向，发展战略规划提出衡量具体工作完成的标准，总体结构则提供系统开发的框架。

（2）对当前信息系统状况的了解。现有信息系统的状况，包括软设备、硬件设备、人员结构、各项费用、开发项目的进展及应用系统的情况，是制定战略规划的基础，应充分了解和评价。

（3）对相关信息技术发展的预测。信息系统战略规划必然受到信息技术发展的影响。因此，对规划中涉及的软、硬件技术和方法论的发展变化及其对信息系统的影响应做出预测。

（4）目标系统开发条件。这部分工作主要为论证目标系统开发的可能性提供充分的依据。内容主要包括以下几点。

首先，决策者、管理部门负责人及广大管理人员对开发目标系统的观念和信息意识。观念的正确与否，信息意识的强弱将决定目标系统的成败。

其次，管理工作基础的好坏，包括：管理机构是否健全、职责与分工是否明确与合理、规章制度是否齐备、各主要管理业务是否科学合理、各种原始与基础数据是否完整和准确等。

再次，可提供的资源，主要包括可投入到系统开发中的人力、物力和财力。

最后，约束条件，指一些不以系统开发人员的主观意愿为转移，对系统开发起限制作用的某些情况。例如，对计算机设备在品牌、型号、规格等方面的限制；必须使用某个已有的软件等。

（5）近期发展的计划。战略计划及时间跨度较长，应对近期的发展做出具体的安排，包括硬件设备的采购、项目开发、软件设计、系统维护等时间、人力、资金的需求计划。

3.2.2　信息系统战略规划的方法

战略规划涉及的时间长，涉及的内、外因素多，不确定性问题突出。合理的战略规划更多地取决于规划人员的远见卓识，取决于他们对环境及其发展趋势的理解。各种方法只能起到辅助作用。如哈佛大学教授 William Zani 在 1970 年首次提出的关键成功因素法（Critical Success Factors，CSF），以及 William King 于 1978 年提出的战略目标集转移法（Strategy Set Transformation，SST）等。

3.2.3　信息系统战略规划的调查要领

信息系统战略规划的调查要领如下。

（1）初步调查应注意和侧重宏观方面的内容，不要一下就自觉或不自觉地陷入到具体细节当中。

（2）注意对周围环境状况的调查，例如，同行业其他单位的情况，主管部门的态度，政策法规、产品或服务的前景等。

（3）多定量、少定性，尽量以具体数字为依据。

3.2.4　信息系统战略规划的调查方法

调查的方法主要有观察法、资料收集法、会议讨论法、个人访谈法、表格调查法、专家调查法等多种方法。

观察法主要是通过观察询问以了解现行系统的运行状况和存在的问题。

资料收集法主要是通过查阅组织或业务部门的报表、计划、总结、文件、规章制度等了解组织的概况及其他基本情况。

会议讨论法可以集思广益，效率较高，可以进行横向与纵向的交流与沟通，还可以做出决议，但要注意在会议召开前将会议主题和相关内容及资料交给与会者，使大家有备而来，同时要做好会议记录并加以妥善保存。

个人访谈法可以更深入地了解某些问题，并可以避免人们的从众心理。访谈前也可将讨论的有关问题提示性地告诉被访人，使之有所准备。可以采用现场交谈、预约面谈、电话、通信或电子邮件等多种方式进行。

表格调查法可以用于调查普遍性的问题。要合理设计问题，为了节省答卷人的时间，可对大部分问题采取选择答案的方式。

专家调查法适用于对重大问题的判断，如确定系统的目标、对某些指标的权重确定等。

以上各种方法可以根据需要选择使用，也可以综合使用这些方法。

🗨 见 仁 见 智

　　在实施个人访谈法的时候，你与预约的客户公司的总经理正在进行访谈，但是他总是不停地接电话，影响了访谈的思路和整体的逻辑性与严谨性。你说希望他能够在这段时间不接电话，他说能够打进这个办公室的电话，都是至关重要的。你希望换个时间，他说最近这两月，几乎天天如此。面对这种情况，你该怎么办？

3.3　系统总体规划的方法

系统总体规划的方法（企业系统规划法）是通过全面调查，分析企业信息需求，制定信息系统总体方案的一种方法。其工作流程主要包括四个基本步骤。

（1）定义管理目标。确定各级管理的统一目标，各个部门的目标要服从总体目标。只有明确企业的管理目标，信息系统才可能给企业直接的支持。

（2）定义管理功能。定义管理功能，即识别企业在管理过程中的主要活动。

（3）定义数据分类。在定义管理功能的基础上，把数据分成若干大类。

（4）定义信息结构。定义信息结构也就是划分子系统，确定信息系统各个部分及其相关数据之间的关系，确定各子系统实施的先后顺序。

3.3.1　总体规划的准备工作

总体规划涉及较高的管理层次，要与多个管理部门接触，困难比较多。总体规划的成功与否，很大程度上取决于管理部门的支持和对总体规划队伍的信任。因此，规划的准备工作十分重要。

总体规划的准备工作包括以下几方面的内容。

（1）确定总体规划的范围，一般要延伸到高层管理。

（2）成立总体规划小组。这个小组应有一定的权威，在本单位的第一、二把手领导下工作，组长由在本单位具有工作实践经验、对管理人员有一定影响的人担任。总体规划小组设秘书一人，若干调查小组，其成员除专职系统分析员之外，还要有有经验的管理人员和设置协调组。顾问可聘请社会上有经验的信息系统专家。企业的所有报告、材料不应对他们保密。总体规划小组的机构大体如图 3-1 所示。

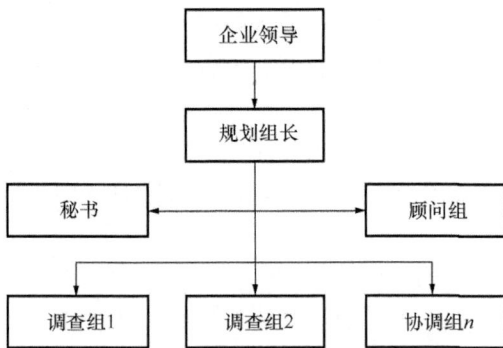

图 3-1　总体规划小组的机构

（3）收集数据。收集的数据包括以下两种。

1）企业的一般情况，包括组织的环境、地位、特点，管理的基本目标，存在的主要问题，各种统计数字（人数，产值、产品、客户、合同）等。

2）现行信息系统的情况，包括概况，基本目标，技术力量，软、硬件环境，通信条件，经费，近两年来系统运行状况，各类统计数字（如程序量、用户数）等。

（4）制订计划，画出总体规划工作的 PERT 图或甘特图。

（5）准备好各种调查表和调查提纲。进行总体规划需要大量调查，这次调查比系统分析阶段的调查内容要粗一些，范围要广一些，因此称为系统初步调查。为了做好这次调查，要事先准备好调查表和调查提纲。调查表包括目标调查表、业务调查表、信息调查表等。调查提纲包括职责、工作目标及主要指标、存在问题、改进工作的可能性与困难、对信息系统的需求与估价等。调查表和调查提纲应预先发给调查对象。

（6）开好动员会。动员会实际上是总体规划工作的开始，这是很重要的一步。许多企业对总体规划不重视，认为是"虚"的，不过是几张报告，起不了什么作用。因此，应向管理人员灌输总体规划的基本思想和效益。总体规划所涉及的单位负责人都应出席动员会，由最高层的领导主持动员会。

动员会的内容包括以下几点。

1）宣布总体规划的业务领导，成立规划组。

2）规划组介绍规划范围、工作进度、目标系统的设想及关键问题，并介绍准备过程中收集到的情况，如国内外同类先进信息系统的情况。

3.3.2 组织机构调查

我们强调信息系统要尽可能摆脱对组织机构的依赖，但现行组织机构是我们了解企业基本活动的切入点，即使现行机构不尽合理，或许要有些变动，调查工作还是从组织机构开始。

每个企业通常都有现成的组织机构图。但是仅了解纵向的层次领导关系还不够，更重要的是要了解组织机构内的各种联系，如资料传递关系、资金流动关系、物资流动关系等。此外，在进行组织机构调查时还要注意以下几点。

（1）切实了解各部门的职责。现行组织机构的名称有时不能确切地反映该部门实际负责的工作，所以要切实地了解该部门的职责。例如，现在高等学校几乎都有学生工作部，但工作范围各校不同。有的学校的招生、政治思想教育、学生日常管理、毕业分配都是学生工作部的工作；而有的学校学生工作部管毕业分配，而招生由教务处负责；还有的学校学生工作部只负责学生日常教育与管理。有时，多个部门负责同样的或很相近的工作。在这种情况下，可能要考虑变更组织机构，根据实际工作的密切程度予以归并。

（2）在组织机构图中重点画出与信息系统有关的部分。实际情况往往很复杂，我们不可能也没有必要收集所有的信息。因此，在画组织机构图时，根据总体规划的范围，画出有关的部分就行了。如果我们要研制的是生产信息系统，那么行政科等部门就可以不画了。

3.3.3 确定管理目标

为了确定拟建的信息系统的目标，需要调查了解企业的目标和为了达到这个目标所采取的经营方针及实现目标的约束条件。一个企业的目标一般包括若干个方面，如高等学校一要出人才，二要出科研成果。每个目标可以分解成若干子目标，子目标可以用一定的指标来衡量。整个目标体系可以用目标树来表达，如图 3-2 所示是医院目标树的一部分。

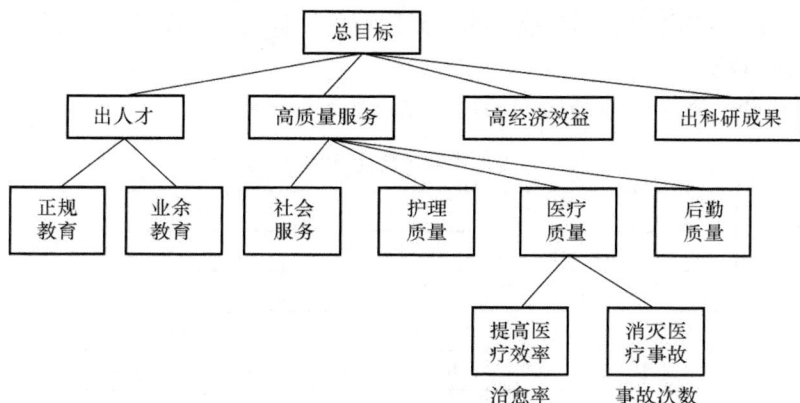

图 3-2   目标树

目标调查就是要通过采访各级管理部门，帮助它们提炼、归纳、汇总目标，绘制出目标树。各子目标要服从它所属的父目标，目标之间不能互相矛盾，也不应完全相关。子目标的指标是根据上级指标、本企业历年统计、同类组织的最好指标等数字来确定的。

这个归纳分析工作十分重要。一个信息系统的优劣,不在于它的设备是否先进,而在于它是否适合企业的目标,能否解决企业需要解决的问题。

3.3.4 确定管理功能

管理功能是管理各类资源的各种相关活动和决策的组合。管理人员通过管理这些资源支持管理目标。

企业系统规划方法强调管理功能应独立于组织机构,从企业的全部管理工作中分析归纳出相应的管理功能。这样设计的信息系统可以相对独立于组织机构,较少受体制变动的影响。例如,不论高等学校的招生工作是属于教务处的工作范围还是属于学生工作部的工作范围,其活动过程是一样的。

1. 资源及其生命周期

这里说的"资源"是广义的,指被管理的对象。有两类有形的资源:关键性资源和支持性资源。前者是指企业的产品和服务。不同的企业,其产品与服务不同。机械厂的产品是机械、零部件,科研单位的"产品"是科研成果,服务公司则提供各种服务。支持性资源是指为实现企业目标必须使用和消耗的那些资源,如原材料、资金、设备、人员等。

还有一类不具备产品形式的管理对象,就是战略计划与控制。

资源的生命周期,是指一项资源由获得到退出所经历的阶段,一般划分为四个阶段。

(1)产生阶段。对资源的请求、计划等活动属于这个阶段。

(2)获得阶段。指资源的开发活动,即获得资源的活动。如产品的生产、学生的入学、人员的聘用等,都属于这个阶段。

(3)服务阶段。指资源的存储和服务的延续活动,如库存控制。

(4)归宿阶段。指终止资源或服务的活动或决策,如产品的销售。

2. 识别功能的方法

资源的生命周期的概念有助于识别管理功能。我们可以根据资源的生命周期来识别功能。资源生命周期的四个阶段给出了确定功能的一般规律。但并非所有资源的生命周期都一定具有这四个阶段,在一个阶段中也不一定只有一个功能,应根据实际情况来决定。下面是一些例子。

(1)从战略计划方面来识别功能。战略计划指长期计划、资源开发计划等,如经济预测、发展目标、市场预测等。

(2)根据支持性资源的生命周期识别功能,如表 3-1 所示。

表 3-1　　　　　　　　　　　　　　支持性资源的生命周期

支持性资源	生 命 周 期			
	产生阶段	获得阶段	服务阶段	归宿阶段
人事	人事计划	招聘、调动	培训	辞退、退休
材料	需求计划	采购、进库	库存控制	应付款业务
财务	财务计划、成本计划	拨款、应收款	银行业务、总会计	应付款业务
设备	更新计划	采购、基建	维修、改装	折旧、报废

(3)从企业的工作目标出发观察关键性资源来识别功能,表 3-2 是一个电子企业部分功能的例子。

表 3-2　　　　　　　　　　　　　　　　关键性资源的生命周期

产生阶段	获得阶段	服务阶段	归宿阶段
市场计划	工程计划、产品开发	库存控制	销售
质量预测	质量检查记录	质量控制	质量报告
作业计划	生产调度	包装、存储	发运

（4）汇总分析。对以上三个方面识别出来的功能进行汇总分析，以减少层次上的不一致和重叠，并把同类型的功能归类，在此基础上绘制出功能流程图。功能流程图可以检验是否识别出所有的功能，判定分析人员是否理解企业过程，也是今后定义信息结构的模型。

如图 3-3 所示为功能流程图的一个例子。图中包括了从两类有形资源识别的功能。图的左边一列是功能类型。可以看出，"市场"类的功能包括市场研究、销售、销售区域管理、销售管理、订货服务。

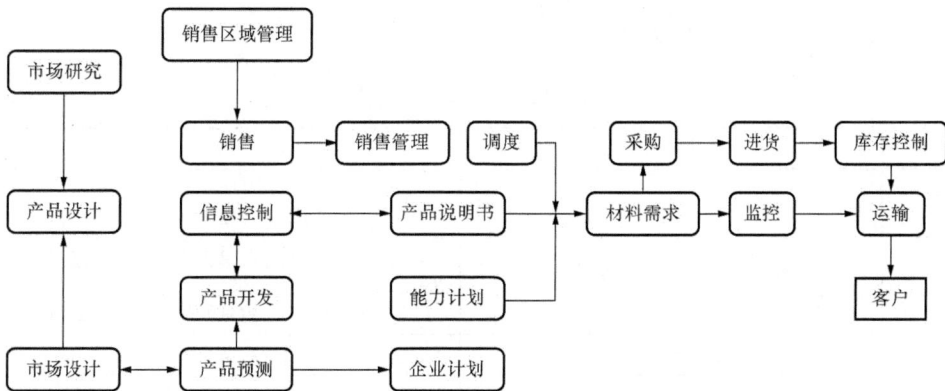

图 3-3　功能流程图

资源的生命周期提供了识别功能的线索，但识别功能并没有固定的公式。开始时可以参照类似企业总结出来的情况。总体规划组的每个人都要参与这一工作，各人识别一套功能，然后一起讨论、汇总，得到统一的认识，并对每个功能进行较详细的定义。例如，对材料需求定义为"考虑到最优库存和节省订购量等条件，对原材料进行合理计算，以满足生产进度安排"。

识别功能以后，可以把功能和组织之间的关系画在一张表上，这就是组织/功能矩阵，如表 3-3 所示。这张表不仅表达了组织与功能之间的关系现状，而且还表达了它们的合理关系。系统分析阶段要按功能对各组织进行进一步的调查。

表 3-3　　　　　　　　　　　　　　　　组织/功能矩阵

功能 组织	市场		销售			工程		材料管理		财务			……
	计划	预测	销售区域管理	销售	订货服务	设计开发	产品规格	采购进货	库存控制	财务计划	成本核算	基金管理	
财务科	×			/			/		/	○	○	○	
销售科	○	○	○	○									
设计科		×											
供应科		×					×		×				
⋮													

说明：○表示主要负责；×表示参加；/表示一般参加。

3.3.5　确定数据类型

在总体规划中，把系统中密切相关的信息归成一类数据，称为数据类，也可称数据类型。如客户、产品、合同等，都可称为数据类。

识别数据类的目的在于了解企业目前的数据状况和数据要求，查明数据共享的关系，建立数据类/功能矩阵，为定义信息结构提供基本依据。

1.　定义数据类的方法

定义数据类的基本方法，仍然是对企业的基本活动进行调查研究。一般采用实体法和功能法分别进行，然后互相参照，归纳出数据类。

（1）实体法。与企业有关的可以独立考虑的事物都可定义为实体，如客户、产品、材料、现金、人员等。每个实体可用四种类型的数据来描述，即文档型、事务型、计划型、统计（汇总）型。

这四种数据类型的特点如表 3-4 所示。

表 3-4　　　　　　　　　　　　　　四种数据类型及其特点

类型	反映的内容	特　　点
文档型	反映实体的现状	（1）一般一个数据仅和一个实体有关 （2）可能为结构型（如表格）和描述型（如文本）
事物型	反映生命各个阶段过度过程相关文档型数据的变化	（1）一般一个数据要涉及各个文档型数据，以及时间、数量等多个数据 （2）这种数据的产生可能伴有文档型数据的操作
计划型	反映目标，资源转换过程等计划值	可能与多个文档型数据有关
统计型	反映企业状况，提供反馈信息	（1）一般来自其他类型数据的采样 （2）为历史性、对照性、评价性的数据 （3）数据综合性强

把实体和数据类型做在一张表上，得到实体/数据类矩阵，如表 3-5 所示。

表 3-5　　　　　　　　　　　　　　实体/数据类矩阵

数据类 ＼ 实体	产品	客户	设备	材料	资金	人员
计划	产品计划	市场计划	设备计划	材料需求	预算	人员计划
统计	产品需求	销售历史	利用率	需求历史	财务统计	人员统计
文档	产品规范 成品	客户	工作负荷运行	原材料 产品组成表	财务会计	职工档案
事务	定货	发运记录	进出记录	采购记录	应收业务	人事调动记录

（2）功能法。每个功能都有相应的输入/输出的数据类型。对每个功能标出其输入/输出数据类，与第一种方法得到的数据类比较并进行调整，最后归纳出系统的数据类，一般为 30～60 个数据类。如图 3-4 所示为功能法的例子。

2.　功能/数据类矩阵

功能和数据类都定义好之后，可以得到一张功能/数据类表格，表达功能与数据类之间的联系，如表 3-6 所示。功能与数据类的交叉点上标以 C，表示这个数据类由相应的功能产生，U 表示这个功能使用这个数据类。

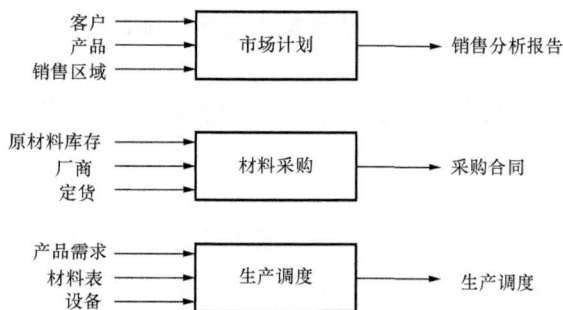

图 3-4 功能法示例

表 3-6   功能/数据类矩阵

功能 ＼ 数据类	客户	定货	产品	操作顺序	材料表	成本	零件规格	材料库存	成品库存	职工	销售区域	财务	计划	机器负荷	材料供应	工作令
经营计划						U						U	C			
财务计划						U				U		U	C			
资产规模											U	C	U			
产品预测	U		U													
产品设计开发	U		C		U		C									
产品工艺			U		C		C	U								
库存控制								C	C						U	U
调度			U											U		C
生产能力计划				U										C	U	
材料需求			U		U										C	
操作顺序				C										U		U
销售区域管理	C	U	U												U	
销售	U	U	U								C					
定货服务	U	C	U													
发运		U	U							U						
通用会计	U		U									U				
成本会计		U				C										
人员计划										C						
人员考核										U						

3.3.6　子系统的划分（U/C 矩阵）及其实施顺序的确定

1. 划分子系统的方法

有了功能/数据类矩阵之后，就可以定义信息结构系统的结构了，即划分子系统。步骤如下。

（1）调整功能/数据类矩阵。

首先，功能这一列按功能组排列，每一功能组中按资源生命周期的四个阶段排列。功能组指同类型的功能，如"经营计划"、"财务计划"、"资产规模"属计划类型，归入"经营计划"功能组。

其次，排列"数据类"这一行，使得矩阵中 C 最靠近主对角线。因为功能的分组并不绝对，在不破坏功能成组的逻辑性基础上，可以适当调配功能分组，使 U 也尽可能靠近主对角线。表 3-6 的功能/数据类矩阵经上述调整后，得到如表 3-7 所示的功能/数据类矩阵。

表 3-7　　　　　　　　　　　　调整后的功能/数据类矩阵

功能＼数据类	计划	财务	产品	零件规格	材料表	材料库存	成品库存	工作令	机器负荷	材料供应	操作顺序	客户	销售区域	定货	成本	职工
经营计划	C	U													U	
财务计划	C	U													U	U
资产规模	U	C											U			
产品预测			U									U				
产品设计开发			C	C	U							U				
产品工艺			U	C	C	U										
库存控制						C	C	U		U						
调度			U					C	U							
生产能力计划									C	U	U					
材料需求			U		U					C						
操作顺序								U	U		C					
销售区域管理			U							U		C		U		
销售			U									U	C	U		
定货服务			U									U		C		
发运			U				U							U		
通用会计			U									U				U
成本会计														U	C	
人员计划																C
人员考核																U

（2）画出功能组对应的方框，并命名，这就是子系统，如表 3-8 所示。

表 3-8　　　　　　　　　　划 分 子 系 统

功能	数据类	计划	财务	产品	零件规格	材料表	材料库存	成品库存	工作令	机器负荷	材料供应	操作顺序	客户	销售区域	订货	成本	职工
经营计划	经营计划	C	U													U	
	财务计划	C	U													U	U
	资产规模		C														
技术准备	产品预测	U		U									U	U			
	产品设计开发			C	C	U							U				
	产品工艺			U	C	C	U										
生产制造	库存控制						C	C	U		U						
	调度			U					C	U							
	生产能力计划									C	U	U					
	材料需求			U		U					C						
	操作顺序								U	U	U	C					
销售	销售区域管理			U									C		U		
	销售			U									U	C	U		
	订货服务			U									U		C		
	发运			U				U							U		
财会	通用会计			U												U	
	成本会计														U	C	
人事	人员计划																C
	人员考核																U

（3）用箭头把落在框外的 U 与子系统联系起来，表示子系统之间的数据流。例如，数据类 "计划"，由经营子计划系统产生，而技术准备子系统要用到这一数据类，如表 3-9 所示。

表 3-9　　　　　　　　　　　　子 系 统 之 间 的 联 系

功能＼数据类	计划	财务	产品	零件规格	材料表	材料库存	成品库存	工作令	机器负荷	材料供应	操作顺序	客户	销售区域	订货	成本	职工
经营计划														U		
															U	U
技术准备	U											U	U			
												U				
生产制造			U													
			U		U											
销售			U													
			U													
			U													
			U				U									
财会			U									U			U	U
														U		
人事																

2. 确定子系统实施顺序

由于资源的限制，系统的开发总有个先后次序，而不可能全面开花。划分子系统之后，根据企业目标和技术约束确定子系统实现的优先顺序。一般来讲，对企业贡献大的、需求迫切的、容易开发的，优先开发。以下是确定子系统实施顺序的原则。

（1）系统需求程度与潜在效益评估。通过对管理人员、决策者的调查访问，进行定性评估。根据评估准则（如潜在效益、对企业的影响、迫切性等），对每个子系统在管理人员和决策人员中用评分的办法进行评估，每个子系统的得分作为优先顺序的参考。

（2）技术约束分析。对子系统之间的关联，可用表 3-9 进行分析。利用该表很容易评出每个子系统产生的数据有多少被其他子系统所共享。有较多子系统共享的数据应较早实现。当然也要考虑数据的重要性及关联的紧密程度。

3.4　关键成功因素法

关键成功因素法（Critical Success Factors，CSF）由麻省理工学院的 Jone Rockart 教授将 CSF 提高成为管理信息系统的战略规划技术。该规划方法包含以下几个步骤。

（1）了解企业目标。

（2）识别关键成功因素。

（3）识别性能的指标和标准。

（4）识别策略性能的数据。

关键成功因素法通过目标分解和识别、关键成功因素识别、性能指标识别，产生数据字典。关键成功因素就是要识别联系于系统目标的主要数据类及其关系，识别关键成功因素所用的工具就是树枝因果图。如图 3-5 所示的例子表明某企业的"提高产品竞争力"目标，影响因素有"提高产品质量"、"降低成本"和"改善市场服务"等，影响"提高产品质量"与加强质量检测、改进加工工业及改进设备性能的子因素有关。

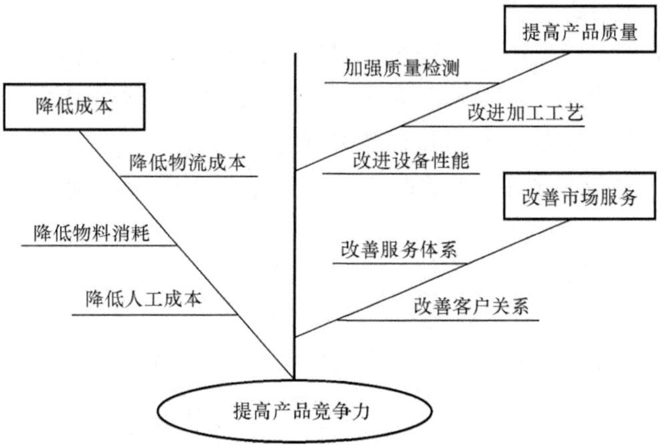

图 3-5 树枝因果图举例

如何评价这些因素中哪些因素是关键成功因素，不同的企业是不同的。对于一个习惯于高层人员个人决策的企业，主要由高层人员个人在图 3-5 中选择。对于习惯于群体决策的企业，可以用于德尔斐法或其他方法把不同人设想的关键因素综合起来。关键成功因素法在高层应用一般效果较好。

见仁见智

古语有云：细节决定成败，另云：成大事者，不拘小节。结合某信息系统的开发，谈谈对这两句话的理解。

3.5 战略目标集转移法

战略目标集转移法（Strategy Set Transformation，SST）把企业的总战略、信息系统战略分别看成"信息集合"。战略规划的过程则是由组织战略集转换成信息系统战略集的过程。

（1）组织战略集。组织战略集是组织本身战略规划过程的产物，包括组织的使命、目标、战略和其他一些与信息系统有关的属性。

组织的目标就是它希望达到的目的。这些目标可以是定量的也可以是定性的。组织的战略是为达到目标而制定的总方针。

其他战略性组织属性，如管理水平、管理者对信息技术了解的程度、采用信息技术的态度等，虽然难以度量，但对信息系统建设影响很大。

（2）信息系统战略集。信息系统战略集由系统目标、系统约束和系统开发战略构成。

系统目标主要定义信息系统的服务要求。其描述类似组织目标的描述，但更加具体。系统约束包括内部约束和外部约束。内部约束产生于组织本身，如人员组成、资金预算等。外部约束来自企业外部，如政府和企业界对组织报告的要求、同其他系统的接口环境等。

系统开发战略是该战略集的重要元素，相当于系统开发中应当遵循的一系列原则，如系统安全可靠、应变能力等要求，开放的科学方法及合理的管理等。

（3）信息系统战略规划的过程。组织战略集转换成与它相关联和一致的信息系统战略集，首先要识别和验证组织战略集。

组织战略集的某些元素可能有书面的形式，如组织的战略计划或长期计划。但是，对这些元素的描述下不一定适应管理选择的目的。为此，信息系统战略规划者就需要一个明确的战略集元素的确定过程。这个过程可按以下步骤进行。

1）画出组织关联集团的结构。"关联集团"即是与该组织有利害关系者，如客户、股东、雇员等。

2）确定关联集团的要求。

3）定义组织相对于每个关联集团的任务和战略。

有了一组关于组织使命、目标和战略的初步描述后，送交组织的最高管理者审查，收集反馈信息，分析最高管理者同意或不同意的程度，判断战略集元素优先次序，评价其他战略性组织属性。

3.6　SWOT 分析方法

SWOT 分析方法是一种企业战略分析方法，即根据企业自身的既定内在条件进行分析，找出企业的优势、劣势及核心竞争力之所在。其中，S 代表 strength（优势），W 代表 weakness（弱势），O 代表 opportunity（机会），T 代表 threat（威胁）。其中，S、W 是内部因素，O、T 是外部因素。按照企业竞争战略的完整概念，战略应是一个企业"能够做的"（即组织的强项和弱项）和"可能做的"（即环境的机会和威胁）之间的有机组合。

3.6.1　SWOT 分析法起源

著名的竞争战略专家迈克尔·波特提出的竞争理论从产业结构入手对一个企业"可能做的"方面进行了透彻的分析和说明，而能力学派管理学家则运用价值链解构企业的价值创造过程，注重对公司的资源和能力的分析。SWOT 分析，在综合了前面两者的基础上，以资源学派学者为代表，将公司的内部分析（即 20 世纪 80 年代中期管理学界权威们所关注的研究取向，以能力学派为代表）与产业竞争环境的外部分析（即更早期战略研究所关注的中心主题，以安德鲁斯与迈克尔·波特为代表）结合起来，形成了自己结构化的平衡系统分析体系。

与其他的分析方法相比较，SWOT 分析从一开始就具有显著的结构化和系统性的特征。就结构化而言，在形式上，SWOT 分析法表现为构造 SWOT 结构矩阵，并对矩阵的不同区域赋予了不同分析意义；在内容上，SWOT 分析法的主要理论基础也强调从结构分析入手对企业的外部环境和内部资源进行分析。另外，早在 SWOT 诞生之前的 20 世纪 60 年代，就已经有人提出过 SWOT 分析中涉及的内部优势、弱点，外部机会、威胁这些变化因素，但只是孤立地对它们加以分析。SWOT 方法的重要贡献就在于用系统的思想将这些似乎独立的因素相互匹配起来进行综合分析，使得企业战略计划的制订更加科学全面。

SWOT 方法自形成以来，广泛应用于企业战略研究与竞争分析，成为战略管理和竞争情报的重要分析工具。分析直观、使用简单是它的重要优点。即使没有精确的数据支持和更专业化的分析工具，也可以得出有说服力的结论。但是，正是这种直观和简单，使得 SWOT 不可避免地带有精度不够的缺陷。例如 SWOT 分析采用定性方法，通过罗列 S、W、O、T 的各种表现，形成一种模糊的企业竞争地位描述。以此为依据做出的判断，不免带有一定程度的主观臆断。所以，在使用 SWOT 方法时要注意方法的局限性，在罗列作为判断依据的事实时，要尽量真实、客观、精确，并提供一定的定量数据弥补 SWOT 定性分析的不足，构造高层定性分析的基础。

3.6.2   SWOT 分析法的主要内容

SWOT 分析法常常被用于制定集团发展战略和分析竞争对手情况，在战略分析中，它是最常用的方法之一。SWOT 分析法主要有以下三个内容。

（1）分析环境因素。运用各种调查研究方法，分析出企业所处的各种环境因素，即外部环境因素和内部能力因素。外部环境因素包括机会因素和威胁因素，它们是外部环境中直接影响企业发展的有利和不利因素，属于客观因素。内部环境因素包括优势因素和弱点因素，它们是企业在其发展中自身存在的积极和消极因素，属于主动因素。在调查分析这些因素时，不仅要考虑企业的历史与现状，而且更要考虑企业未来的发展。

（2）构造 SWOT 矩阵。将调查得出的各种因素根据轻重缓急或影响程度等排序，构造 SWOT 矩阵。在这个过程中，要将那些对企业发展有直接的、重要的、大量的、迫切的、久远的影响因素优先排列出来，而将那些间接的、次要的、少许的、不急的、短暂的影响因素排在后面。

（3）制订行动计划。在完成环境因素分析和 SWOT 矩阵的构造之后，便可以制订相应的行动计划了。制订计划的基本思路是：发挥优势因素，克服弱点因素，利用机会因素，化解威胁因素；考虑过去，立足当前，着眼未来。运用系统分析的方法，将排列与考虑的各种因素相互联系并加以组合，得出一系列企业未来发展的可选对策。

3.6.3   SWOT 个人分析步骤

近年来，SWOT 分析已广被应用在许多领域上，如学校的自我分析、个人的能力自我分析等方面。

比如，在利用 SWOT 对自己进行职业发展分析时，可以遵循以下五个步骤。

第一步，评估自己的长处和短处。

每个人都有自己独特的技能、天赋和能力。在当今分工非常细的环境里，每个人擅长于某一领域，而不是样样精通。举个例子，有些人不喜欢整天坐在办公室里，而有些人则一想到不得不与陌生人打交道时，就惴惴不安。请做个列表，列出自己喜欢做的事情和你的长处所在。同样，通过列表，可以找出自己不是很喜欢做的事情和你的弱势。找出短处与发现长处同等重要，因为你可以基于自己的长处和短处上，做两种选择：努力去改正常的错误，提高技能，或是放弃那些不擅长的技能要求的学系。列出自己所具备的很重要的强项和对学习选择产生影响的弱势，然后再标出那些对你很重要的强、弱势。

第二步，找出职业机会和威胁。

　　不同的行业（包括这些行业里不同的公司）都面临不同的外部机会和威胁，所以，找出这些外界因素将助你成功地找到一份适合自己的工作，因为这些机会和威胁会影响你的第一份工作和今后的职业发展。如果公司处于一个常受到外界不利因素影响的行业里，很自然，这个公司能提供的职业机会将是很少的，而且没有职业升迁的机会。相反，充满了许多积极的外界因素的行业将为求职者提供广阔的职业前景。请列出你感兴趣的一两个行业，然后认真地评估这些行业所面临的机会和威胁。

　　第三步，提纲式地列出今后 3～5 年的职业目标。

　　仔细地对自己做一个 SWOT 分析评估，列出 5 年内最想实现的 4～5 个职业目标。这些目标可以包括：你想从事哪一种职业，你将管理多少人，或者你希望自己拿到的薪水属哪一级别。请时刻记住：你必须竭尽所能地发挥出自己的优势，使之与行业提供的工作机会完满匹配。

　　第四步，提纲式地列出一份今后 3～5 年的职业行动计划。

　　这一步主要涉及一些具体的内容。请拟出一份实现上述第三步列出的每一目标的行动计划，并且详细地说明为了实现每一目标，你要做的每一件事，何时完成这些事。如果你觉得需要一些外界帮助，请说明需要何种帮助和如何获取这种帮助。例如，你的个人 SWOT 分析可能表明，为了实现你理想中的职业目标，你需要进修更多的管理课程。那么，你的职业行动计划应说明要参加哪些课程、什么水平的课程及何时进修这些课程等。你拟订的详尽的行动计划将帮助你做决策，就像外出旅游前事先制订的计划将成为你的行动指南一样。

　　第五步，寻求专业帮助。

　　能分析出自己职业发展及行为习惯中的缺点并不难，但要去以合适的方法改变它们却很难。相信你的朋友、上级主管、职业咨询专家都可以给你一定的帮助，特别是很多时候借助专业的咨询力量会让你大走捷径。有外力的协助和监督也会让你取得更好的效果。

章节主题讨论

　　总体规划的最终任务是确定信息系统的目标，有同事觉得这个工作太模糊，而且意义不大。你该如何向他介绍这个阶段工作的重要性？

项目实践

　　1. 利用关键成功因素法，构建个人备战英语四级、计算机等级或与自己专业相关的资质证书的树枝因果图。

　　2. 利用 SWOT 分析法，对自己进行职业发展分析，制订个人职业发展学习规划。

第4章 系 统 分 析

系统分析是管理信息系统开发过程中重要的一步，也是关键性的一步。只有通过系统分析才能把对系统功能和性能的总体概念描述为具体的系统需求说明，从而奠定整个系统开发的基础。实践表明，系统分析工作的好坏，在很大程度上决定了管理信息系统的成败。

在系统分析阶段，使用系统的观点和方法，把复杂的对象分解为简单的组成部分，并确定这些组成部分的基本属性和彼此之间的关系。系统分析也是一个不断加深认识和逐步细化的过程。在这个过程中使用了结构化系统分析方法、数据流程图、数据字典等方法和工具。该阶段产生的系统分析说明书，既是后续各阶段开发工作的依据，也是衡量一个管理信息系统优劣的依据。用户在系统分析阶段起着至关重要的作用，用户必须对系统功能和性能提出初步要求，并澄清关于业务流程中的模糊概念。系统分析人员则要和用户一起细致地进行调查分析，把用户的初始要求具体化、明确化，最终转换成关于目标系统"做什么"的新系统逻辑模型。

4.1 系 统 分 析 概 述

4.1.1 系统分析的任务

系统分析阶段的基本任务是系统分析员和用户一起在充分了解用户的要求的基础上，把双方对目标系统的理解表达为系统分析说明书。系统分析说明书通过评审之后，将成为目标系统设计的依据和验收的依据。

目标系统从何而来？目标系统建立在现行系统的基础之上，且优于现行系统。目标系统并不是无源之水，由系统开发人员凭空想象出来的，目标系统的逻辑设计必须从现行系统入手，建立在现行系统的基础之上。"优于现行系统"指的是目标系统功能更强、效率更高、使用更方便。因此，系统分析员要在系统规划的工作基础之上，与用户密切配合，用系统的思想和方法，对企业的业务活动进行全面的调查分析，收集报表、账单等业务资料，详细掌握现行系统的工作流程，分析其局限性和不足之处，找出制约现行系统的关键问题，列出几种可行的解决方案，并综合分析、比较这些方案的优劣，最终确定目标系统的逻辑功能。

系统分析是系统开发中最重要的阶段，也是困难最多的阶段。最主要的困难来自于系统分析人员和用户对问题的不同理解。

一般情况下，系统分析员往往是计算机信息处理的行家，但缺乏足够的关于目标系统的业务知识，在系统调查中系统分析员往往面临关于业务流程的困惑。一个稍具规模的系统，其业务数据数量是相当大的，有反映各种业务情况的报表、账簿、业务数据，有业务人员手中的各种正规的或非正规的手册、技术资料、规章制度等。各种业务之间的关系复杂，不熟悉业务情况的系统分析员往往被淹没在各种信息流程中，难以理出头绪，更难以分析出制约现行系统的"瓶颈"问题。

用户精通业务，但往往缺乏足够的计算机方面的知识，对计算机"能够做什么"和"不能够做什么"比较模糊。而且，用户虽然精通自己的业务，但不善于把业务过程明确地表达出来，不知道该给系统分析员介绍些什么。对一些具体业务，用户认为理所当然就该这样做或那样做。特别是对某些决策问题，往往根据的是个人的经验和直觉。

由于以上原因，使得系统分析员和用户的交流比较困难，对同一问题的描述容易出现误解和遗漏，而这些误解和遗漏往往成为系统开发的隐患。例如，系统分析说明书是这一阶段的工作成果，它可以认为是用户与开发人员之间的技术合同。系统分析说明书应当严谨准确，无二义性，才能作为设计基础和验收依据。否则，如果开发人员和用户对系统分析说明书中的同一个问题有不同的理解，即使这样的系统开发出来了，在验收时也会引起双方的纠缠。为了克服这些困难，做好系统分析工作，为信息系统的成功开发奠定基础，需要系统分析员与用户团结起来，精诚合作。系统分析人员应当树立"用户第一"的思想，虚心地向用户学习业务知识，并向用户介绍有关的计算机知识，加强双方的沟通。除此之外，还要借助一定的技术和工具。特别是直观的图表可以帮助系统分析员与用户的沟通。20 世纪 70 年代以来，出现了很多这样的工具，如业务流程图、数据流程图、数据字典等。

4.1.2 系统分析的目标

管理信息系统的开发就是要实现目标系统的物理模型，即建立一个物理系统。物理模型是由系统的逻辑模型经过实例化得来的。系统的逻辑模型只描述系统要完成的功能和要处理的信息，与物理模型相比，逻辑模型忽略了实现的方法与细节。物理模型用来描述系统"怎么做"的问题，逻辑模型则用来描述系统"做什么"的问题。需求分析的目标就是要借助于当前系统的逻辑模型，导出目标系统的逻辑模型，解决目标系统"做什么"的问题。实现这一目标可以借助下述步骤。

（1）获取现行系统的物理模型。现行系统可能是已经存在的计算机数据处理系统，也可能是手工的数据处理过程。系统分析员通过现场调查研究，了解现行系统的运行情况，掌握现行系统的组织机构、资源利用、日常业务数据处理过程及数据的输入和输出等，并借助一个具体的模型来反映自己对现行系统的理解。这一模型就是现行系统的物理模型，它客观地反映出现行系统的实际情况。

（2）从现行系统的物理模型抽象出其逻辑模型。在物理模型中有许多关于物理系统实现的细节问题。去掉这些非本质的细节性问题，从物理模型当中抽取那些关于"做什么"的本质性问题，从而得到反映系统本质的逻辑模型。

（3）建立目标系统的逻辑模型。目标系统的逻辑模型建立在现行系统的逻辑模型基础之上。分析目标系统与现行系统逻辑上的差别，明确目标系统要"做什么"，对现行系统的逻辑模型进行调整，从而导出目标系统的逻辑模型。

（4）优化目标系统的逻辑模型。对目标系统的逻辑模型，还要根据实际情况做一些优化。例如，目标系统的用户界面优化、系统功能的优化、输入/输出的优化等。

图 4-1 表示了目标系统逻辑模型建立的过程。

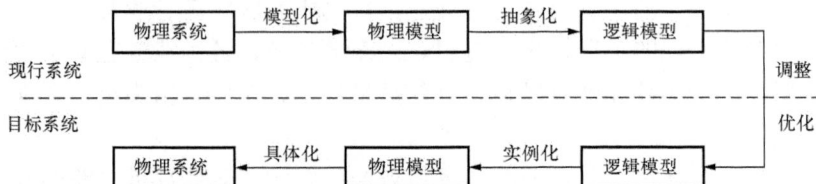

图 4-1　目标系统逻辑模型的建立

4.1.3 系统分析的内容

系统分析按其内容可以分为目标分析、需求分析和功能分析。

（1）目标分析。目标分析包括对现行系统的组织目标分析和目标系统的组织目标分析。任何一个企业或组织都有自己的目标，这是组织开展各项工作的指南。管理信息系统是帮助企业实现其总体目标的，因此，在开发管理信息系统时，首先应该弄清楚企业的组织目标。组织目标分析包括以下内容。

1）根据系统调查的结果，分析、归纳、确定现行系统中的关键问题，列出问题表。

2）根据问题表，画出现行系统目标树。目标树的树根是企业总体目标，下一层是对总体目标分解所得到的分目标，依次往下，最底层是实现目标所具备的功能。

3）分析、确定各个分目标及它们之间的关系，如果目标之间有冲突，则确定解决冲突的方法。

4）根据各分目标在系统中所起作用的轻重程度，重新排列问题表，重要的目标排在前面，次重要的排在中间，不重要的目标排在最后。这是确立新系统目标的基础。

目标系统的组织目标分析是指在现行系统组织目标分析的基础上，确定目标系统应该在哪些方面发挥作用及如何发挥作用。一般来讲，目标系统在以下两个方面功能得到了加强。

1）辅助管理功能。新的计算机信息管理系统可以帮助人们从大量烦琐、重复的日常工作中解放出来。例如，生产经营情况的统计、财务记账、填制各类报表等。

2）辅助决策功能。新的计算机信息管理系统可以充分发挥信息存储、检索、传递的能力和迅速、准确的计算能力，人—机结合解决问题的能力，帮助企业决策者制订各种计划，实现辅助决策功能。

（2）需求分析。在系统分析阶段，系统分析员要对企业各有关部门的业务流程进行详细的调查。除此之外，还要向各级领导和业务人员就系统处理事务的能力和决策功能的需求做出分析。

1）按照企业的管理目标并结合业务流程图，分析系统事务处理能力需求的合理性，既要对不合理的业务流程进行调整，还要对系统事物处理能力需求进行调整。

2）按照企业的管理目标，分析决策辅助功能需求的合理性。

3）根据管理信息系统的投资规模，综合分析、平衡各项需求，找出关键的、主要的需求，并制订出满足这些需求的初步计划，为功能分析打下基础。

需求分析的结果还要反馈给业务人员，以征求意见进行修改。

（3）功能分析。这里所说的功能指的是目标系统应该具备的功能。

功能具有层次性的特点。各层次功能之间存在着信息交换。因此，系统的功能分析主要包括：功能层次结构分析和信息关联分析两个方面。关于功能分析的方法有很多，下面我们主要介绍的是结构化系统分析和设计方法。这是一种功能和数据分析、分解相结合的技术。

4.1.4 系统分析的方法

随着计算机技术的不断提高和信息系统的普遍应用，人们不断尝试、总结进行系统分析的方法。在信息系统开发的实践中，常用的系统分析的方法有：结构化分析方法、面向数据结构的 Jackson 系统开发方法、原型化方法等。这里，我们主要介绍结构化分析方法。

结构化分析方法（Structured analysis，SA）是面向数据流进行分析的方法。它利用图形来作为表达工具，非常清晰、简明，易于学习和掌握。具体地说，它按照自顶向下、逐层分解的原则，将系统功能逐层分解为多个子功能，对应于多个子系统，并在功能分解的同时进行相应的数据分析和分解，借助于数据流程图来表示。

系统分析情景案例——青钢管理信息系统的系统分析

在和青钢签订了为其开发包括物资管理、产品销售管理、计划管理、生产调度管理、财务管理、技术管理、总经理综合信息服务等七个子系统的开发合同后，李教授在其领导的课题组内召开了一次会议，在会议上李教授为七个子系统分别指定了一个技术负责人，并为整个项目指定了一个总体技术负责人。

课题组的各位专家设计了三张表格分别用于调查青钢各相关部门的组织机构、目标功能和信息需求。

随后李教授率领课题组成员进驻青钢。由青钢公司办组织所有与上述七个子系统相关机构的主要业务人员开了一个动员会。会上由杨总经理首先阐述了企业计算机应用系统对青钢规范化管理的重大意义，并动员大家协助该系统的开发工作，然后由李教授及项目总体技术负责人给各位业务人员讲解了如何填写调查部门业务的三张调查表。

会后，青钢信息中心傅希岭主任与七个子系统相关部门：物资处、销售处、技术处、财务处、计划处、生产调度处、总经理办公室等部门的主管领导进行协调，分别指定了熟悉业务的人员填写用于调查各部门业务的三张调查表。

一周以后，课题组依据收上来的调查表绘制出了青钢的组织机构图，归纳总结出了组织机构各部门的工作任务。对每一项管理业务的处理流程及所处理的数据利用相应的描述工具进行了规范化描述。对一些调查表中无法或很难描述清楚的问题，课题组专门组织系统分析人员与相关的业务人员进行了面谈，在交互过程中逐步弄清了通过调查表较难了解到的功能及信息需求。

在完成对现有各组织机构及业务的描述后，系统分析人员利用相应的系统分析方法通过各项业务和数据间的关系分析了现有的业务流程，发现了一些问题，在解决了这些问题后，通过对各业务流程的整理归纳，提出了新系统的功能结构，并对该功能结构中的每一项功能从内容上进行了具体描述。

课题组将上述所做工作整理后形成了《青钢管理信息系统系统分析报告》。

系统分析报告经课题组及青钢业务人员双方确认后，课题组进入了下一阶段——系统设计阶段。

4.2　详　细　调　查

4.2.1　详细调查的目的和原则

实事求是地、全面地对现行系统进行调查是分析与设计工作的基础，现行系统包括手工信息处理系统和某些已经采用了计算机进行处理的系统。详细调查的目的在于完整地掌握现行系统的现状，发现系统的薄弱环节和存在的问题，收集有关的数据和资料，为下一步系统化分析工作和建立目标系统的逻辑模型做好准备。

详细调查应该按照自顶向下的系统化观点全面展开。首先从组织管理的最顶层开始，然后再调查第二层的组织管理，依次类推，直到调查清楚组织的全部管理工作。这样做可以使调查者按照一定的顺序进行调查工作，不会因为调查工作量太大而手忙脚乱、顾此失彼。

详细调查还应该遵循用户参与的原则。调查应该由业务部门的主管人员、业务人员和系统分析人员共同进行。业务人员熟悉业务本身，但不一定了解计算机，而系统分析人员虽然掌握计算机技术，但对业务部门的业务不够清楚。两者结合，就能长短互补，更深入地发现系统存在的问题，并共同寻找解决问题的方案。

4.2.2 详细调查的内容

详细调查的内容可以归纳为以下几类。

（1）现行系统的环境和运行状况。包括现行系统的发展历史、规模、经营状况、发展战略、业务范围、与外界的联系等。这些信息有助于确定系统的边界、外部环境及其接口、目前的管理水平等。

（2）组织结构和人员分工。现行系统的组织机构、领导关系、人员分工的信息有助于了解企业组织的构成、业务分工及人力资源的开发利用情况。

（3）业务流程。不同的系统具有不同的业务处理过程，系统分析员要全面、细致地了解企业各有关部门的业务内容、物流和信息流的流通情况。除此之外还要对有关业务的各种输入、输出、处理过程、处理速度、数据量等进行了解。

（4）各种计划、报表的处理。各种计划和报表都是信息的载体。在详细调查中，凡是与业务有关的所有计算机和手工保存及传递的信息载体都要全面搜集，了解其产生和使用的部门、发生周期、用途、所包含的数据项及各数据项的类型、长度、含义等，为信息的分析和统计所用。

（5）资源情况。系统资源包括人力、物力、资金、设备、建筑资源及各种资源的分布。如果已经配置了计算机还要详细调查计算机的型号、功能、容量、配置、操作系统、数据库、目前使用的情况及存在的问题等。

（6）约束条件。包括现行系统在人员、资金、设备、业务处理方式、时间、地点、国家的有关政策、信息系统建设的有关政策等方面的规定和限制条件。

（7）薄弱环节。在调查中要特别注意收集用户的各种意见和要求，找出现行系统中存在的问题，并分析其产生的原因。现行系统的各个薄弱环节正是目标系统中要解决和改进的主要问题，也是新系统目标的重要组成部分。

4.2.3 详细调查的方法

详细调查的方法很多，常用的有：座谈调查、表格调查、实地调查和抽样调查。

（1）座谈调查。座谈调查就是调查人员与被调查人员面对面地坐在一起，通过有目的的谈话获取所需信息的一种调查方法。调查者既可以事先拟好访谈提纲，在调查时按照提纲有序地发问，让被调查者回答预定问题；也可以不预拟提纲，在座谈时与被调查者自由交谈，从中获取所需信息。采用座谈调查法，调查人员可以当场评定所了解信息，根据自己的判断进行深入而灵活的讨论，但这种方法费时、费力，谈话前要做好准备工作，谈话过程中还要具有一定的方法和艺术，以引导被调查人员积极、主动、乐观、明确地谈出所要了解的内容。

（2）表格调查。表格调查就是事先准备好有关表格，通过让被调查对象填写表格来获取有关信息。表格调查适用于那些结构性较强、指标含义明确而具体的内容。例如，对计算机资源的调查，可设计计算机资源调查表，表格内容包括目前所用计算机系统的类型、容量、分布、软硬件配置、所采用的操作系统、应用软件、处理数据的格式等，具体见表 4-1。

表 4-1　　　　　　　　　　　　　　　计算机资源调查表

单位名称				
计算机信息处理系统名称			使用日期	
计算机型号		计算机数量	购买日期	
硬件配置				
操作系统		数据库系统	其他软件	
计算机信息处理功能及数据				
存在问题				

（3）实地调查。实地调查就是调查人员深入现场对调查对象的情况进行观察和记录，取得第一手资料。调查人员往往对调查对象的业务不甚了解，如果能亲自到业务现场进行观察，甚至亲自动手操作，会有非常鲜明的印象。通过实地调查可以获取一些无法通过别的方法获得的信息，也有助于证实座谈调查法和表格调查法所发现的问题。但是，实地调查要求调查人员要具有敏锐的洞察力、良好的记忆力及综合分析能力。

（4）抽样调查。抽样调查是根据概率统计的随机原则，从全体被调查对象中选取出部分对象进行详细调查，并将统计分析得出的调查结果推广到全体对象。该方法适用于那些需要全面资料而又不可能进行全面调查，或者进行全面调查在实现中有困难，或者没有必要进行全面调查的情况。例如，在办公活动中有大量的信息是随机的，一天接、打电话的次数，每一次通话的时间等，对这样的信息进行抽样调查是比较有效的方法。

　　　　见仁见智

　　　　在天择科技的案例研究中，马林和刘成正在构建天择科技薪金系统的逻辑模型，使用了数据流程图、数据字典和过程描述。在构建系统逻辑模型的节点上，马林考虑使用一些新的登记表格。给人力资源部门执行雇员储蓄和投资计划（ESIP）时使用。表格的主题是一个物理实现问题吗？马林会突然改变原来的思路吗？

4.2.4　详细调查的工具

在详细调查过程中使用了大量直观的、形象的图表工具。这些工具包括：用于描述管理业务状况的业务流程图，用于描述和分析数据、数据流程及各项功能的数据流程图，用于将所有的数据元素进行描述说明的数据字典，用于说明用户对数据存储提出的查询要求的数据立即存取图，以及用于描述处理功能和决策模型的判定树和判定表等。有关这些图表工具将在下面进行详细说明。

4.3 业 务 流 程 分 析

对现行系统的详细调查中，通常会收集到大量的报表、单据、文件等资料。需要按照业务功能将业务处理过程中的每一个步骤用一个完整的图形表达出来。并在绘制业务流程图的过程中发现系统中存在的问题，分析并改正问题，对业务处理过程进行优化。

4.3.1 业务流程分析的目的与任务

在对现行系统的组织结构和功能进行分析时，需要将详细调查中有关某项业务流程的资料从业务流程的角度串起来以便作进一步的分析。业务流程分析可以帮助系统分析人员了解该业务的具体处理过程，发现系统调查中的错误和疏漏，修改现行系统的不合理部分，优化业务处理流程，为目标系统的开发打下基础。

业务流程图（Transaction Flow Diagram，TFD）是业务流程分析所使用的图形工具，它是用一些规定的符号和连线来表达某个具体业务处理过程。可以认为，业务流程图是在业务功能的基础上将其细化，利用系统调查的资料，用一个完整的图形将业务处理过程中的所有处理步骤串联起来。绘制业务流程图是业务流程分析的重要步骤。

4.3.2 业务流程图的基本符号

业务流程图的画法目前尚未统一。我们使用如图 4-2 所示的图形符号为例。图 4-2 所示的基本图形符号共有五个，这五个基本图形符号所代表的内容与业务系统最基本的功能一一对应。圆圈表示业务处理发生的单位；矩形框表示对业务处理的描述；左右两端为弧形的框图表示数据存储；带箭头的线段表示物流或信息流，即信息的传递；平行四边形框表示产生的数据表单。

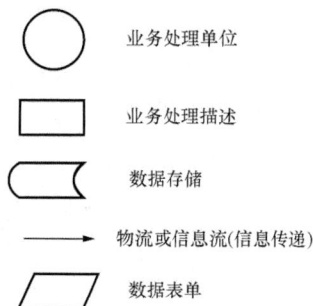

图 4-2 业务流程图的基本图形符号

4.3.3 业务流程图的绘制

业务流程图基本上是按照业务的实际处理步骤和过程来绘制的。图 4-3 表示的是某图书馆采编室的业务流程图。该采编室有两个工作组，订书组承担图书订购任务，登记组负责新书的登记和验收。系统分析员在承担了计算机信息管理系统的任务之后，对该采编室的业务进行了详细的调查研究，在此基础之上绘制出了采编室现行系统业务流程图。该流程图经过和用户的多次讨论、核实、修改，最终确定下来。在该采编室的业务流程中有订购查重和进书查重。订购查重是指为了节约资金，对已经订过了的图书不再重订，因此，在打印订单之前，必须查阅已订书卡片和订单存底。进书查重是指为了节约资金，对已进的图书再做查重，如有重复，则转让出去，如果不重，则登账和打印查重卡。

从图 4-3 中可以看到，业务流程图表示了各个组织机构的业务处理过程和他们之间的业务分工和联系，表示出了连接各机构的信息流、物流的流通情况和传递关系，反映出了现行系统的界限、环境、输入、输出、数据存储和处理。业务流程图是系统分析的重要依据。

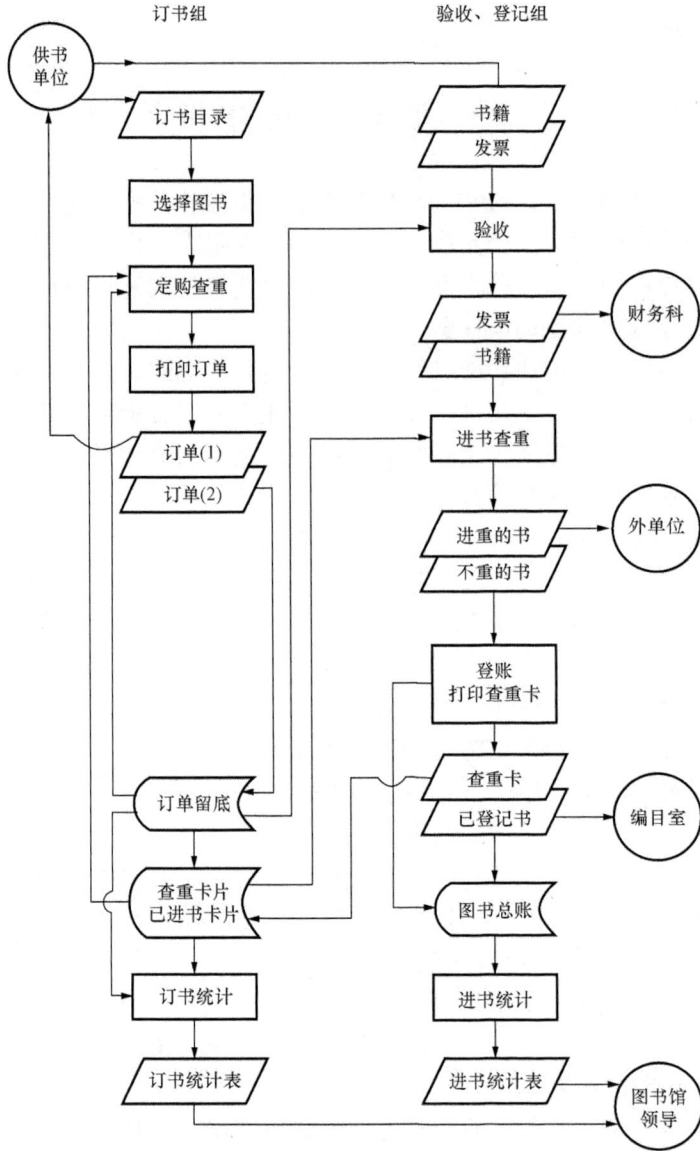

图 4-3　某图书馆采编室的业务流程图

4.4　数 据 流 程 分 析

　　数据是信息的载体，也是系统要处理的主要对象。因此，必须对现行系统调查中所收集到的数据及处理数据的过程进行分析和整理。数据流程分析是今后建立数据库系统和设计功能模块处理过程的基础。

4.4.1　数据流程分析的内容

　　管理业务调查过程中所绘制的业务流程图等虽然形象地表达了管理中信息的流动和存储过程，但仍然没有完全脱离物质要素，例如图书、货物、产品等。为了用计算机进行信息管理，必须进一步舍去物质要素，收集有关数据资料，绘制出数据流程图，为下一步分析做好准备。

数据流程分析是把数据在组织内部的流动情况抽象地独立出来,舍去了的具体组织机构、信息载体、物质、材料等, 单从数据流动过程来考查实际业务的数据处理模式。数据流程分析的目的就是要发现和解决数据流通中的问题,这些问题包括:数据流程不畅、前后数据不匹配、数据处理过程不合理等。这些问题,有些是属于数据处理流程的问题,有些是属于原系统管理混乱的问题。一个通畅的数据流程是目标系统实现业务处理过程的基础。

数据流程分析的任务包括以下几点。

（1）收集现行系统全部输入单据和报表、输出单据和报表及数据存储介质（账本、清单等）的典型格式。

（2）明确各个处理过程的处理方法和计算方法。

（3）调查、确定上述各种单据、报表、账本、清单的制作单位、报送单位、存储单位、发生频率、发生的高峰时间和高峰量等。

（4）注明各项数据的类型、长度、取值范围等。

数据流程图（Data Flow Diagram, DFD）是数据流程分析所使用的主要工具之一。数据流程图用少量几种符号综合地反映出信息在系统中的流动、处理和存储情况。数据流程图具有抽象性和概括性的特点。数据流程图的抽象性是指它完全舍去了具体的物质,只保留了数据的流动、加工、处理和存储。数据流程图的概括性是指它可以把信息中的各种不同业务处理过程联系起来,形成一个整体。无论是手工信息处理还是计算机信息处理,都可以用数据流程图表达出来。

4.4.2　数据流程图的基本符号

数据流程图由四个基本符号组成。这里,我们采用如图4-4 所示的图形符号来表示。这四个基本符号分别代表了外部实体、数据处理、数据流和数据存储。

（1）外部实体。外部实体是系统之外的、又与系统有联系的人或事物。外部实体也可以是另外一个信息系统。外部实体是系统数据的来源和去处,它们和本系统都有着信息传递关系。

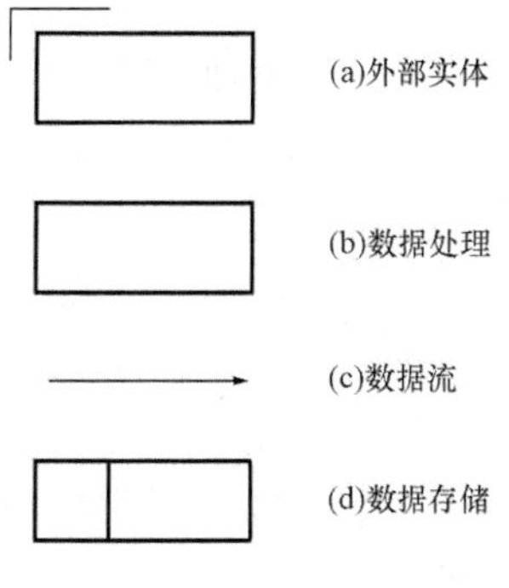

图 4-4　数据流程图的基本符号

我们用一个左上角带折线的矩形框表示外部实体,如图4-4（a）所示。在矩形框内部可以写上该外部实体的名称。在数据流程图中,为了减少线条的交叉,同一个外部实体可在一张数据流程图中出现多次。

在绘制某一子系统的数据流程图中,凡是属于该子系统之外的人或事物,也都被列为该子系统的外部实体。

（2）数据处理。数据处理是对数据的逻辑处理,也就是数据的变换过程。输入数据在此进行变换产生输出数据。在数据流程图中我们用一个矩形框来表示数据处理,如图4-5（b）所示。为了方便区分,在矩形框的上部填写唯一标识该处理的符号标志,一般用字符串表示,如 P2.1.2,P1.3 等。在矩形框的下部填写该数据处理的简单描述,它一般是用一个动词加一个作动词宾语的名词,如统计生产量等。如图4-5 所示为一个数据处理的表示例子。

（3）数据流。数据流表示流动着的数据,是处理功能的输入和输出。数据流可以是一项数据,也可以是一组数据（如订货单）。它可以用来表示对数据文件的存储操作。

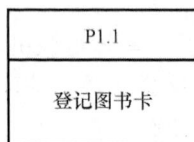

图 4-5　数据处理的表示

我们用一个带箭头的线段来表示数据流，如图 4-4（c）所示。对每个数据流要加以简单的描述，通常在数据流符号的上方标明数据流的名称。一些含义十分明确的数据流，也可以不加说明。

（4）数据存储。数据存储指通过数据文件、文件夹等存储数据。这里指的是数据存储的逻辑描述，与保存数据的物理地点和物理介质无关。

我们用一端开口的长方条来表示数据存储，如图 4-4（d）所示。同样，为了方便区分，在长方条的内部加上一条竖线，竖线的左边填写唯一标识该数据存储的符号标志，用字符串来表示，如 D1 等；竖线的右边写上数据存储的名称。

要注意的是，在数据流程图中，指向数据存储的箭头，表示送数据到数据存储，即对数据存储的改写、存放等；离开数据存储的箭头，表示从数据存储中读取数据，如图 4-6 所示。

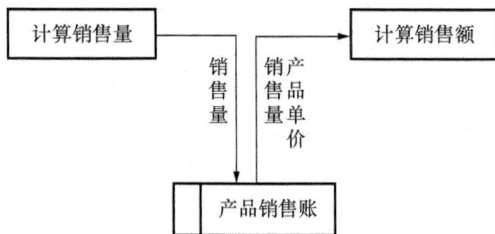

图 4-6　数据的存储与读取

4.4.3　数据流程图的画法

数据流程分析的根本目的是分析出合理的信息流动、处理、存储的过程。无论是采用 HIPO（Hierarchical Input Process Output）方法还是采用结构化分析方法，其基本思想是一样的：先把系统看成一个整体，作为一个大的功能，明确系统的输入和输出；系统为了实现这个整体功能，内部必然有信息的处理、传递、存储功能；这些处理又可以分别看做一个小的功能，其内部又有数据的处理、传递、存储的过程。如此下去，自定向下，逐层分解，一级一级地剖析，直到所有的处理步骤都具体到可以实现为止。

下面，我们以某高等院校的学籍管理系统为例来说明数据流程图的画法。

第一步：画数据流程图的顶层图，初步确定系统的输入、输出和外部实体。

某高等院校学籍管理系统数据流程图的顶层图如图 4-7 所示。这里，我们把整个系统看成一个功能。招生办等外部实体是系统的数据来源，教育部、用人单位等是系统数据的去向。

顶层图高度抽象，在实际中无法使用。如图 4-7 所示只概括描述了系统的轮廓、范围，标出了最主要的外部实体和数据流，需要进行进一步细化。

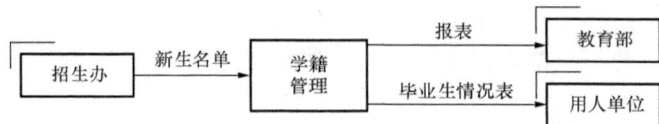

图 4-7　学籍管理系统的顶层数据流程图

第二步：分解顶层图，进行第一级细化。

根据学籍管理系统的处理功能，学籍管理可以进一步分解为学生成绩管理、学生奖惩管理、学生学籍变动管理三个子功能。因此，图 4-7 扩展成图 4-8。要注意，在进行功能分解的同时，数据也进行了分解，得到了相应的、更具体的数据流和数据存储。

第三步：逐步分解、扩充、调整，进行第二级细化。

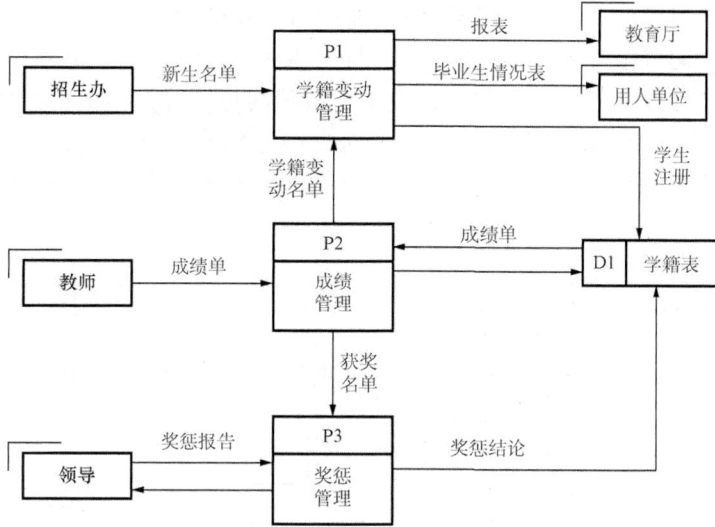

图 4-8　学籍管理系统的第一层数据流程图

我们以 P2 "成绩管理"为例，来详细地说明逐层分解的思想。

任课教师在期末时将成绩单交到系里进行成绩分析，相应的情况记录在学籍表里面，这是学生奖惩的依据。对重修课成绩也要进行重修成绩分析，相应的情况也记录在学籍表里。对学生的成绩还要进行统计，相应的统计结果上交有关领导。这样，P2 "成绩管理"分解成了三个更小的功能：P2.1 "分析期末成绩"、P2.1 "分析重修成绩"、P2.3 "统计成绩"。可以得到 P2 "成绩管理"框的展开，如图 4-9 所示。

图 4-9　P2 "成绩管理"框的展开

要注意的是，P1、P3 对 P2 来说，是 P2 子系统之外的系统，也被列为 P2 的外部实体。

"成绩管理"框中的一些处理，还需要进一步展开。例如，"分析成绩"包括以下几个处理。

（1）把每个学生的各科成绩登记在所在班的"学习成绩一览表"中。

（2）根据"学习成绩一览表"，将每个学生的成绩登记在学籍表中。

（3）根据"学习成绩一览表"，填写成绩通知单，发给学生。

（4）根据"学习成绩一览表"，统计符合获奖条件的成绩，交系里领导。

（5）根据"学习成绩一览表"和学籍表中记载的历史情况，决定留级或退学名单。

这样，"分析成绩"处理展开如图 4-10 所示。图 4-10 中的各个处理都已十分明确，不需要再分解。如果其中的某些处理还比较复杂，则还需要继续进行下一级的分解。

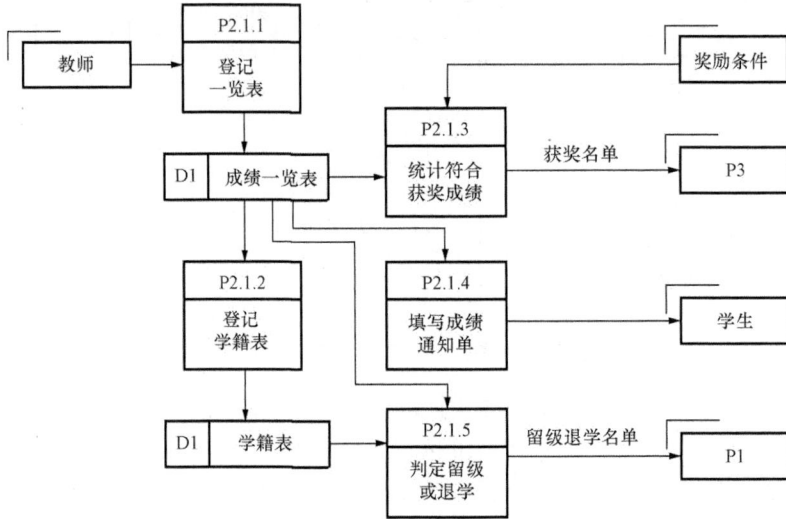

图 4-10　P2.1"分析成绩"框的展开

4.4.4　绘制数据流程图的注意事项

数据流程图具有图形符号少、通俗易懂、直观等特点，是系统分析员与用户交流思想的工具。在数据流程图的绘制中，要随时与业务人员进行讨论、分析，对所绘制的数据流程图进行补充和纠正，直到得到用户较为满意的数据流程图。

在绘制数据流程图中还要注意以下事项。

（1）划分层次，逐层分解。为了表达数据处理过程中的数据加工情况，只用一个数据流程图是不够的。稍微复杂的实际问题，出现在数据流程图中的加工常常有十几个甚至几十个。把这些加工处理放在一张数据流程图中看起来很不清楚，杂乱无序。解决的办法是采用分层的数据流程图。在数据流程图的绘制中，按照系统的层次结构进行逐层分解，以分层的数据流程图反映系统的层次结构，这样，就能清晰地表达整个系统，也让读者容易理解，如图 4-11 所示。

顶层数据流程图概括地描述出了信息系统最主要的逻辑功能、最主要的外部实体和数据存储。它反映了系统与外界环境的接口。顶层图的作用在于表明目标系统的范围，以及目标系统和周围环境的数据交换关系，为逐层分解打下基础。但顶层图并未表明数据的加工处理情况，需要进一步细化。

逐层扩展数据流程图，是对上一层数据流程图中某些处理框加以展开。随着处理框的逐步展开，功能越来越具体，数据存储、数据流也越来越多。这样得到的多层数据流程图可以十分清晰地表达整个信息系统的数据加工处理情况。对某一层数据流程图来说，它的上一层数据流程图称为它的"父图"，它的下一层数据流程图称为它的"子图"。必须注意，子图是父图中某个处理框的展开，因此，凡是在父图中与这个处理框有关系的外部实体、数据流、数据存储必须在子图中反映出来，以保持各层数据流程图之间的平衡关系。例如，图 4-8 中 P2 处理框有两个输出数据流、三个输入数据流，那么，在它的子图中这些输入数据流和输出数据流都要保留下来，才能符合此图细化的实际情况，如图 4-9 所示。

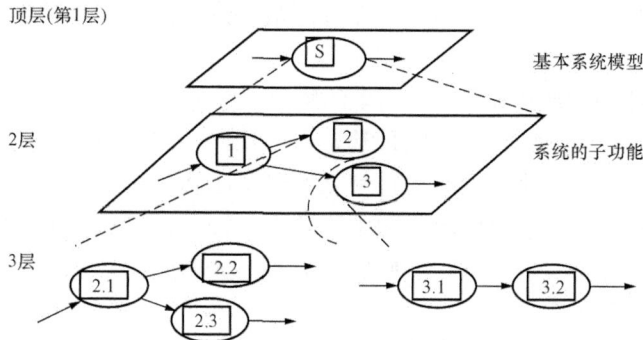

图 4-11　数据流程图的分层表示

在分层数据流程图中，如何来区分顶层图、底层图和中间层图呢？顶层图仅包含一个加工，它代表目标系统。顶层图的输入数据流是该信息系统的输入数据，输出数据流是该信息系统的输出数据。顶层图能让人了解到系统的主要功能和与环境的主要联系是什么。中间层图则表示对其上一层父图的细化。它的每一个处理框都可能继续细化，形成下一级子图。而底层图是指其加工不需要再做分解的数据流程图，它处在最底层，其加工是基本加工。一般来说，最下层的处理过程可以用几句话，或几张判定表，或者一张简单的 HIPO 图就能够表达清楚。它的工作量一个人就能承担。如果是计算机处理，一般不超过 100 行程序语句。

（2）数据流程图的正确性检查。数据流程图是系统分析阶段最主要的表达工具之一，其正确与否直接关系到整个管理信息系统开发的质量。因此，保证数据流程图的正确性十分必要。

通常我们从以下几个方面去检查数据流程图的正确性。

1）任何一个处理至少有一个输入数据流和一个输出数据流。输入数据与输出数据必须相互匹配，以保持数据守恒。如果是某个处理过程产生输出数据，但没有输入数据，这可以肯定是某些数据流被遗漏了。反之，如果某个处理过程不产生任何输出数据，那么可以认为这个处理过程是没有任何意义的。还有一种情况是某些输入数据在处理过程中并没有被使用到，这不一定是错误，但也要追究产生这种情况的原因，探讨是否可以简化。

2）任何一个数据存储，都必定有流入的数据流和流出的数据流。对数据存储来说，流入的数据流代表着对数据文件的写操作，流出的数据流代表着对数据文件的读操作。任何数据存储都必定有读/写操作。如果在数据流程图中，某一个数据存储缺少流入的数据流或者流出的数据流，都意味着某些加工处理被遗漏了。

3）任何一个数据流至少有一端是处理框。数据流是指处理功能的输入和输出。也就是说，数据流不能从外部实体直接到数据存储，也不能从数据存储直接到外部实体，也不可能在外部实体之间或者是数据存储之间流动。特别是对于初学者，要特别注意，不要在数据存储和外部实体之间直接画数据流。信息系统的输入数据必须要处理，只有经过处理的数据才能够输出。数据流必须有一端是处理框。

4）图中某一处理框的输入数据流、输出数据流必须出现在相应的子图中，否则，就会出现父图与子图的数据不平衡。

这是比较常见的错误，特别是在对父图或子图进行了某些修改之后。子图可以包括比父图更详细、更复杂的数据流、数据存储和外部实体，但在父图中出现的数据流、数据存储和外部实体必须在子图中全都出现。因此，在分层数据流程图中，要特别注意检查父图与子图的数据平衡。

5）其他注意事项。①数据流程图上出现的所有的图形符号只限于上面四种基本图形符号；②数据流程图的主图通常应包含上述四种基本符号；③在初画时可以忽略细节问题，集中精力于主要数据流。例如，处理框中的出错信息可以不画在数据流程图中，对异常状态的处理留在系统设计阶段来完成；④数据流程图中不要夹带控制流。因为数据流程图是实际业务流程的客观映像，说明系统"做什么"的问题，而不是表明系统"怎么做"的问题，数据流程图不关心系统的执行顺序。

4.4.5　数据流程图的其他表示方法

由于不同的国家和组织都有自己的系统开发标准和图表工具，因此，数据流程图的表示方法也有许多。我们在上面介绍的图示方法没有画曲线、斜线和圆圈的困难，便于在计算机上实现和管理。

下面我们介绍另一种数据流程图的表示方法。该图示方法用圆圈代表处理，因此又被称为泡泡图（Bubble Chart）。这种表示方法符号简单，使用方便，可以不考虑布局问题，适合手工作图。

泡泡图的基本符号如图 4-12 所示。

这两套图形符号是完全等价的。采用这套符号表示的学籍管理系统的第一层数据流程图如图 4-13 所示。

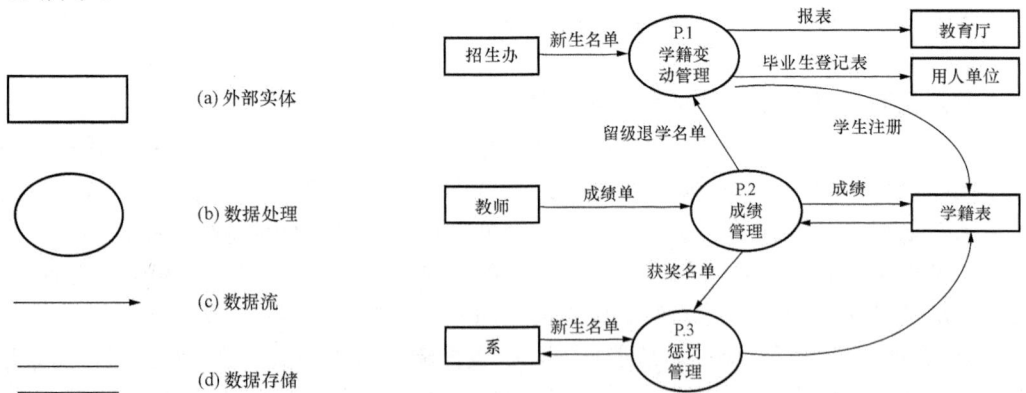

图 4-12　数据流程图的另一套图形符号　　　　图 4-13　学籍管理系统的第一层数据流程图的
　　　　　　　　　　　　　　　　　　　　　　　　　　　　　另一种表示方式

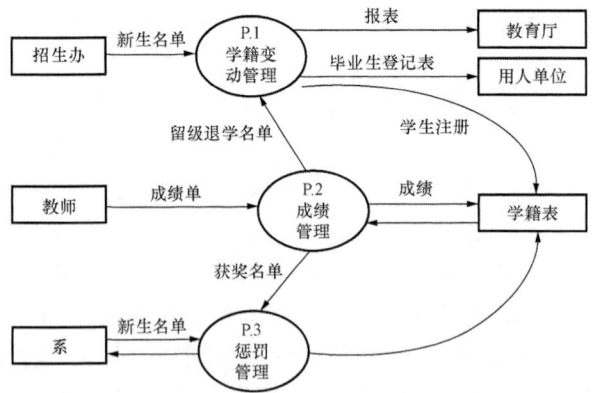

见仁见智

你是中国中西部一所规模较大的大学的 IT 主管，作为训练程序的一部分，你决定绘制一个有一些明显错误的数据流程图，如下图所示，考查一下新雇佣的年轻分析员是否能发现错误。根据本章所介绍的规则，分析员应该找到多少个问题？

4.5 数 据 字 典

4.5.1 数据字典的作用

数据流程图描述了系统的分解，即系统由哪几部分组成、各部分之间的联系等，但对于数据的详细内容却无法在数据流程图中反映。例如，在我们前面所介绍的例子里，数据存储"学籍表"包括哪些内容，在数据流程图中就无法具体、准确地描述。又如"判定留级或退学"的具体处理逻辑，在流程图上也无法表示。而只有当数据流程图中所出现的每一个成分都给出了明确的定义之后，才能完整、准确地描述一个系统。因此，还需要其他的工具对数据流程图进行补充说明。

数据字典（Data Dictionary，DD）就是在系统数据流程图的基础上，进一步定义和描述所有的数据项、数据结构、数据存储、处理过程和外部实体的详细逻辑内容与特征的工具。数据流程图和数据字典等工具相互配合，就可以从图形和文字两个方面对系统的逻辑模型进行完整的描述。

数据字典的任务是对于数据流程图中出现的所有命名元素都在数据字典中作为一个条目加以定义，使得每个图形元素的名字都有一个确切的解释。因此，建立数据字典的工作量很大，相当烦琐。但这是一项必不可少的工作。数据字典在系统开发中具有十分重要的意义，不仅在系统分析阶段要使用它，而且在系统的整个研制过程中及系统运行中都要使用它提供帮助。

4.5.2 数据字典的条目

数据字典中共有六类条目，即数据项、数据结构、数据流、数据存储、处理逻辑和外部实体。不同类型的条目需要描述的属性各有不同，分别说明如下。

（1）数据项。数据项又称数据元素，是数据的最小组成单位，如学号、姓名等。对数据项的描述，应该包括以下属性。

1）数据项名称，名称要尽量反映该数据项含义，以便于理解和记忆。

2）数据项编号，对于系统中所有的数据项应该进行统一编号，以方便查找。

3）别名，一个数据项可能有多个名称，应该在"别名"中加以说明。

4）数据项类型，说明数据项取值是字符型还是数字型。

5）数据项长度，组成该数据项的数字或字母的位数。

6）数据项取值范围和取值的含义，数据项可能取什么值和每个值所代表的含义。

数据项条目如图 4-14 所示。

有些数据项的取值是连续的，例如，人的年龄的取值，可定义其取值范围为 0~150。而有些数据项的取值是离散的，例如，人的受教育程度，取值范围为"研究生，大学，高中，初中，小学"，是离散型的。再如，高校中学号的编排，在一般情况下都是离散的。

有些数据项的取值包含特定的意义。以学号为例，按照某高校对学号的编排规定，长度为 7 的学号，前两位代表学生的入学年号，第三位是系别代码，第四位是专业代码，第五位是班级序号，最后两位是该学生在班级内的序号。

除以上属性之外，数据项的条目还包括对该类数据项的简要说明等。

（2）数据结构。数据结构用于描述某些数据项之间的关系。一个数据结构可以是由若干个数据项组成的，也可以是由若干个数据结构组成的，还可以是由若干个数据项和数据结构组成的。数据结构是个递归概念。

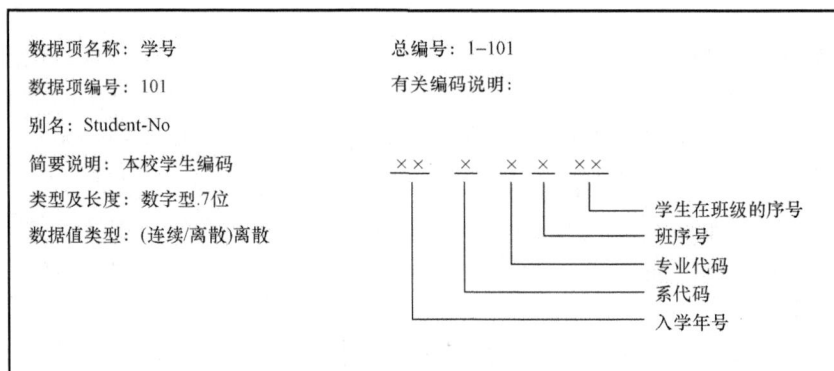

数据项名称：学号　　　　　　　总编号：1-101

数据项编号：101　　　　　　　　有关编码说明：

别名：Student-No

简要说明：本校学生编码

类型及长度：数字型.7位

数据值类型：(连续/离散)离散

××　×　×　×　××

学生在班级的序号

班序号

专业代码

系代码

入学年号

图 4-14　数据项条目

数据字典中对数据结构的描述应该包括以下属性。

1）数据结构的名称。

2）数据结构的编号。

3）数据结构的简要说明。

4）数据结构的组成等。

如图 4-15 所示是数据结构条目的一个例子。

数据结构描述的重点是数据结构的组成。数据结构可以包括若干个数据项和数据结构。这些数据之间的组合关系有三种特殊情况。

1）任选项。任选项是指那些可以出现，也可以省略的项，在数据字典中用"[ ]"表示。如学生登记卡中的[曾用名]，可以有，也可以没有。

2）必选项。必选项是指那些在两个或者多个数据项中，必须选择其中一个的项。在数据字典中，是用"{ }"将多个候选的数据项括起来表示必选项。例如，在高校中所开设的课程，或者是必修课，或者是选修课，两者必居其一，就用{必修课，选修课}表示。

```
数据结构名称：学生登记卡                          总编号：2—03
数据结构编号：03
简要说明：新生入学时填写的卡片              数据：约1500份/年
数据结构组成：
        姓名
        [曾用名]
        性别
        学号
        出生日期
        入学日期
        民族
        家庭住址
        本人简历
            开始时间
            终止时间
            职　务
            单　位
```

图 4-15　数据结构条目

3）重复项。重复项是指那些可以多次出现的数据项。在数据字典中，是"项目名称*"来表示重复项。例如，某个学生的成绩单包括了多门课程的成绩，就用"成绩*"来表示。

（3）数据流。数据流由一个或一组固定的数据项组成。在数据字典中关于数据流的描述除了数据流名称、数据流编号、简要说明之外，还应该包括以下属性。

1）数据流的来源，数据流可以来自某个外部实体、数据存储或者某个处理。

2）数据流的去向，如果数据流的去向不止一个，则要分别说明。

3）数据流的组成，即数据流所包含的数据结构。

4）数据流的流通量，即单位时间里的数据传输次数。流通量可以是平均传输数据量，也可以是最高流通量或最低流通量。

如图 4-16 所示是数据流条目的一个例子。

```
数据流名称：考试课成绩单                          总编号：3—08
数据流编号：08
简要说明：考试课结束时任课教师填写的成绩单    数据流量：800份/学期
数据流来源：任课老师                          高峰流量：200份/周(考试周)
数据流去向：P2.1；P2.2
数据流组成：
        课程名称
        任课老师
        学生班级
        日　期
        学生成绩*
            学　号
            姓　名
            成　绩
```

图 4-16　数据流条目

（4）数据存储。在数据字典中，数据存储条目只描述数据的逻辑存储结构，而不涉及它的物理组织。如图 4-17 所示是数据存储条目的一个例子。

```
数据存储名称：学生成绩登记册          总编号：4-15
数据存储编号：15
简要说明：按班级总学生各科成绩          相关联的处理：
数据存储组成：
        班级
        学生成绩*
            学号
            姓名
            成绩*
                科目名称
            ┌ 考试课
            │
            └ 考查课
                成绩
```

图 4-17 数据存储条目

有些数据存储的结构可能是嵌套的。例如，学籍表，包括学生的基本情况、奖惩纪录、学习成绩、实习成绩、毕业论文成绩等，而这其中的每一项又是一个数据结构。这些下一级数据结构分别由各自的条目加以说明，因此，在学籍表的条目中只需列出这些数据结构的名称，而不要进一步说明这些下一级数据结构的内部组成。

（5）处理逻辑。数据字典中的处理逻辑条目，仅是对数据流程图中最底层的处理逻辑加以说明。除了处理逻辑的名称、编号、简要说明之外，还要说明处理逻辑的输入数据流和输出数据流。对处理过程的描述，目的在于使读者有一个比较明确的概念，了解这一处理框的主要功能。详细的处理逻辑则要借助其他的工具进一步描述。

如图 4-18 所示是处理逻辑条目的一个例子。

```
处理逻辑名称：成绩审核                总编号：5-12
处理逻辑编号：12
简要说明：通知学生成绩，若有不及格科目      处理频率：1次/每生(每学期)
        标明重修日期
输入数据流：学生成绩登记册(DR-15)
处      理：查DR-15，打印每位学生的成绩
        通加单；若有不及格科目，但不
        留级的，则在成绩通知单中填写
        重修科目，重修时间；若要留级
        的，则注明留级。
输出数据流：成绩单(DF-08)
```

图 4-18 处理逻辑条目

（6）外部实体。外部实体是信息系统数据的来源和去向。在数据字典中对外部实体的描述应该包括：外部实体名称、编号、简要说明，以及外部实体产生的数据流和系统传送给该外部实体的数据流。外部实体的数量对于系统的业务量有参考作用，也应该在条目中加以说明。

如图 4-19 所示是外部实体条目的一个例子。

```
外部实体名称：学生                              总编号：6-008
外部实体编号：008                              数量：约10000个
简要说明：
输入的数据流：成绩单(DF-06)
输出的数据流：
```

图 4-19 外部实体条目

4.5.3 数据字典的使用与管理

数据字典的建立有两种方式，既可以由手工方式生成，也可以由计算机自动生成。手工方式是将各类条目按上面所介绍的格式写在卡片上或者写在纸上，并分类建立一览表。计算机方式是在手工方式的基础上，整理、存储在计算机中，由软件进行管理。一些大、中型计算机有专门的自动化数据字典软件对数据进行管理，查询和修改都十分方便。而对于规模较小的系统，采用手工方式是比较合适的选择。

数据字典实际上是"关于系统数据的数据库"。在整个系统开发阶段及系统运行维护阶段，数据字典是必不可少的工具。在系统分析的过程中，使用数据字典，可以很方便地通过名称去查询数据的定义，同时也可以按照各种要求，随时列出各种表，以满足分析员的需求。使用数据字典，也可以反过来，由描述内容去查询数据的名称。

数据字典可以确保数据在系统中的完整性和一致性。例如，通过检查各类条目的规定格式，可以发现以下问题：是否存在没有指明来源和去向的数据流；是否存在没有指明所属数据存储或所属数据流的数据项；处理逻辑与输入的数据项是否匹配；是否存在没有输入或者没有输出的数据存储。

数据字典必须有专人进行管理。数据管理员的职责就是维护和管理数据字典，保证数据字典内容的完整性和一致性。任何人，包括系统分析员、系统设计员、程序员，若要修改数据字典的内容，都必须通过数据管理员。数据管理员还要负责把数据字典的最新版本及时通知有关人员。

4.6 处理逻辑的描述

在数据流程图中，每个处理框只是简单地标上了处理的名字，不能表达处理逻辑的全部内容。在数据字典中，包括了对各个处理功能的一般描述，但这种描述是高度概括的，也不可能描述各个处理逻辑的全部细节。因此，需要其他的工具来详细描述处理逻辑。

数据流程图是分层的。顶层的数据流程图表达系统的主要逻辑功能，随着自顶向下、逐层细化的过程，表达的功能也越来越具体，处理逻辑也越来越精细，直到最底层的数据流程图，系统的全部处理逻辑被详细地表达出来。系统最底层的处理逻辑详细到了可以实现的程度，是系统的最小功能单元，因此，被称为"基本处理"。如果对所有的基本处理的逻辑功能都描述清楚了，再自底向上进行综合，整个系统的所有逻辑处理功能也就清楚了。

要注意的是，系统分析阶段的任务是理解和表达用户的要求，而不考虑系统如何去实现。因此，对处理逻辑的描述，主要的目的是要表达"做什么"，而不是"怎么做"。编写处理逻辑说明应该注意以下原则。

（1）数据流程图中的每一个基本处理，都必须有一个处理逻辑描述。

（2）处理逻辑描述主要说明基本处理对数据流的转换，即指出这个基本处理的输入数据流、输出数据流及其间的处理步骤。

（3）处理逻辑描述说明的是这种数据流转换的策略，而不是实现转换的细节。

（4）处理逻辑描述中包含的信息应该是完备的、有效的，应该把冗余度控制在最低程度。目前，用于处理逻辑描述的工具主要有结构化英语、判定树和判定表。

4.6.1　结构化英语

结构化英语又称程序设计语言（Program Design Language，PDL），是一种介于自然语言和形式化语言之间的半形式化语言。它是在自然语言的基础上增加了一些限制而得到的语言，使用有限的词汇和有限的语句来描述处理逻辑。

结构化英语的词汇表包括英语命令动词、数据字典中定义的名字、有限的自定义词和逻辑关系词 IF THEN ELSE、WHILE DO、REPEAT UNTIL、CASE OF 等。其动词的含义要具体，不使用抽象的动词，尽可能少用或者根本不用形容词和副词。

结构化英语只允许使用三种基本控制结构，处理逻辑的操作运用自然语言短语来表示。这三种基本控制结构如下。

（1）简单陈述句，力求简练，不应太长，避免使用复合语句。

（2）判定结构，IF THEN ELSE 或 CASE OF 结构。

（3）循环结构，WHILE DO 或 REPEAT UNTIL 结构。

在书写时要注意按层次向右缩进，每一个层次要对齐，以方便阅读。

例如，某商店业务"检查发货单"有这样的处理：对于超过 5000 元以上的大额发货单，如果客户信誉良好，欠款不超期，则发批准书及发货单；否则，在欠款未偿还之前不予批准。对于 5000 元以下的小额发货单，如果客户信誉良好，则欠款不超期，直接发批准书及发货单；否则，向客户发出赊欠报告，并发批准书及发货单。该处理逻辑用结构化英语描述如下。

```
IF    发货单金额超过 5000 元    THEN
        IF    欠款超过 60 天    THEN
                在欠款还清之前不发批准书
        ELSE    （欠款不超过 60 天）
                发批准书，发发货单
        ENDIF
ELSE    （发货单金额未超过 5000 元）
        IF    欠款超过 60 天    THEN
                发批准书、发发货单、发赊欠报告
        ELSE    （欠款不超过 60 天）
                发批准书、发发货单
        ENDIF
ENDIF
```

4.6.2　判定树

在某些处理逻辑中，处理动作需要依赖于多个逻辑条件的取值，这时，处理逻辑的描述就比较复杂。如果用上面介绍的结构化英语来表达，就需要有多重嵌套，可读性下降。在这种情况下，可以采用判定树来描述。

"检查发货单"的例子用判定树表示如图4-20所示。

图 4-20　判定树

与其他描述工具相比，判定树适用于条件组合多、层次不是很多的情况。

4.6.3　判定表

对一些条件比较多、在每种条件下取值也比较多的情况，可采用判定表的形式。这时，需要描述的处理是由一组动作组成的，而这些动作是否执行又取决于一组条件的取值。使用判定表可以把所有的条件和动作都加以说明，不易发生错误和遗漏。

仍以"检查发货单"为例来说明判定表的使用，见表4-2。

表 4-2　　　　　　　　　　　　　　"检查发货单"的判定表

项　　目		1	2	3	4
条件	发货单金额大于 5000 元	Y	Y	N	N
	欠款超过 60 天	Y	N	Y	N
应采取的行动	发出批准书		√	√	√
	发出发货单		√	√	√
	发出赊欠报告			√	
	不发出批准书	√			

判定表由四个部分组成，左上方是条件说明，列出了所有可能的条件；左下方是动作说明，列出了所有可能采取的动作；右上方是条件组合，是针对各种条件给出的多种条件取值的组合；右下方是动作组合，指出了在某种条件取值的组合情况下所采取的动作。判定表的划分如图4-21所示。

例如，"检查发货单"判定表中的第二列表示在发货单金额大于5000元、欠款未超期的条件组合下所采取的动作：发出批准书、发出发货单。通常将某一条件取值组合及在这种组合下所采取的动作称之为一条规则。显然，判定表中列出了多少个条件取值的组合，也就有多少条规则。"检查发货单"判定表中共有四条规则。

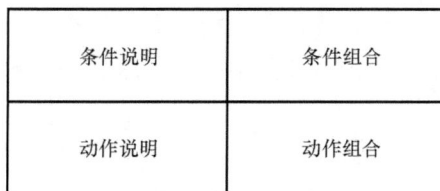

图 4-21　判定表的划分

"检查发货单"判定表列出了两个条件所有可能的四种组合，就是一张完整的判定表，不会有遗漏。但是这张表可以化简。表中的第二列和第四列，所采取的动作是一样的，再察看条件取值组合情况，通过分析，可以看到：无论是大额发货单还是小额发货单，只要客户信誉良好，欠款不超期，都可以采取相同的操作：发出批准书、发出发货单。这两条规则就可以合并，合并以后的发货单金额一栏用"/"表示与取值无关。化简以后的判定表见表 4-3。

表 4-3　　　　　　　　　　　　化 简 后 的 判 定 表

	项　目	1	2	3
条件	发货单金额大于 5000 元	Y	/	N
	欠款超过 60 天	Y	N	Y
应采取的行动	发出批准书		√	√
	发出发货单		√	√
	发出赊欠报告			√
	不发出批准书	√		

由此，我们可以归纳出合并的原则：对于采取相同动作的 N 条规则，如果有某个条件在这 N 列中的取值正好是该条件取值的全部情况，而其他条件的取值都相同，那么这 N 条规则可以合并，合并以后该条件栏目用"/"表示，说明该条件的取值与所采取的动作无关。

运用判定表来描述决策逻辑，通常包括以下几个步骤。

（1）首先分析、确定决策逻辑涉及的条件，列在判定表的左上方。

（2）分析、确定每个条件的取值情况。

（3）列出条件的所有组合情况，标在判定表的右上方。

（4）分析、确定决策逻辑涉及的动作，列在判定表的左下方。

（5）决定各种条件组合下所采取的行动，画在判定表的右下方。

（6）应用合并规则，化简判定表。

用判定表来表达一个复杂的问题，其优越之处在于不会遗漏某些可能的情况。判定表能够把在什么条件下、系统应该采取什么动作，表达得十分清楚、准确、一目了然。这是用语言难以准确、清楚地表达的。判定表的另一优越之处在于这些条件的地位是平等的，不用考虑条件的先后顺序。但是，用判定表描述循环情况就比较困难。

在描述一个基本加工的处理逻辑时，结构化英语、判定树和判定表常常被交叉使用，互相补充。这三种描述方式各有优缺点。对于不太复杂的判定情况，或者是使用判定表有困难时，可以使用判定树。而如果在一个处理逻辑中，同时存在顺序、判断和循环时，则比较适于使用结构化英语。对于组合条件较多的复杂的判断，使用判定表比较好。

见仁见智

一些系统分析员认为先构建一个判定表，然后构建一个判定树比较好。还有些人认为反过来更容易一些。你认为哪种比较好，为什么？

4.7　数据立即存取图

我们在数据流程图中定义了数据存储，在数据字典中描述了数据存储的结构，但对这些数据存储的查询要求并没有详细说明。数据立即存取图（Data Immediate Access Diagram）就是用于说明哪种立即查询能够实现。该图涉及数据存储、实体与属性等各种概念。

4.7.1 实体和属性

实体（Entity）是现实世界中人们所关心的事物。这个"事物"可以是人或物，可以是实际的物或抽象的物，还可以是事物与事物的联系。实体是具有一定特征的，如机器具有外形尺寸、重量、编号、类别等；人有姓名、年龄等。对一个事物某方面特征的描述就是实体的属性（Attribute）。由若干个属性的属性值所组成的集合，表征了一个实体。我们以实体"顾客"为例。

实体"顾客"的属性是顾客号、顾客姓名、地址、电话、订货金额等。在这些属性中，顾客号能唯一确定某一实体，称之为主关键字（Primary Key），简称关键字。有时一个主关键字是由一个以上的属性组成的。实体"顾客"的描述如图 4-22 所示。要注意的是，实体的属性是与应用环境有关的。

4.7.2 数据立即存取图

为了及时得到有用的决策信息，用户需要通过终端查询或别的手段，直接从数据存储中取得某些信息。但是，这种立即响应的实现方式内外存开销很大，实现也比较困难。因为这些查询不是依靠主关键字检索通过读文件或排序得到的，而是通过建立多重目录、倒排文件等获得信息和立即响应速度的。

系统分析员在了解用户对立即存取的要求后，运用关系文件、数据库等数据存取的理论知识，结合目标系统的实际条件进行分析。然后，与用户协商，舍去一些不重要和难于实现的查询项目，最后画成数据立即存取图，定义哪种实体查询能够实现。

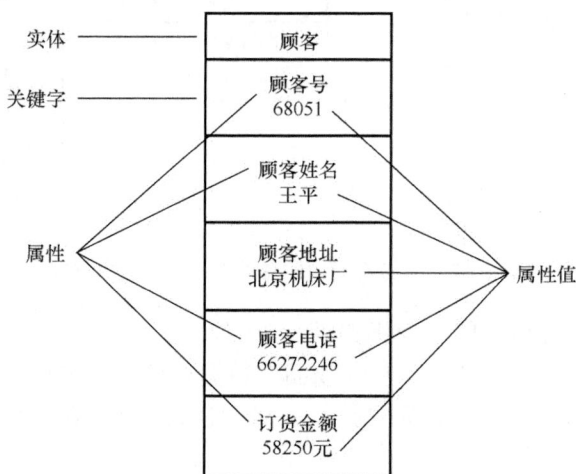

图 4-22　实体的描述

如图 4-23 所示为书籍信息查询的立即存取图。从图中可以知道，实体"书籍"的主关键字是国际标准书号，其他属性还有作者、题目、价格、出版社、出版日期、页数、主题词等。图中表示用户要求输入主题词、作者和题目来获得书籍信息，因此，数据库（文件）设计必须考虑如何通过这些非主属性进行检索。假如某人要求输入出版社而得到书籍的信息，因为在立即存取图中没有定义该查询要求，这个要求不被支持。

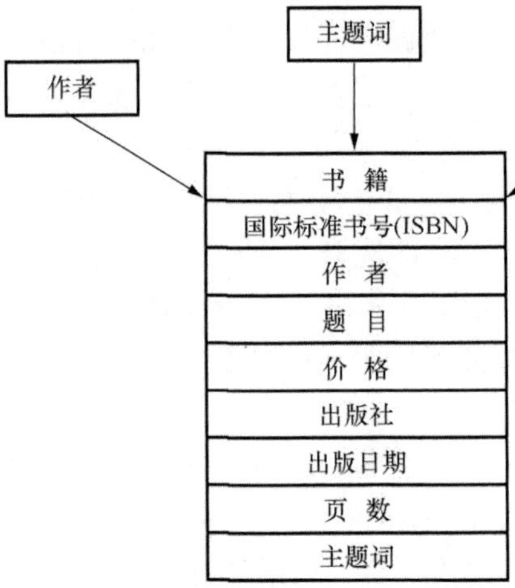

图 4-23　数据立即存取图

通常，用户的一次查询将涉及几个数据存储，如图 4-24 所示为物资管理信息系统的某项目用户查询要求。因为一种物品可由多个厂家供应，一个厂家可供应多种物品。因此，用户要通过查询确定向哪个供货厂家订货可以价廉物美。

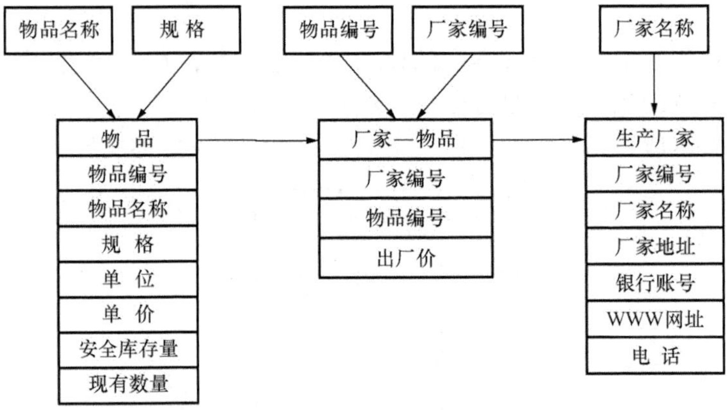

图 4-24　某物资管理信息系统的用户查询要求

用户的查询要求，可通过如下步骤实现。

（1）以"物品名称"与"规格"在"物品"数据存储中查询该"物品编号"。

如果以 A 代表属性名，以 E 代表实体，以 V 代表属性值，则它们三者的关系可用 A（E）=V 表示。

本查询是已知属性值，要求查找具有该属性值的实体 E，可以用公式 A（？）=V 表示。其中"？"为要查询的内容。

（2）用得到的"物品编号"在"厂家—物品"数据存储中寻找全部相应的"厂家编号"。因为"厂家编号"与"物品编号"作为组合码关键字确定了实体，也是通过属性查实体，也可用公式 A（？）=V 进行表示。

（3）用"厂家编号"和"物品编号"组合码在"厂家—物品"数据存储中查找相应的出厂价，并进行比较，得到最低出厂价，同时，也得到了该种出厂价的"厂家编号"。此操作分以下两步。

1）首先用 A（E）=？查找相应的出厂价，

2）然后用 A（？）= Vmin 找出最低价 Vmin 的厂家编号。

（4）根据得到的"厂家编号"在"生产厂家"数据存储中查询该厂家的全部信息，以便订货。该查询表示为？（E）=？

4.8 建立目标系统逻辑模型

目标系统的逻辑模型是建立在现行系统的逻辑模型基础之上的。通过对现行系统的调查分析，抽象出现行系统的逻辑模型，分析现行系统存在的问题，寻找产生这些问题的原因，确定解决这些问题的方案，从而建立目标系统的逻辑模型。

在对现行系统的调查分析中，要抓住系统运行的瓶颈问题，即影响系统的主要矛盾和关键之处。针对这些瓶颈问题投入人力、物力，对系统进行改善，以达到提高信息系统效率的目的。但是，对现行系统的变动要切实可行，先解决那些能够尽快带来效益的问题。对现行系统的改进要循序渐进，如果一下子进行过多的变革，则有可能造成不必要的社会压力和心理阻力。

系统分析的过程就包含了对现行系统的分析和优化过程，这个分析和优化的结果就是目标系统拟采用的信息处理方案。具体地来讲，在业务流程调查中，对现行系统业务流程的优化包括以下内容。

（1）删除或合并了哪些多余的或者重复的业务处理的过程？

（2）对哪些业务处理过程进行了优化和改动？优化和改动的原因是什么？这种改动会带来哪些好处？

（3）确定最终的目标系统业务流程图。

（4）在最后确定的业务流程图中还要指明哪些部分是目标系统（主要指计算机信息处理系统）可以完成，哪些部分需要用户来完成，或者是需要用户配合目标系统来完成。

在数据流程分析中，对现行系统数据流程图的优化包括以下内容。

（1）删除或合并了哪些多余的或者重复的数据处理过程？

（2）对哪些数据处理过程进行了优化和改动？优化和改动的原因是什么？这种改动会带来哪些好处？

（3）请用户确认最终的数据指标体系和数据字典。

（4）确定最终的目标系统数据流程图。

（5）在最后确定的数据流程图中还要指明哪些部分是目标系统（主要指计算机信息处理系统）可以完成，哪些部分需要用户来完成，或者是需要用户配合目标系统来完成。

从形式上来看，目标系统的逻辑模型与现行系统的逻辑模型相比变化可能不是很大，只是在一个或者几个处理中引进新技术，改变了几处数据的流程，或者是改变了某些数据存储的组织形式。但是，这些改变是经过周密调查和分析的结果，其影响可能不只是局部的。对这种影响必须要做好充分的估计和准备。

4.9　系统分析说明书

4.9.1　系统分析说明书的内容

系统分析说明书是系统分析阶段的技术文档，也是系统分析阶段的工作成果。系统分析说明书一般要包括以下几个部分。

（1）概况介绍。说明所开发管理信息系统的项目名称、背景资料、系统目标、系统主要工作内容、本文档所用的专门术语等。

（2）现行系统的调查情况。目标系统是建立在现行系统的基础之上的。因此，在设计目标系统之前，必须对现行系统调查清楚，掌握现行系统的真实情况，了解用户的需求和存在的主要问题。

在系统分析说明书中概括阐明现行系统的目标主要功能主要业务组织机构存在的问题和薄弱环节，以及用户提出开发新系统请求的主要原因。

数据流程图是描述现行系统的主要工具。

（3）目标系统的逻辑模型。通过对现行系统的综合分析，找出影响现行系统的主要矛盾，进行必要的改动，就可以得到目标系统的逻辑模型。

通过系统分析的多方面工作，目标系统的目标已经逐步明确，对目标系统的目标应该尽量给出数量和指标。新的目标也是将来验收目标系统的标准。具体内容包括以下几点。

1）数据流程图的进一步说明。说明目标系统与现行系统在处理功能、数据流和数据存储等方面有哪些主要变化，重点在于计算机信息系统的处理和数据存储的部分。

2）数据存储的要求。目标系统中要建立哪些数据文件，它们的用途、组织方式及数据共享的方式等。

3）与其他子系统的关系。一般来说，业务信息系统是整个组织的一个子系统，它的开发和建立将影响与其他子系统之间的关系，系统之间的接口和信息流通方式等都将发生变化。

目标系统的逻辑模型也是通过相应的数据流程图来加以说明的。数据字典、判定树、判定表等往往篇幅较大，可作为系统分析说明书的附件。但是，由它们得到的主要结论，如主要的业务量、总的数据存储量等，应该列在系统分析说明书的正文当中。

（4）实施计划。

1）工作任务的分解。对系统开发中的各项工作，按照子系统或者系统功能进行划分，各部分内容由专人分工负责。

2）工作进度安排。安排各项工作的预定开始日期和结束日期，规定系统开发的进度和各项任务完成的先后次序。

3）开发费用预算。估算本项目所需要的劳务及经费，包括各项工作所需的人力、办公费和差旅费等。

4.9.2　系统分析说明书的审议

系统分析说明书在整个系统开发中占有非常重要的地位。对系统分析说明书的审议应该由开发人员、企业领导、业务人员和系统分析专家共同进行。这里所说的系统分析专家是指曾研制过类似的管理信息系统而又与本企业没有直接关系的人。选择这样的专家，一方面可以协助审查开发人员对系统的了解是否全面、准确；另一方面可以估计、审查系统分析说明书中提出的方案在设施后会对企业的运行带来什么样的影响。而这种估计需要借助他们以往积累的经验。

如果在评审中，有关人员发现开发人员对系统的了解存在比较大的差错或遗漏，或者是对系统分析说明书中所提出的方案不满意，则需要返工，重新进行系统调查和分析，直到系统分析说明书被通过为止。

系统分析说明书一旦通过审议，则将成为目标系统开发中的权威性文件，是下一阶段系统设计的主要依据。同时，系统分析说明书也成为用户与开发人员之间的技术合同，是将来对系统进行验收的标准之一。

章节主题讨论

1．假设让你开发一个学校注册系统的逻辑模型。你认为自顶向下的方法和自底向上的方法哪个好一些？什么会影响你的决策？

2．某分析员参加了为期两周的结构化分析工作。当她返回时，她告诉她的老板，她认为结构化分析理论性太强，如果采用这些新理论，将在一个实际的设置中使用了太多的新术语。这会影响公司员工的工作进程，因为其他同事对此并不熟悉。你是否同意她的观点？你的观点是什么？

项目实践

1．根据某个感兴趣的问题，设计一份调查问卷，并将该问卷发布到某个提供在线问卷调查支持的网站上。积极的向同学、亲友推荐该在线调查问卷，两个星期之后，收集分析调查结果，看最终结果与你的设想是否一致，并分析出入是什么因素导致的。

2．绘制你的学校或者一所假想的学校的开学报到注册系统的数据流程图。

3．根据学校评定奖学金的文件，选择合适的处理逻辑描述工具进行描述。

第5章 系 统 设 计

经过系统分析阶段的工作，得到了目标系统的逻辑模型，"做什么"的问题解决了。而将目标系统的总体设计方案具体化，解决"如何做"的问题，就是系统设计阶段的工作。

5.1 系 统 设 计 概 述

所谓系统设计，就是根据目标系统逻辑功能的要求，结合实际情况，采用一定的方法，详细地确定目标系统的结构和具体实施方案，即建立目标系统的物理模型。

系统设计是管理信息系统开发的一个重要阶段，这个阶段是对新系统的物理设计，即通过前面的系统分析报告对新系统逻辑功能的要求分析从实际出发，进行各种具体设计，确定系统的实施方案，解决系统如何去完成的问题，最终给出详细的设计方案，为下一阶段的实现制订详细计划。

5.1.1 系统设计的内容

系统设计阶段的工作很多，任务繁重，其工作内容主要分为两大部分，即系统的总体设计与系统的详细设计。

在系统总体设计中，主要根据系统分析说明书中所描述的系统目标、系统功能与环境条件，确定系统的总体结构，将系统按照功能划分为若干个子系统，按照层次结构关系，划分功能模块，确定模块间的相互关系，画出系统结构图。同时，选择和确定合适的计算机系统结构及其相应的软硬件配置。

在系统详细设计中，要完成系统的代码设计、数据库设计、输入/输出设计和处理过程设计等项工作。

代码设计的目的是为了便于整个系统的信息交换和系统信息资源的共享，同时也是计算机处理的需要。要对系统中所处理的各种信息进行调查分析，确定代码对象及编码方式。

输入/输出设计的任务是根据相应的管理规章制度的要求和业务人员的使用习惯，按要求设计输入/输出的格式、输入/输出的方式及人机对话的形式等。

数据库设计的任务是根据系统中数据的存储内容、存储容量、存取要求等设计合适的数据库及其文件结构等。

处理过程设计是根据对系统中每一个处理逻辑的描述，采用专门的工具清晰明确地描述每个模块内部的处理细节，为编制程序打下良好的基础。

5.1.2 系统设计的原则

系统设计是一项十分复杂的工作。在信息系统中，数据量大，数据结构复杂，数据来源分散，要及时地采集、处理和传递这些数据本身就是一件很烦琐的工作。而且由于管理工作自身的特点，随着企业生产的不断发展，产品结构的变化，企业规模和管理体制的变革，经济信息会随之增大，数据结构也将随之变化，要求信息系统能不断地适应环境的改变，这就给系统设计增加了一定的难度。另外，系统设计的工作量是相当大的，通常都要以若干人年来计算。系统设计又是一项集体的创造性劳动，要有严格的组织计划、明确的任务分工，设计人员相互之间要密切协作、交流思想，以保持系统设计工作的连续性。

由于系统设计产品的无形性，系统设计的结果在未变成程序并运行之前是不能真正表现出来的。因而，系统设计过程中存在的问题或失误便不能及时反映或暴露出来。所以，信息系统设计工作一定要保证高质量，否则会导致系统开发工作的返工甚至失败。根据系统开发的经验和教训，系统设计应遵循以下几条原则。

（1）系统的观点。用系统工程的方法去设计和建立目标系统，整个系统应有统一的数据代码、统一的数据组织方法。要充分认识到系统内各部分之间的相应联系与相互制约关系，应以最少的输入数据满足系统各部分的数据处理和信息输出要求。

（2）实用性原则。这里主要包括两层含义，一是从实用出发，二是从实际出发。管理信息系统的根本目的是实用，因此系统不应过于追求大而全。另外应从技术、设备、用户、管理者的实际考虑，不应追求硬件设备的先进性。

（3）规范性原则。在管理信息系统的开发过程中要制定统一的规范，要做到规范的数据，规范的编码，规范的程序设计，规范的文档等，只有这样才能保证不同的开发阶段之间和各小系统之间能有机地衔接起来。

（4）适应性原则。无论是设备还是组织机构，管理制度或管理人员，在一定时间内只能是相对稳定的，变化是经常的。比如，由于经营方式变化的需要而改变管理制度。管理信息系统的设计要适应社会经济的发展变化、企业管理水平的提高、技术的进步等诸多变化。

见仁见智

魏新的体育商店销售旅行和野营时用的商品。这个公司在最近两年已发展壮大。魏新是公司的创建者和主席，想要开发一个客户订单输入系统并且雇用你的 IT 咨询公司给他提供关于方案选择的建议。魏新倾向于内部开发，并不想依靠外部供应商和提供技术支持及升级。魏新还说他对网上销售不感兴趣，但是在将来也可能发生改变。

魏新想和你明天见面一起做一个决定。在见面时你将要对魏新说些什么呢？

5.1.3 系统设计的评价指标

系统设计的好坏将直接决定目标系统的质量与实用性。系统设计的目标应是在保证实现系统逻辑模型的基础上，尽可能地提高系统的各项指标。根据信息系统的特点和要求，系统的指标包括可靠性、工作质量、可维护性、工作效率、经济性和友好性。

（1）可靠性。系统的可靠性是指系统在运行过程中，抵抗外界干扰（包括人为的干扰和机器的故障）和保证正常工作的能力。系统的可靠性通常包括软、硬件运行的连续性和正确性；检错、纠错能力；在错误的干扰下不会发生崩溃性瘫痪及重新恢复的能力；数据的安全与保密等。

（2）工作质量。系统的工作质量是指系统所能提供的各种信息是否准确、丰富，人机界面是否清晰、直观、形象，操作是否方便，以及各种形式的表格和图形是否符合用户要求等。

（3）可维护性。系统的可维护性是指系统被维护和被修改的难易程度。对于管理工作中所用信息系统来说，由于系统环境的经常不断变化，要求系统不断地被修改、扩充与完善。一个可维护性好的系统具有较好的实用性和较强的生命力。

（4）工作效率。系统的工作效率是指系统的处理速度等与时间有关的指标及系统的存储效率等与空间有关的指标。

（5）经济性。系统的经济性是指系统的收益大于系统的支出的比例。系统的收益除有可定量的指标外，还包括一些非定量或不可定量的指标；系统的支出一般包括系统开发所需的投资及系统运行、维护的费用之和。

（6）友好性。系统对用户的友好性。在建立和改造信息系统时要始终牢记将来使用系统是用户而不是设计者，因此用户对系统的接受程度决定了系统成功与否。在设计人机界面时，需要考虑用户操作是否方便、屏幕显示是否符合用户的习惯、提供的结果是否易读易懂等。

以上系统设计的六项评价指标，在一定程度上既是相应矛盾但又是相辅相成的。例如，为了提高系统的可靠性而采取了各种校验和控制措施，则会延长机器的数据处理时间、降低系统工作效率或者提高成本；可从另一个方面来说，系统可靠性的提高也使得系统的工作效率得到了保证。对于不同的系统，由于其目标和功能的不一样，对上述指标的要求将各有侧重。如对情报（信息）检索系统，工作效率（响应时间）是最重要的指标；而对会计信息系统来说，系统的可靠性则是要首先考虑的。

5.1.4　系统设计的方法

系统设计阶段的任务复杂，除了要有细致的工作作风之外，还需要有一定的方法来指导，以使设计人员可以较容易地拿出好的设计方案。

20 世纪 70 年代以来，计算机信息系统分析设计的理论和技术取得了一系列的成果。在这之前，程序流程图几乎是系统分析员、系统设计员和程序员的唯一的设计工具。20 世纪 70 年代初，人们提出并逐渐发展了结构化系统分析与设计（Structured Systems Analysis and Design）的思想和相应的方法。它基于这样一个假设：系统是有层次的，一个系统可以由若干子系统组成，而每一个子系统又可由更小的子系统实现。这样逐层分解构成了系统的层次结构，上层表示系统的总体功能，下层反映功能的具体实现。

在系统设计中所使用的、有代表性的方法主要有 Constantine 的结构化设计技术，它依赖于贯穿系统始终的数据流；Jackson、Warnier 等人的方法则以数据结构为基础；还有 Ledgard 的数据流与数据结构相结合的方法。

以上各种方法有许多相似之处，都采用了模块化、自顶向下、逐步细化等基本思想，以便在信息系统设计中都可以使用，而且可以混合使用。本书主要介绍面向数据流的结构化设计方法。

系统设计情景案例——青钢管理信息系统的系统设计

李教授领导的课题组完成了青岛钢铁集团计算机管理信息系统的系统分析工作之后，马上召开了课题组的内部会议。在会议上李教授明确了开发组下一阶段的工作。

首先李教授指派开发组中对计算机硬件及网络非常熟悉的曾教授根据系统分析报告中给出的系统功能及信息需求与若干家计算机公司一起研究设计青钢管理信息系统的计算机及其网络硬件、系统软件的选型问题。通过比较各家给出的设计方案及报价，与青钢信息中心的傅主任、马副主任共同选定了由北京太极计算机公司提出的计算机和网络硬件及系统软件方案。为了使开发组及青岛钢铁集团能很快地掌握相关硬件及系统软件的使用与维护方法，开发组的骨干成员请计算机供应商进行了专门培训。

在完成系统的硬件及系统软件平台的设计工作后，开发组的总体技术负责人高博士指示各子系统的负责人带领各自的开发人员，以系统分析报告为基础，考虑到所采用的计算机硬件平台、数据库管理系统及开发工具，依据现有系统的业务流程设计新系统的数据处理流程，对相应的数据类进行设计（如增加新数据类，去除无用数据类，改造某些数据类等）。根据得到的新系统的数据流程最后确定青钢管理信息系统的功能结构，此时的功能结构实际上就是新系统的应用软件结构。

完成上述工作后，在得到了新系统的数据处理流程和系统应用软件结构的同时，我们还得到了新系统的数据类（由数据字典给出）。在总体技术负责人高博士的带领下，开发组依据得到的数据类的结构（即数据字典）完成了整个系统的数据库设计工作，并对其中系统全局性应用的共享编码类数据，如物资编码、供应商编码、产品编码、会计科目编码进行了全系统内各子系统之间的协调。

开发组的设计人员对新系统的应用软件结构中的组成部分——即功能模块进行了进一步的设计工作。这些工作包括对每一模块的用户界面、处理过程、输入/输出的设计。

最后各子系统开发人员将上述设计结果进行了汇总整理，形成了《青钢管理信息系统的系统设计报告》，并开始了下一阶段——系统实施阶段的工作。

5.2 结构化设计方法

5.2.1 结构化设计概述

结构化设计方法的基本思想是模块化，即将一个系统分解成若干大小适当、功能明确、彼此具有较强独立性、又有一定联系的组成部分（模块）。对于任何一个系统，都可以按其功能逐步地由上向下，由抽象到具体，逐层将其分解为一个多层次的、具有许多独立功能模块的组合，并可一直分解到能方便地用程序实现的模块为止。模块化的设计方法是系统设计和大型程序设计的一种必然趋势，因为它可以将复杂的问题简单化，而且又由于组成系统的模块彼此独立，功能明确，因而使系统易于实施和维护。

结构化设计的任务就是要根据数据流程图来建立系统结构图，用系统结构图来描述系统分层次的模块结构以及模块之间的通信与控制关系。

系统结构图中最基本的组成部分就是模块。所谓模块，是可以组合、分解和更换的功能单元。一个模块本身具有三种基本属性：一是功能，说明该模块实现什么；二是逻辑，描述模块内部如何实现所需要的功能；三是状态，描述模块的使用环境与条件以及和其他模块间的相互关系。

由于模块可以分解、组合，因而模块的大小是一个相对的概念，要视具体的环境状态而定。一个大的系统可以分解成几个大的模块（子系统），每一个大模块又可以分解成多个更小一些的模块。在一个系统中，模块都是以层次结构组合的。从逻辑上说，上层模块包含下层模块，最下层的模块执行具体的工作任务。

模块加上数据流、控制流以及模块之间的调用关系，就组成了系统结构图。系统结构图中的符号如图 5-1 所示。

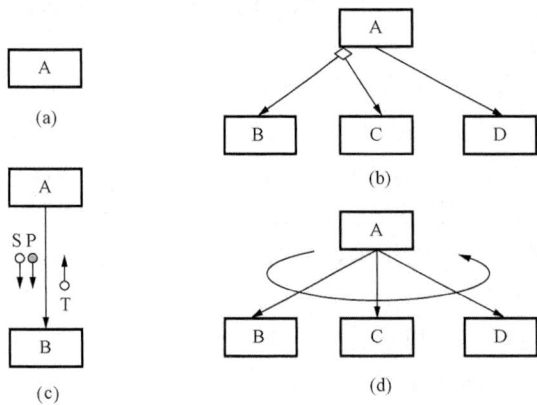

图 5-1 系统结构图的基本符号

模块用一个矩形框表示如图 5-1（a），框内给出模块的名称，此处为 A 模块。一个模块的名称应反映出此模块的功能，通常由一个动词和一个名词组成。

从一个模块指到另一个模块的箭头，表示模块间的调用关系。箭尾连接的是调用模块，箭头连接的是被调用模块。而连接在箭尾的菱形，则是表示该模块对其下属模块的选择调用（也称条件调用）关系。如图 5-1（b）所示，图中 A 模块选择调用 B、C 模块，直接调用 D 模块。

在图 5-1（c）中，A 模块调用 B 模块。另外还有符号 S 和 T 表示数据流名，并用一端连一个空心小圆圈，另一端连一个箭头的线段表示。符号 P 表示控制流名，并用一端连一个实心小圆圈、另一端连一个箭头的线段表示，箭头的方向表明信息传递的方向。图中表示在 A 模块调用 B 模块时，A 将数据 S 和控制信息 P 传送给 B，调用结束时，B 将数据 T 返回给 A。

在图 5-1（d）中，用一个带箭头的弧形线段来表示一个模块对其下属模块的循环调用关系。此处表示 A 模块循环调用 B、C、D 模块。

下面通过一个例子来看一下系统结构图的简单形成过程。

设某一系统的数据流程图中有"订单处理"这一功能，如图 5-2 所示。

我们知道，任何一个功能模块都是由输入、处理和输出三个基本部分组成的。那么"订单处理"功能的输入部分为订单的输入与校核；处理部分是根据订单首先确定能否供货，然后再决定是处理缺货订单还是处理可供货订单；输出部分则是编辑和打印备货单。所得到的系统结构图如图 5-3 所示。

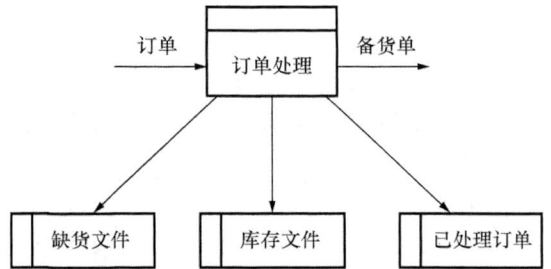

图 5-2 "订单处理"功能的数据流程图

图 5-3 "订单处理"功能的系统结构图

5.2.2 模块划分的标准

系统结构图的设计，其实质就是模块的划分工作。那么什么样的模块划分是合理的？模块到底划分为多大才合适？一句话，评价模块划分的标准是什么？下面，我们将先讨论模块的聚合性、模块的耦合性及模块的控制范围和影响范围等概念，然后得出模块划分的标准。

1. 模块的聚合性

模块的聚合性是衡量一个模块内部各组成部分之间整体统、性的指标，它描述了一个模块其功能专一的程度。根据模块的内部构成状况，其聚合性可以划分为以下六个等级。

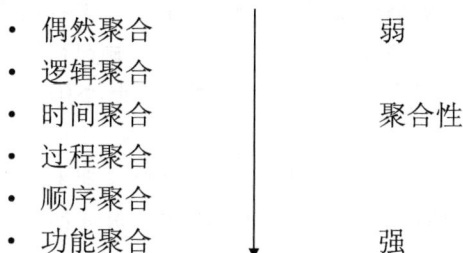

- 偶然聚合   弱
- 逻辑聚合
- 时间聚合   聚合性
- 过程聚合
- 顺序聚合
- 功能聚合   强

这六个等级的聚合程度是依次递增的，即偶然聚合的模块其块内联系最弱，而功能聚合的模块其块内联系最强。

（1）偶然聚合。如果一个模块是由若干个彼此毫无关系的功能成分偶然地组合在一起构成的，则称之为偶然聚合模块。这种模块的内部组织结构的规律性最差，无法确定其功能，因此块内联系最弱。偶然聚合模块的产生，多是为了节省存储空间及减少编程工作量，或者是为了提高运行速度。

（2）逻辑聚合。如果一个模块是由若干个结构不同、但具有处理逻辑相似关系的功能成分组合在一起构成的，则称之为逻辑聚合模块。调用逻辑聚合模块，通常需要有一个功能控制开关，由其上层的调用模块向它发出一个控制信号，在其多个功能成分当中选择执行一个功能。例如，报表打印就属于这种模块。

（3）时间聚合。如果一个模块是由若干个处理内容不同、但几乎是要在相同的时间内执行的功能成分组合在一起构成的，则称之为时间聚合模块。例如，初始化处理就属于这种模块，其处理内容不相同，但均需在系统正常运行之前执行。

（4）过程聚合。如果一个模块是由若干个为实现某项业务处理、执行次序受同一个控制流支配的功能成分组合在一起构成的，则称之为过程聚合模块。过程聚合模块的各组成功能之间没有相互联系，实际上是若干个处理功能的公共过程单元。

（5）顺序聚合。如果一个模块内部的各个处理功能密切相关，顺序执行，前一个处理的输出直接作为后一个处理的输入，各处理功能处在同一线性链上，则这种模块称之为顺序聚合模块。例如，订单处理这一模块，从输入订单到输出备货单，就是一个典型的顺序聚合模块。

（6）功能聚合。如果一个模块是由一个单独的且能够确切定义的处理功能组成的，则称之为功能聚合模块。这种模块对确定的输入进行一定的处理，并输出可以预期的结果。例如，打印备货单。这是一种最理想的聚合，其块内联系程度最强。

模块聚合程度的强弱标志着模块构成的质量，从而直接影响到系统设计及实施的质量。聚合度高的模块在被调用时，由于任务比较单一，复杂性降低，从而简化了设计和编程；而且这种模块一般都有定义得比较清晰的界限，与其他模块的联系也较少，因而其可维护性较好。

但是，由于模块功能划分的粗细是相对的，因此模块的聚合程度的也只是一个相对的概念。在一般情况下，系统较高层次上的模块聚合程度较弱，而较低层次上的模块聚合程度较强。

2. 模块的耦合性

模块的耦合性是衡量一个模块与其他模块之间相互作用程度的指标。模块耦合程度的高低将直接影响到系统的可修改性和可维护性。在一般情况下，系统中各组成模块的耦合程度越低，说明各模块相互之间的联系越简单，即每个模块的独立性越强，越容易独立地进行设计、调试与维护。也就是说，对一个模块进行的修改，会尽可能少地影响到其他模块。

模块的耦合性说明了模块之间信息的关联程度。根据耦合的强度，两个模块之间的耦合可以划分为以下三种类型。

（1）数据耦合。两个模块之间的联系只是通过数据交换即得以实现，则称为数据耦合。两个模块之间通过调用关系来传递相互所需的数据，相互之间只存在着数据往来，这是一种最理想的耦合。如在关系数据库系统 FoxPro 中，用 DO 语句调用另一个模块，在调用的同时传递一些数据。数据耦合是模块之间不可缺少的联系形式，但应力求模块之间传递的数据越少越好，且数据传递的范围最好限制于两个模块之间。一般来说，两个模块之间传递的数据越少，模块的独立性就越强，因此，模块的可修改性和可维护性就越高。

（2）控制耦合。当两个模块之间除了传递数据信息之外，还传递控制信息时，则称为控制耦合。调用模块通过控制信息来控制被调用模块的内部处理过程，在这种情况下，由于控制信息影响了模块的处理逻辑，因而影响了模块的独立性，从而对系统模块的修改维护工作是很不利的。所以，应该尽量避免或减少控制耦合。在 FoxPro 中，当用 DO 语句调用另一个模块，同时在所传递的参数中除了数据信息外还有控制信息，并且此控制信息影响了被调用模块的处理逻辑时，这通常就是控制耦合。

（3）内容耦合。如果一个模块与另一个模块的内部属性有关系，则这种模块之间的连接关系称为内容耦合。如一个模块的运行方式依赖于另一个模块；一个模块引用另一个模块的内部数据等。如果两个模块之间是内容耦合，那么在修改其中一个模块时，必须直接影响到另一个模块，甚至产生连锁反应或者说波动现象。内容耦合使得模块的独立性、系统的可修改性和可维护性最差，所以必须完全避免这种耦合关系。

由此可知，数据耦合的耦合程度最低，是最理想的一种耦合关系。而内容耦合则正好相反。

模块的聚合性和模块的耦合性二者之间，实际上是有着密切关系的。在一般情况下，如果模块的聚合性提高，则它们之间的耦合性就较低，反之亦然。

3. 模块的控制范围和影响范围

在任何一个系统结构中，由于存在对不同业务处理功能进行选择的需要，必然在某个模块当中存在着判断处理。系统结构当中某一层次上的判断处理，通常都会影响到其他层次上模块的处理过程和数据传递。从模块之间的调用关系来说，一个模块首先要被它的上属模块所调用，同时它也可以去调用它的下属模块。那么，模块之间联系的范围有着什么样的限制并且应遵循什么样的原则呢？下面，我们引入模块的控制范围和影响范围两个概念。

一个模块的控制范围，是指它可以调用的所有下层模块和其本身所组成的集合。而一个模块的影响范围，是指由该模块中所包含的判断处理所影响到的所有其他模块的集合。如图

5-4 所示，A 模块的控制范围是 B、C、D 三个模块，同时加上 A 模块本身；而其影响范围是 B 和 C 两个模块。其中，用符号表示模块的判断功能，用阴影线表示模块的影响范围。

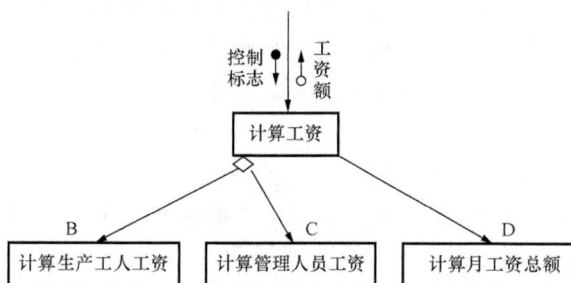

图 5-4　控制范围和影响范围示例

模块的控制范围和影响范围的关系，直接决定了系统中模块关系的复杂性和系统的可修改性和可维护性。因此，在系统结构设计当中，应遵循以下基本原则：对于任何一个具有判断功能的模块，其影响范围应当是它的控制范围的一个子集。

对于模块的控制范围和影响范围的关系所存在的各种不同情况，可以归结为以下四种基本类型，如图 5-5～图 5-8 所示。

（1）如图 5-5 所示，模块 A 的影响范围是 B，A1 和 A2，控制范围是 A、A1 和 A2。因此，它的影响范围超出了控制范围，这种关系最不好。

（2）如图 5-6 所示，模块 TOP 的影响范围在其控制范围之内，但判断点在层次结构中的位置过高。

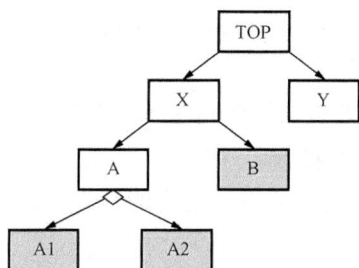

图 5-5　影响范围超出控制范围

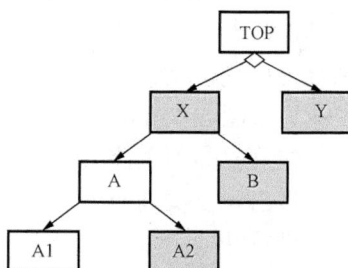

图 5-6　判断点位置过高

（3）如图 5-7 所示，模块 X 的影响范围在其控制范围之内，判断点的位置居中。

（4）如图 5-8 所示，模块 A 的影响范围正好是其直接的下层模块，这种关系最理想。

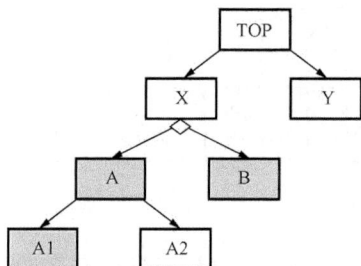

图 5-7　判断点位置居中

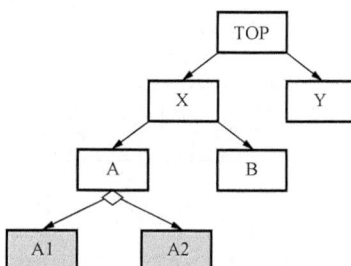

图 5-8　理想设计

对于模块的影响范围不在其控制范围之内的情况，必须加以改进。改进的实现一般可以通过以下几种方法来达到。

（1）在整个系统结构中向上移动判断点的位置，以扩大模块的控制范围。

（2）将具有判断功能的模块合并到它的上层调用模块当中去，从而提高判断点的位置。

（3）在系统结构层次中，将受到某判断模块影响而又不在其控制范围内的模块下移，使它处于判断模块的控制范围之内。

下面，通过一个例子来说明如何处理模块的影响范围超出控制范围的情况。

如图 5-9 所示为"计算任务完成情况及工资"模块的一个分解结果。

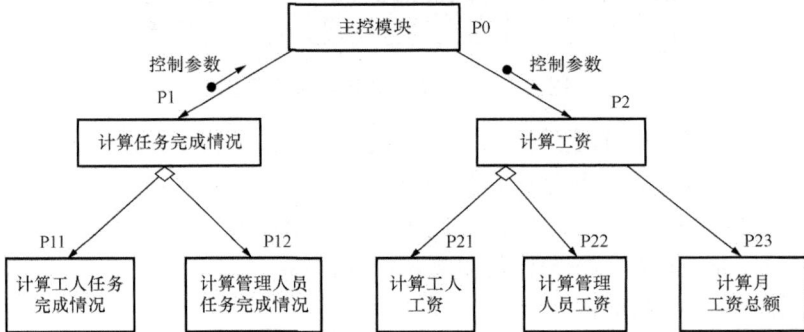

图 5-9　模块的影响范围超出控制范围示例

在图 5-9 中，P1 模块的影响范围不只是 P11 和 P12，而且还包括了 P21 和 22。因为 P1 模块执行处理完毕之后给出一个控制参数，P2 模块接到控制参数之后，据此再判断调用 P21 还是调用 P22。因此，P1 模块的影响范围超出了控制范围。这种分解不但造成了 P0 模块和 P1 模块及 P0 模块和 P2 模块之间的控制耦合，而且产生了双重判断，这将导致维护工作难度增大，系统的可变性差。

为了改进如图 5-9 所示的设计，可以将这一模块重新分解为如图 5-10 所示的结构。这里将判断点的位置提高到主控模块上，使得影响范围落在其控制范围之内，并且避免了控制耦合，而且仅仅出现一次判断处理。因此，这种设计显著改善了系统结构的合理性，提高了可修改性和可维护性。

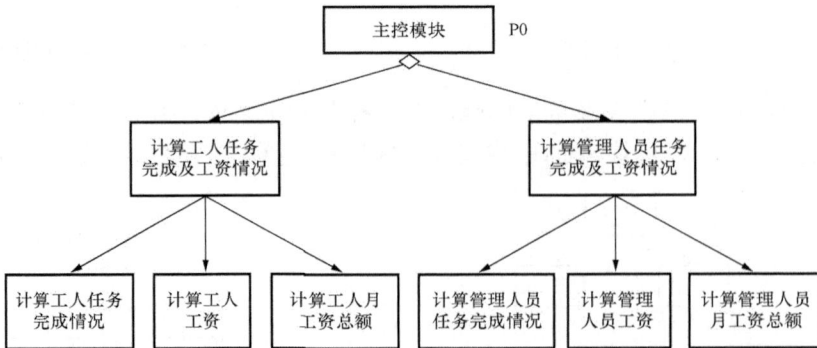

图 5-10　改进后的模块分解情况

综上所述，为了使模块结构比较合理，具有较高的可变性，使系统具有良好的可修改性和可维护性，在系统结构设计过程中，应当遵循这样一个基本准则：尽量使模块具有较高的聚合性和较低的耦合性，并且使模块的影响范围落在其控制范围之内。这也就是模块划分或者说模块分解的标准。

5.3 系 统 结 构 图

系统结构图也被称为模块结构图或控制结构图。它不仅表示了一个系统功能模块的结构关系，还表示了模块的调用关系及模块之间数据流和控制流等信息的传递关系。系统结构图是结构化设计的一种重要的图表工具，它与数据流程图以及在后面将要介绍的对处理过程进行描述的图表一起，形成了结构化系统分析与设计技术的主要图表体系。

5.3.1 模块间调用关系的有关规定

系统结构图表示了模块的组成结构及模块之间的调用关系，在引进模块的分解设计和绘制系统结构图的过程中，应遵循以下几项基本原则。

（1）模块之间的调用关系应符合军事调度的原则，每一模块均有自己独立的工作任务，只有上级模块的命令才能执行。

（2）模块之间的信息交流只局限于其上级模块与下级模块，任何模块不能与其他上下级模块或同级模块直接发生信息交流。

（3）若某一个模块要与其邻近的同级模块发生联系，则必须通过它们各自的上级模块进行传递。

（4）在系统结构图中，按照一般习惯，模块之间的调用次序是从上到下，自左向右进行。

这些，可以理解为对前面所述在系统结构设计中所应遵循的基本准则的更具体的说明。

5.3.2 系统结构图的基本结构

根据在系统中数据的传递形式，系统结构图中通常可以划分为三种基本结构。

1. 内导结构

如图 5-11 所示的结构称为内导结构（Afferent Structure）。它的数据流量从下向上的，上层模块从下层模块接受数据并进行传递，数据输入到模块当中后进行处理，尔后继续向上层模块传递已经处理或未作处理的数据信息。这种结构一般出现在对顶层模块进行分解后得到的输入处理模块中。

2. 转换结构

如图 5-12 所示的结构称为转换结构（Transform Structure）。下层模块从上层模块接收数据后，进行各种处理，再将处理后的结果信息传递给同一个上层模块。

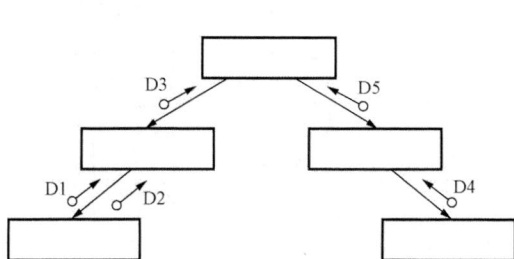

图 5-11　内导结构　　　　　　　　　　图 5-12　转换结构

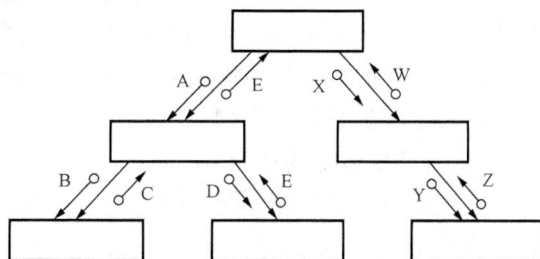

3. 外导结构

如图 5-13 所示的结构称为外导结构（Efferent Structure）。它的数据流是从上向下的，低层模块从上层模块接受数据，进行了必要的处理之后，再将处理结果信息传递给下一层模块。这种结构通常出现在对顶层模块进行分解后得到的输出处理模块中。

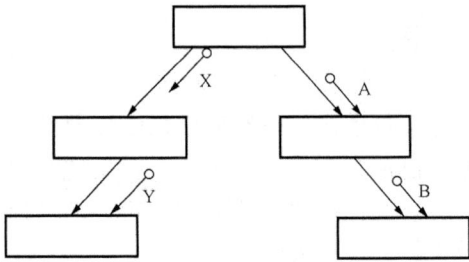

图 5-13　外导结构

5.3.3　系统结构图的设计

绘制系统结构图的过程，实际上就是对系统功能模块（先将整个系统当做一个模块）进行分解设计的过程，即合理地将数据流程图转变为所需要的系统结构图。如何有效地从数据流程图上找出不同系统的结构类型和变化规律，从而方便地从数据流程图得到系统结构中，这是绘制系统结构图的基本技巧。

利用 SD 方法进行系统结构图的设计，通常分为两个步骤：首先，由数据流程图导出初始系统结构图；然后，利用评价模块结构质量的三个具体标准（聚合性、耦合性、影响范围与控制范围）对系统结构图进行逐步改进。

这里第一步工作可以遵循一定的法则来推导，相对来说比较简单。而第二步工作则需要反复试探、比较和权衡，难度较大，并且需要一定的经验。下面首先介绍第一步工作的内容。

数据流程图有两种典型的结构：变换中心型和事务中心型。变换中心型数据流程图是一种线状结构，它可以比较明显地分成输入、中心加工和输出三部分，如图 5-14 所示。

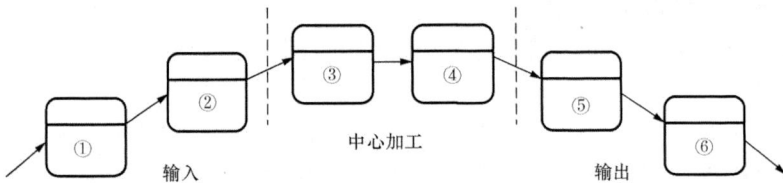

图 5-14　变换中心型数据流程图

事务中心型数据流程图是一种束状结构。在事务中心型数据流程图当中，一个数据处理将它的输入分解成一束平行的数据流，然后对后面的处理选择执行，如图 5-15 所示。

需要提出的是，实际中存在的数据流程图都是线状和束状两种结构的混合形式，前者往往存在于上层的数据流程图当中，而后者则通常存在于下层的数据流程图当中。

1. 变换中心结构分析

首先，确定数据流程图的类型。由于数据流程图总是变换中心型和事务中心型的混合物，因而对数据流程图类型的确定应从全局上来考虑。如图 5-16 所示的数据流程图从全局上

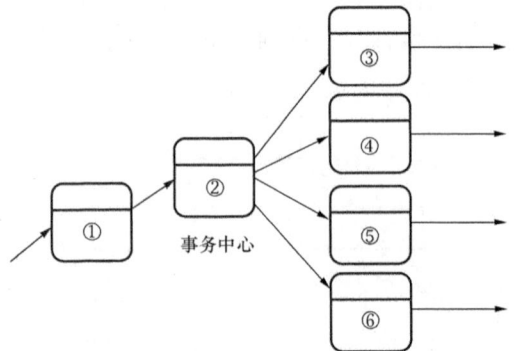

图 5-15　事务中心型数据流程图

分析是变换中心型的，而在局部如中心加工部分则是事务中心型的。

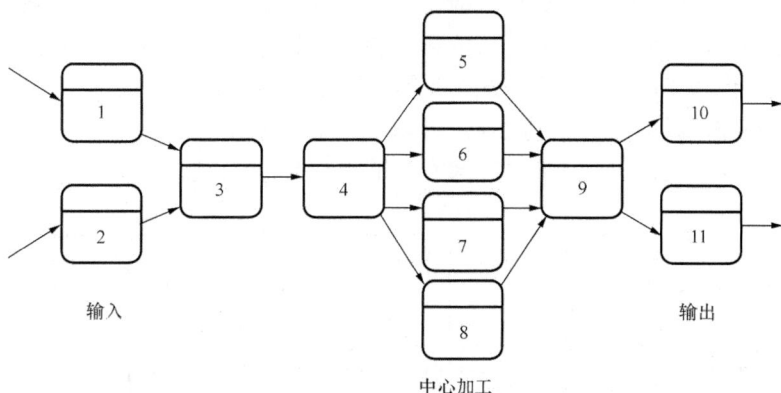

图 5-16 从全局判断数据流程图类型

其次，从全局上对数据流程图的类型确定之后，下面要指定其输入/输出边界。这实际上是要确定整个数据流程图的中心位置及其范围，流入这个中心范围的数据流为输入数据流，而流出这个中心范围的数据流为输入数据流。如图 5-17 所示为指定输入/输出边界的示意图。

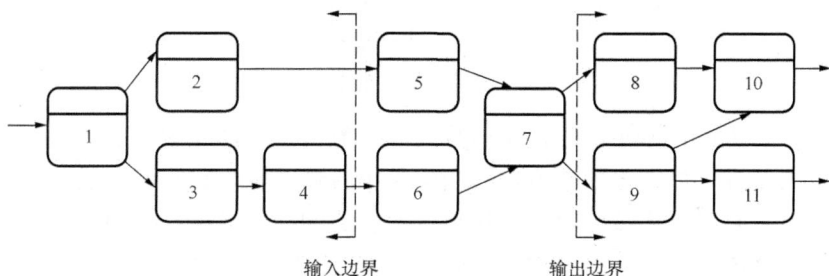

图 5-17 指定输入/输出边界

对于简单的数据流程图，输入/输出边界的指定比较容易，而对较复杂的数据流程图，指定其输入/输出边界则不是那么容易。解决的方法是先确定哪些数据流是逻辑输入，哪些数据流是逻辑输出。其具体做法为：从物理输入端（数据源点）开始，沿着数据流的走向一步一步向系统内移动，一直到某个数据流不能被看做是系统的输入为止，则这个数据流的前一个数据流就是系统的逻辑输入。所谓逻辑输入就是离物理输入端最远的、仍被看做是系统的输入的那个数据流。

相应的，从物理输出端（数据终点）开始，逆着数据流的走向一步一步向系统内移动，一直到某个数据流不能被看做是系统的输入为止，则离物理输出端最远的、仍被看做是系统的输出的那个数据流，就是系统的逻辑输出。

一个系统可以有一个或多个逻辑输入和逻辑输出，均可以用上面的方法找到它们。当找到了所有的逻辑输入和逻辑输出之后，位于它们之间的就是中心加工。

应出指出，这种划分技术带有一定的经验性质，因此划分的结果可能因人而异，但一般不应当相差太远，它与系统设计人员对该系统的业务熟悉程序有较大关系。经验证明，边界位置的稍有不同对最终的系统结构没有太大影响。

再次，完成第一级分解。对于一个变换中心型的数据流程图，它就被分解成一个为输入、变换（中心加工）、输出信息处理提供控制的专门结构。如图 5-18 所示为这种"第一级分解"。主控模块 Cm 位于系统结构的顶层，它负责协调第一层的以下三个控制模块。

1）输入控制模块 Ci，它控制并协调所有输入信息的接收工作。

2）变换中心控制模块 Cp，它控制并协调所有变换工作。

3）输出控制模块 Co，它控制并协调所有输出信息的生成。

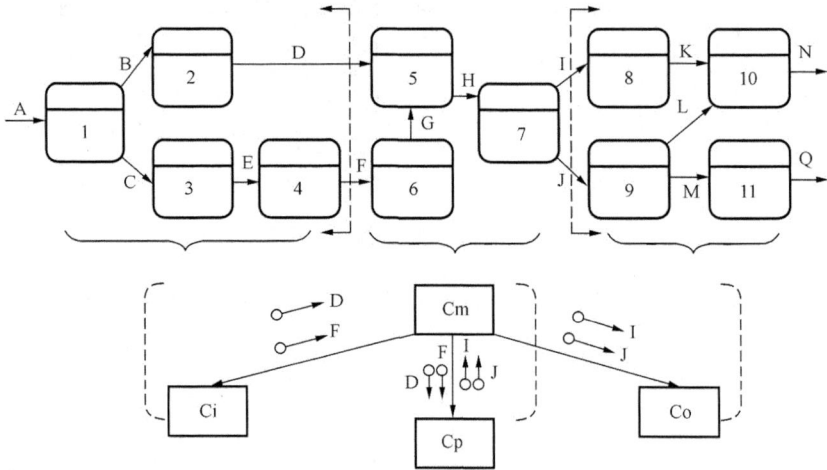

图 5-18 第一级分解

需要特别指出的是，模块之间传递的数据应与数据流程图相对应。

最后，完成逐级分解。将数据流程图当中各个具体的数据处理映射成系统结构图中的一些合适的模块，从而完成逐级分解。首先从变换中心的边界开始，沿着输入路径向外移动，将输入流域的各个数据处理映射成输入控制模块 Ci 的各个下属模块；然后再沿着输出路径向外移动，将输出流域各个数据处理映射成输出控制模块 Co 的各个下属模块；最后，将变换中心流域各个数据处理映射成变换中心控制模块 Cp 的各个下属模块。在映射过程当中，可以不管数据流程图中的箭头方向，因为它只表示了数据流的方向，而与系统结构图中模块调用的方向不一定一致。但在标识模块之间传递的数据时，应注意与数据流程图相对应。图 5-19～图 5-21 所示为逐级分解的一般方法。

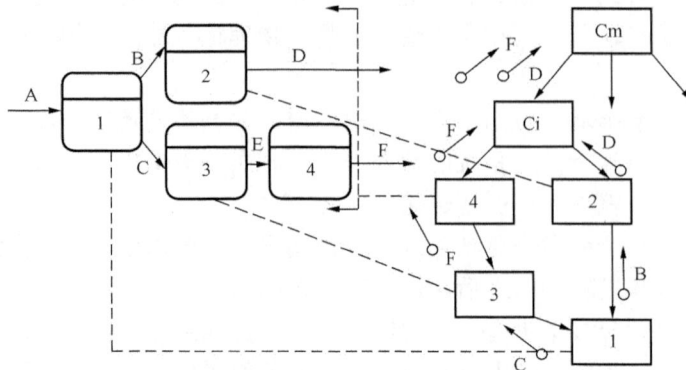

图 5-19 输入流域逐级分解

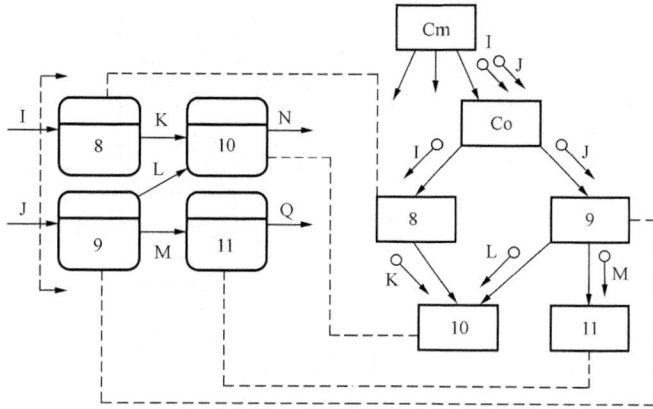

图 5-20　输出流域逐级分解

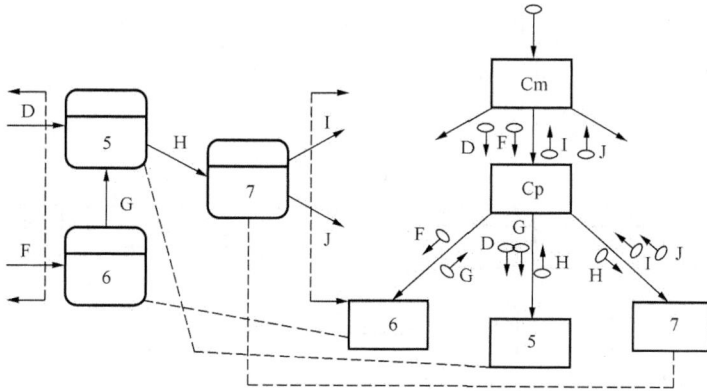

图 5-21　中心加工逐级分解

在上述图例中，我们将数据流程图中的数据处理和系统结构图中的模块映射成了一一对应的关系。但事实上并不一定如此，可以将两个或更多个的数据处理组合起来，映射成一个模块，也可以将一个数据处理分解映射成两个或更多个模块。

2. 事务中心结构分析

首先，确定数据流程图的类型。一般说来，大多数的数据流程图从全局上看总可以看成是变换中心型。但是，也有一些是明显的事务中心型，此时就应当采用事务中心型的结构分析方法来导出系统结构图。

其次，确认事务中心。一般从数据流程图上可以较容易地看出事务中心的位置：事务中心总是位于数条事务路径的起点，这些路径从该点呈辐射状地流出。图 5-22 中的数据处理"3"就是事务中心。

最后，将数据流程图映射成基于事务中心型的系统结构，即映射成一个含有接收分支和发送分支的系统结构。

分解接收路径的方法同变换分析一样，从事务中心的边界开始，沿着接收路径，将各个数据处理映射成一个一个合适的模块。发送分支的结构包含控制所有下属模块的发送者模块，每一条路径上的各个数据处理都映射成一个一个与其相对应的模块。如图 5-23 所示为这样一个映射过程，图中模块"3"就是发送者模块。

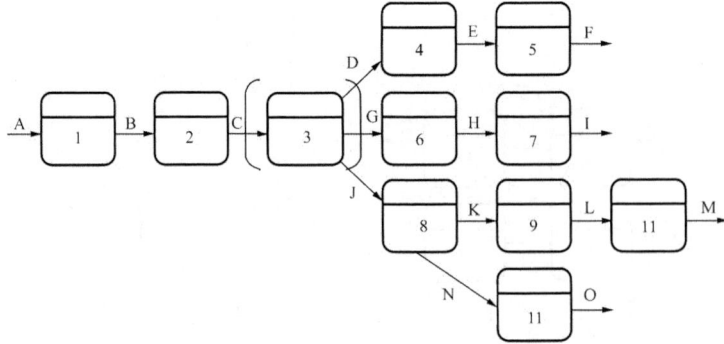

图 5-22 确认事务中心

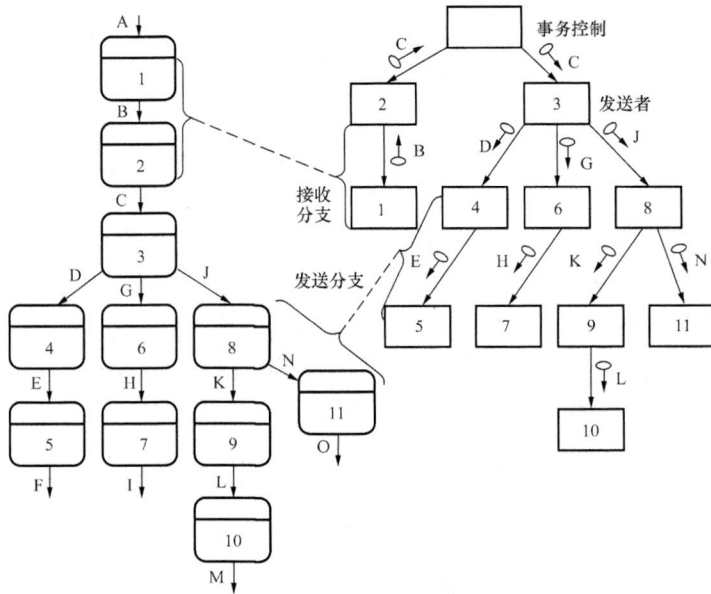

图 5-23 由事务流导出初始系统结构图

在如图 5-22 所示的数据流程图当中，各个事务路径是发散的，此时在发送分支不需要设计输出模块。但如果像图 5-24 当中那样各条事务路径又集中到一起（数据处理 V），且数据处理 V 与数据处理 U 共同构成事务中心，则各条事务路径起始于事务中心，又集中于事务中心，我们称此为收敛型事务流。此时就要为发送分支设计输出模块，如图 5-25 所示，模块 V 即为输出模块。

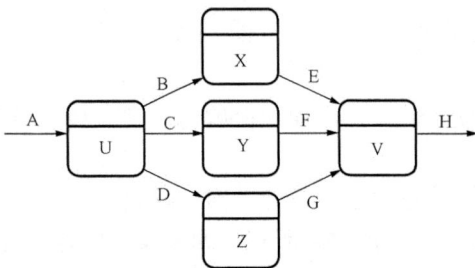

图 5-24 收敛型事务流

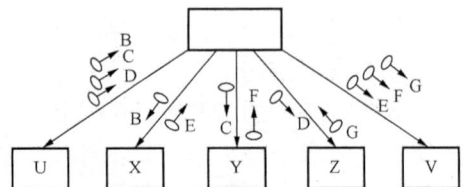

图 5-25 由收敛型事务流导出初始系统结构图

3．系统结构图的评价与改进

对初始系统结构图进行评价与改进的基本准则就是我们前面讲过的高聚合、低耦合，使模块的影响范围落在其控制范围之内。其具体的工作内容一般包括：合并或消除冗余的功能、确定系统公用模块、改善模块的控制范围、优化数据传递路径和数量，完善系统功能等。这是一项细致而又烦琐的工作，可能需要多次的反复调整。当某一层模块安排不当时，必须返回到上层模块去重新进行设计。在模块的分解设计当中，还应时刻征求用户及有关管理人员的意见，以保证设计质量。

4．实例

前面，我们对系统结构图的整个设计过程作了一个详细的介绍，下面通过某企业会计信息系统中账务处理子系统这样一个实例，对其进行系统结构图的设计，来使读者对设计系统结构图的全过程有一个较全面的了解。

（1）导出初始系统结构图。首先对经过系统分析之后得出的目标系统数据流程图（见图5-26）进行审核，检查无误以后则按下列步骤进行。

1）确定数据流程图类型。如图5-26所示的目标系统数据流程图，从整体上来看，呈现比较明显的"输入、中心加工、输出"特性。所以，该数据流程图虽然看上去是变换中心型与事务中心型的混合体，但其整体特性是变换中心型的，应该以变换分析为主导出初始系统结构图。

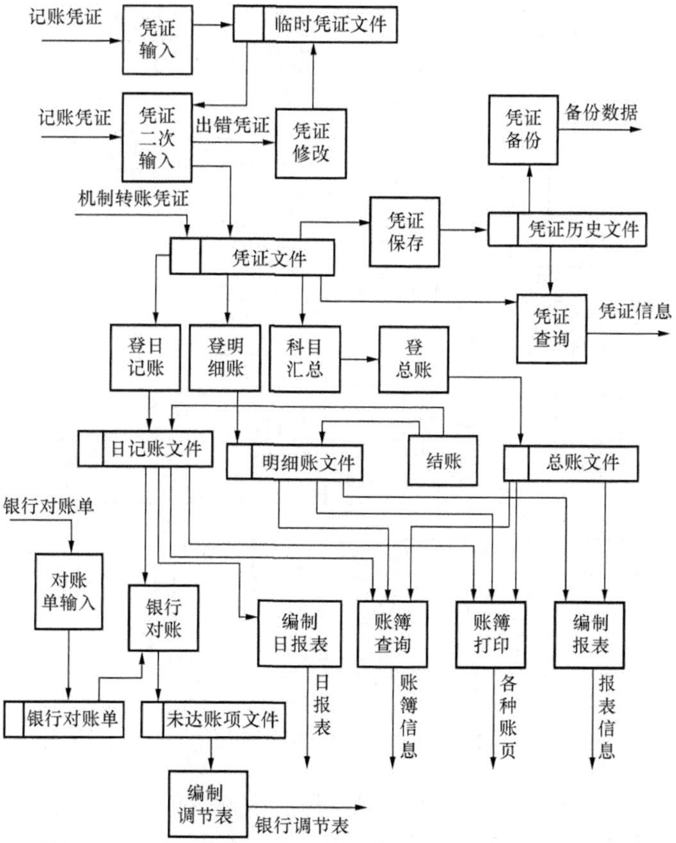

图 5-26　目标系统数据流程图

2）指定输入/输出及中心加工。对数据流程图中的数据流一个一个地进行分析，确定哪些是逻辑输入,哪些又是逻辑输出,那么位于它们之间的封闭区域就是中心加工。

从输入源点来看,流入"凭证输入"和"凭证二次输入"这两个数据处理的记账凭证是系统的原始输入;流入"凭证修改"处理的出错凭证仍然是系统原始输入的一部分;流入"登总账"处理的科目汇总表显然已经不能看做是系统原始输入了,因为它是经过"科目汇总"处理之后产生的属于系统内部的数据流。这样,科目汇总表前面那个数据流——流入"科目汇总"处理的记账凭证即为逻辑输入,我们给其做上一个记号"*"。同理,可知流入"登日记账"处理的记账凭证、流入"登明细账"处理的记账凭证、流入"凭证保存"处理的记账凭证、流入"银行对账"处理的银行对账单等都是逻辑输入,我们在这些数据流上都做上记号"*"。

相应地,可以分析出未达账项、日记账、明细账、总账、凭证历史文件等都是逻辑输出,我们在这些数据流上都做上记号"#"。

用虚线将位于逻辑输入和逻辑输出上的记号连接起来,即可组成一个封闭区域,该区域就是中心加工,如图 5-27 所示。

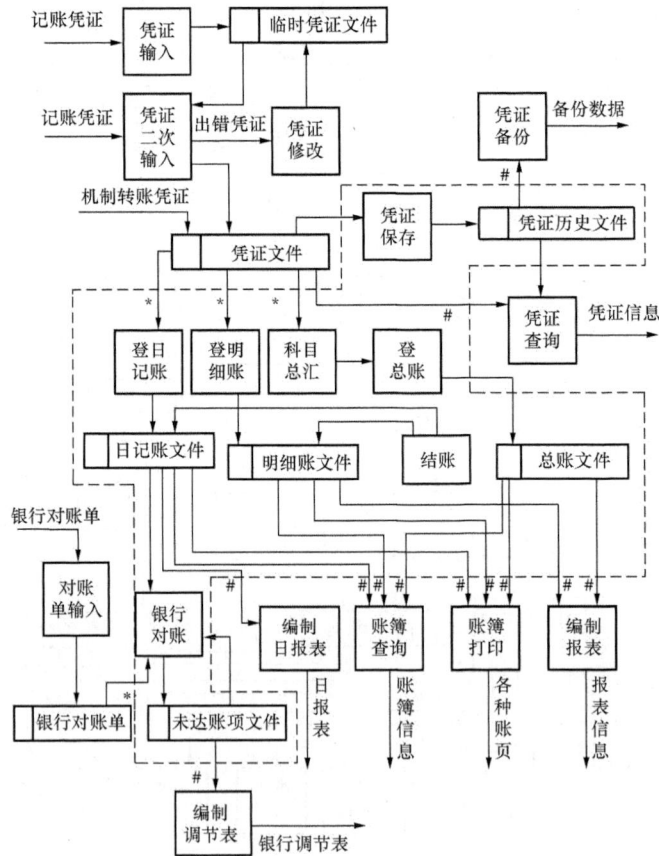

图 5-27　确定输入/输出边界和中心加工区域

3)合理映射。将输入部分、中心加工部分和输出部分的各个数据处理合理地映射到输入控制模块、中心加工控制模块与输出控制模块的下属模块,同时特别注意数据流的对应关系。我们规定,如果进入一个模块的数据流是从数据库获得的,那么这个数据流在系统结构图上就可以不必画出。因为一个模块自己负责直接从数据库获得数据,而不是从该模块的调用模块那里获得数据时，那么该数据流与块间联系无关。相应的，如果一个模块发送数据流到数据库，那么该数据流也不必在系统结构图上画出。因为该数据流并没有直接流向该模块的被调用模块，即该数据流与被调用模块也无关。所以，向数据库写入数据和从数据库读取数据在系统结构图中均不必画出，而放在模块说明书中加以说明。

映射结果如图 5-26 所示，即为初始系统结构图。

（2）改进系统结构图。导出初始系统结构图完之后，下一步工作就是对其做逐步改进。系统结构图的改进主要是围绕着结构化设计的基本准则来进行，即模块的高聚合低耦合，模块的影响范围应落在其控制范围之内。尽量使得每一个模块只执行一个功能，模块之间尽量只传送数据流，而且个数应尽可能的少。通常所采用的基本方法是逐一检查每个模块及其界面，找出可以进行改进的地方。

1）权衡结构质量与存储、运行效率的关系，设计或修改数据库，以减弱块间联系。模块之间通过数据库耦合，其块间联系可以减弱，这是有利的一面。但也存在不利的一面，系统需要存储的数据量增大了，这是一对矛盾。从本例来看，日记账文件、明细账文件及总账文件的数据均来自凭证文件，如果从节省存储空间考虑，则也可以不建立这些账簿文件，所需的一切会计信息都直接从凭证文件与凭证历史文件中去检索和处理而得到。但这样的话，模块结构的质量和系统的响应速度就不太理想。这一对矛盾，要根据业务量的大小、用户的要求及系统的运行环境（主要是系统结构与机器的性能指标），权衡利弊，优化解决。

其中账头打印部分的程序功能为：设置计算机系统状态，提示打印纸的规格及走到适当位置，设置打印字体字号，打印账簿名称，打印账簿编制单位，打印账簿编制时间等。

2）进一步分解模块功能，以提高其聚合性，降低编写程序的复杂程度。经过分析可以知道，"账簿打印"这一模块，在实际使用时，由于有日记账、三栏式明细账、多栏式明细账及总账等不同的账页形式，所以，应做进一步的细分，以求功能简化，适应不同形式账页的打印。同理，对"账簿查询模块"也做相应的处理。

账簿的打印，实际上都由两部分组成，一部分是打印账头；另一部分是打印账体。

经此分解细化之后，"账簿打印"与"账簿查询"两部分的结构为如图 5-27 所示的形式。

3）分析输入部分、中心加工部分及输出部分之间的接口，合理调整各个子模块的所属关系，以减弱块间联系，使影响范围落在控制范围之内。

在输入部分当中，"对账单输入"模块的目的完全是为了对账，而"银行对账"模块是在中心加工部分，可以将"对账单输入"模块直接挂到"银行对账"模块下面，如图 5-28 所示。然后，完成逐级细化。细化之后，系统结构图将更合理。如图 5-29 所示为调整、细化之后的账簿打印与账簿查询子模板。如图 5-30 所示为改变"对账单输入"所属关系的系统结构图。

同理，可以将输出部分的"编制调节表"模块也直接挂到中心加工部分的"银行对账"模块之下，如图 5-31 所示。

经过以上这些改进，如图 5-28 所示的初始系统结构图优化为如图 5-32 所示的形式。

4）增强软件对将来可能发生变化的适应性。目前在银行对账时，需事先输入从银行传送过来的对账单数据。随着计算机与网络技术迅速而广泛地普及，将来银行可能直接提供对账软盘等移动存储介质或从网上传送对账数据。这样，就无须再由人工输入对账单，从而可以提高工作效率。此时应该再设计一种对账单的输入模式：移动存储介质转录或网上传入，并在"银行对账"模块下再挂一个"移动存储介质转录对账单"模块，如图 5-33所示。

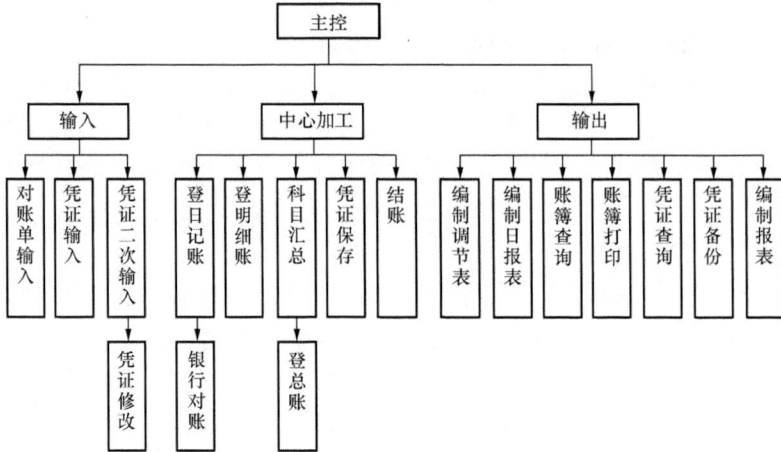

图 5-28　初始系统结构图

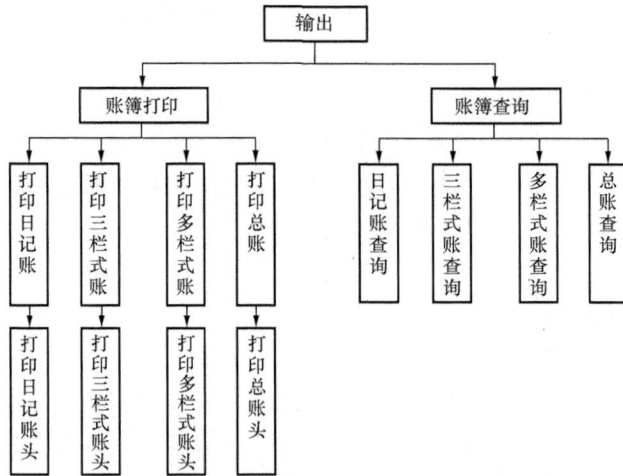

图 5-29　改进后的账簿打印与账簿查询部分的结构

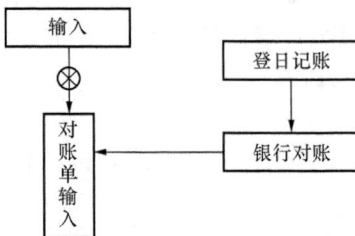

图 5-30　改变"对账单输入"所属关系

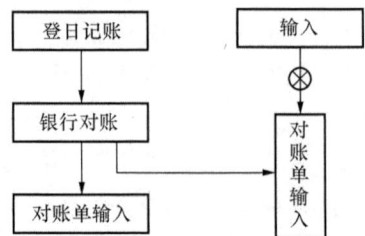

图 5-31　改变"编制调节表"所属关系

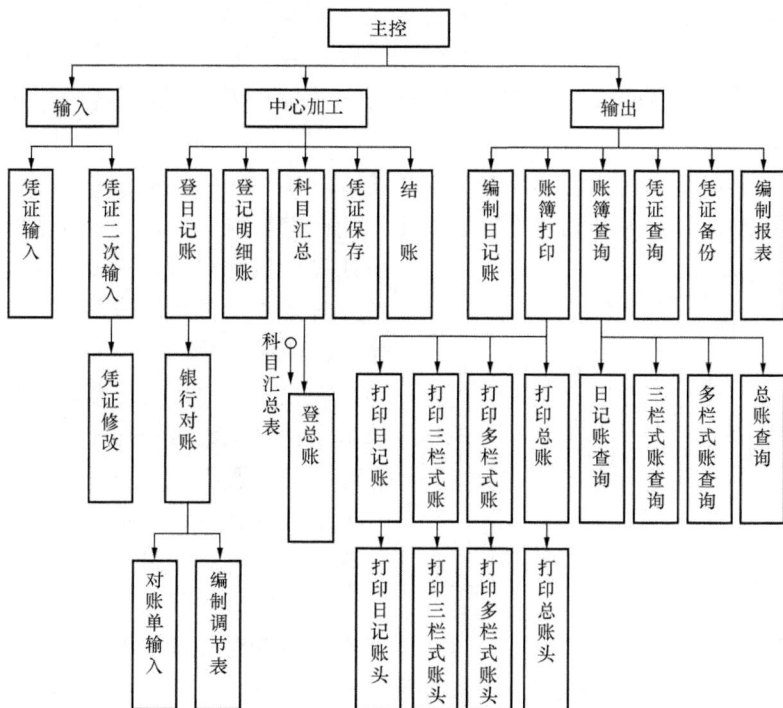

图 5-32　部分优化后的系统结构图

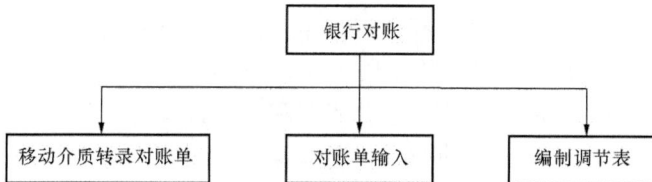

图 5-33　两种对账单录入方式

　　经过以上这些改进，如图 5-28 所示的初始系统结构图优化为如图 5-32 所示的形式。

　　4）增强软件对将来可能发生变化的适应性。目前在银行对账时，需事先输入从银行传送过来的对账单数据。随着计算机与网络技术迅速而广泛地普及，将来银行可能直接提供对账软盘等移动存储介质或从网上传送对账数据。这样，就无须再由人工输入对账单，从而可以提高工作效率。此时应该再设计一种对账单的输入模式：移动存储介质转录或网上传入，并在"银行对账"模块下再挂一个"移动存储介质转录对账单"模块，如图 5-33 所示。

　　5）分析"输入"、"中心加工"和"输出"三个控制模块的特性，去掉漏斗型模块，以缩短执行路径；尽量从功能上规划系统的软件结构，增强软件结构与会计事务结构的对应性，以获得较好的可理解性。

　　现在"输入"模块下都是与凭证输入有关的一些处理，模块名称可以直接改为"凭证输入"。而"凭证修改"模块拟上升一层，这样，无论是在凭证一次输入时还是二次输入时发现有错误凭证的，都可以通过这一模块查出错凭证进行修改。

　　"输出"模块未做任何的数据加工处理工作，是一个漏斗型模块，可以去掉。对原"输出"

模块的下层模块进行重新组织；将"编制日报表"模块归属到"账簿打印"模块之下，两个模块的名称分别改为"打印日报表"和"账表打印"；将"凭证查询"模块归属到"账簿查询"模块之下，并将后者的名称改为"账簿凭证查询"；最后，将"凭证备份"模块归属到"中心加工"模块下。

实际工作当中，"银行对账"这一功能与"登日记账"并无直接的联系。因此，可以将"银行对账"功能独立出来，上升到与"中心加工"相同的层次。同时，由于目前尚不能完全实现计算机自动对账，所以"银行对账"功能应当分解为"计算机对账"与"人工对账"两部分，如图 5-34 所示。

现在"中心加工"模块所控制的下属模块基本上都是围绕着登账工作展开的：将每一张记账凭证的数据登入日记账和明细账；定期将一批记账凭证做科目汇总，进而将其结果登入总账；然后将这一批记账凭证转存到凭证历史文件中；定期对日记账、明细账和总账做结算工作；定期对凭证数据进行备份，以便分离保存，确保会计数据的安全。这些都是账务处理的核心工作，并且有一定的先后次序和规则。故"中心加工"这一控制应保留，但其名称应改为"登账"。此外，"登总账"和"凭证保存"这两个功能虽然与"科目汇总"功能完全不同，一个是其直接后续工作，另一个是其间接后续工作。但是，这两个模块的功能都过于简单，只需用几条程序语句即可实现。因此，完全可以在科目汇总完成之后，直接将其结果记入总账（科目汇总文件），然后将这批记账凭证转存到凭证历史文件当中。所以，把"登总账"和"凭证保存"这两个模块取消，而其功能均并入"科目汇总"模块。这样做的结果是既取消了"科目汇总表"这一数据，又简化了系统结构，如图 5-35 所示。

增设系统维护模块：为了使系统能够正确、安全、可靠地按照设计要求运行，一般都需要设置一个系统维护模块，以进行系统初始化、代码维护、权限设置等项工作。其结构如图 5-36 所示。

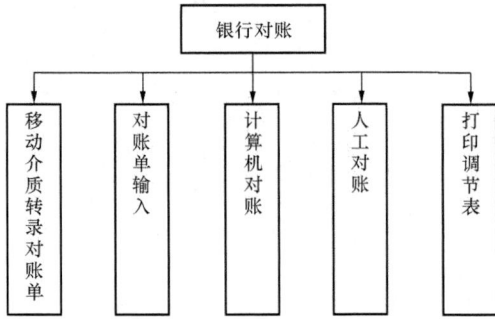

图 5-34　改进后的银行对账部分结构

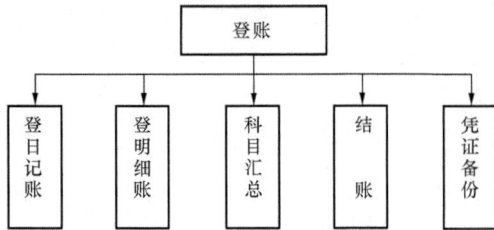

图 5-35　改进后的登账部分结构

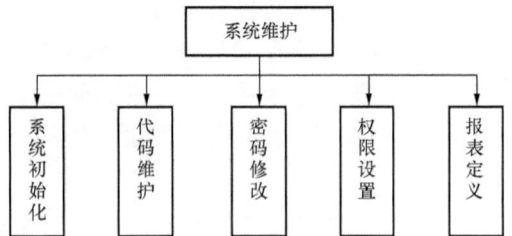

图 5-36　系统维护模块

至此，系统结构图的优化工作全部结束，如图 5-37 所示即为它的最后形式。

通过以上讨论可以看出，系统结构图的设计与优化主要依赖于：①对结构化系统分析与设计方法的理解和掌握的程度；②对系统业务流程的全面了解及对各项具体业务工作的熟知；③丰富的实践经验。

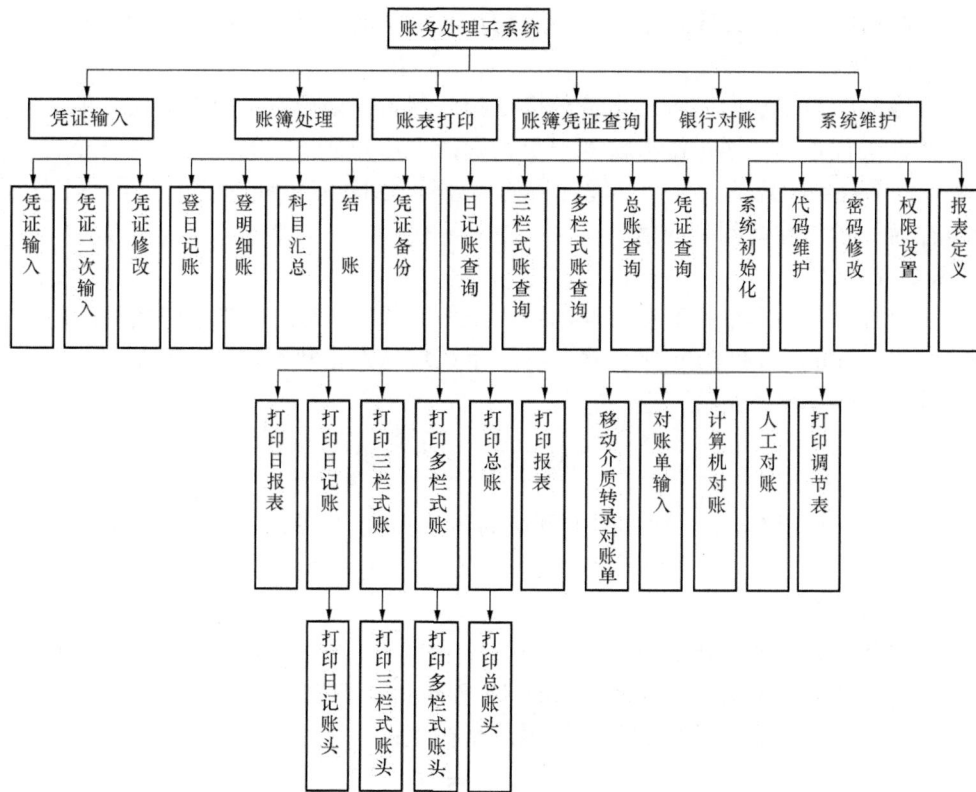

图 5-37　最终的系统结构图

绘制系统结构图的过程，也是确定目标系统物理模型的过程。因此，应当同时考虑模块逻辑处理的物理实现方式，系统中各种人员设备的具体配备要求，并要考虑数据的存储方式以及其他一些具体的设计细节。这些内容将分别在以下各节中进行讨论，如图 5-37所示。

5.4　系统硬、软件配置

计算机化的信息系统是以计算机系统为核心建立起来的，因此计算机系统硬件和软件的配置是系统设计的重要工作之一。应当从信息系统的目标出发，根据系统的环境情况、功能需要，同时充分考虑我国的国情及各方面的制约条件，确定合适的系统处理方式和体系结构，精心进行硬、软件的选择和配置。系统的硬、软件配置，也就是系统的物理结构。对于不同的系统应用环境，不同的性能指标要求，系统的物理结构也不一样。

5.4.1　系统性能指标

衡量一个计算机信息系统的好坏，常用的性能指标有系统的吞吐量、响应时间、可靠性、可维护性、安全保密性、可用性及其他。

1. 系统吞吐量

系统吞吐量是指单位时间内计算机的处理能力，包括单位时间内数据的输入/输出能力、主机处理能力及主机与外设之间或主机与主机之间的信息交换能力。对于信息系统来说，那就是单位时间内能处理几张输入单据、能登录几笔账、能输出多少相关管理信息等。

2. 系统响应时间

系统响应时间是指从向系统发出请求指令起，到系统处理后给出应管信息的时间。例如要对会计凭证进行查询，通过键盘输入一个查询请求，如某一日的凭证、某一个会计科目的凭证、某一范围金额的凭证或某一个凭证号的凭证等，到该张凭证的信息在屏幕上显示出来，一般要求在若干秒内能得到响应信息。

3. 系统可靠性

系统可靠性是指该系统在服务时间内可靠工作的程度，常用平均故障的间隔时间（Mean Time Between Failure，MTBF）来衡量。它表示系统从发生故障进行修复后到下一次发生故障的时间间隔的平均值

$$MTBF = \sum_{i=1}^{n} \frac{t_i}{n} \tag{5-1}$$

式中，t_i 为第 $i-1$ 次故障与第 i 次故障的间隔时间（$i=1$，2，3，…，n）；n 为故障发生的总次数。

4. 系统可维护性

系统可维护性是指系统出了故障或者系统环境发生了变化之后，经过维护仍能正常工作的特性，一般用平均修复时间（Mean Time To Repair，MTTR）来衡量。它表示系统从发生故障之后开始修理，到重新使用的时间间隔的平均值：

$$MTTR = \sum_{i=1}^{n} \frac{t_i}{n} \tag{5-2}$$

式中，t_i 为第 i 次故障的修复时间，它包括故障诊断时间、故障排除时间和调试时间等（$i=1$，2，3，…，n）；n 为故障修复总次数。

5. 系统安全保密性

系统安全保密性是指对系统硬件和软件的防护，避免因自然灾害和系统的非授权使用，使系统信息、数据文件、系统程序等免遭偶然的或人为的非法泄露、修改、甚至破坏，保证系统安全地、不间断地正常运行。这主要是通过法律、政策、制度和硬件、软件等多种方法、多层次的安全措施，使安全方面的损失和破坏发生的概率最小。

6. 系统可用性及其他

系统的可用性一般用设备的利用率来进行度量，它表示单位时间内系统能提供服务的比率：

$$U = \frac{MTBF}{MTBF + MTTR} \tag{5-3}$$

此外，系统硬、软件的兼容性也应充分考虑，以便使系统将来便于对其的扩充。

5.4.2 系统的物理结构与设备配置

信息系统的物理结构有多种，在计算机信息系统当中，目前常用的体系结构有三种，即单机结构、联机结构与网络结构。

1. 单机结构

单机结构是指单主机的结构形式，它通常是用一台计算机加上相应的外部设备，来完成数据的输入、处理和信息的输出。单机结构的硬件配置如图 5-38 所示。

图 5-38 单机结构原理图

单机结构里的中央处理机，可以是任何档次的一台计算机。目前微机在处理速度、存储容量及输入/输出能力等方面都达到了一个较高的水平。选择原则如下。

（1）选择技术上成熟可靠的标准系统机型。

（2）具有良好的兼容性、可扩充性与可维修性；有良好的性价比。

（3）厂家或供应商的技术服务与售后服务好。

（4）操作方便。

（5）在一不定期时间内能保持一定的先进性。

单机结构的软件主要包括操作系统、编译系统、数据库管理系统及支持软件等，在此基础上来运用各种应用软件。

单机结构的主要特点是投资少，见效快，操作简便，对环境要求不高，但功能较弱，数据处理能力不够强，一般只适合于一些小型的信息系统或子系统。

2. 联机结构

联机结构是指由一台计算机和多个本地及远程终端，通过通信线路连接而成的单主机结构形式。联机结构如图 5-39 所示。

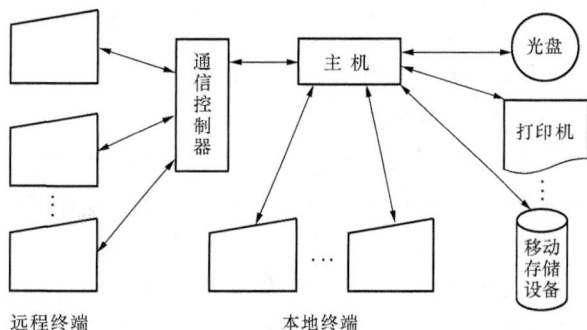

联机结构一般是采用一台中型机或大型机作为主机的集中式系统结构。为满足系统的可靠性要求，必要时还应采用双机或双工的体系，并根据需要配置终端的数目，确定终端布局、终端类型及终端与主机的连接方式。对远程终端还要确定通信线路、通信方式及通信规程等。

图 5-39 联机结构原理图

联机结构的硬件，包括主机系统硬件、通信设备和终端设备等三个部分。主机系统硬件包括主机及主机所属的通用外围设备，如打印机、复印机、绘图仪等，还包括位于通信线路与主机之间控制数据收发的通信控制器。通信设备包括用于通信传输的调制解调器和传输介质（线缆），还包括用于通信控制的多路转换器、集中器和分支设备等。终端设备根据需要可以是简易终端或微机。

联机结构的软件除了单机所配置的一般软件之外，还必须有称为联机操作系统的一套综合管理程序，它包括通信管理程序、输入/输出控制程序、队列控制程序等。

3. 网络结构

网络结构是指将安装在不同场所的各计算机及输入/输出设备用一个局域网络连接起来，从而构成一个系统的结构形式。在网络结构里，各台计算机都能独立地进行数据处理，其资源是分布的，但又能共享系统资源。

网络结构下需要考虑的因素较多，如网络的拓扑结构、网络带宽、传输介质、网络服务器、网络共享设备、网络工作站、网络互联部件、网络数据库及其他网络软件等。

微机局域网的结构形式有总线型、环型、星型等多种，如图 5-40 所示为两种网络结构的示意图。

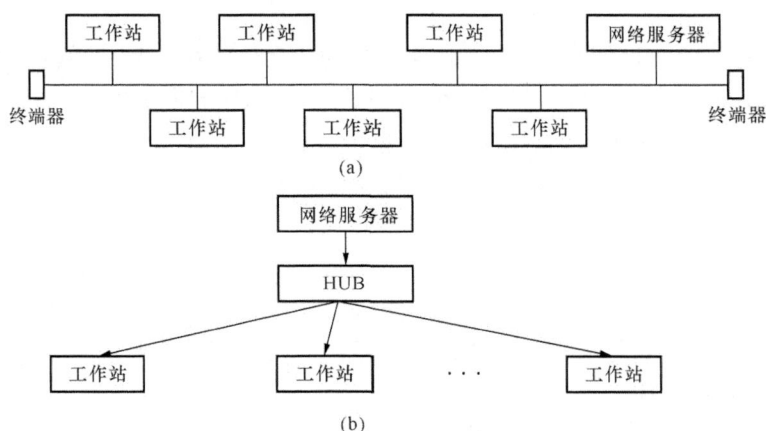

图 5-40　网络结构原理图

（a）总线型；（b）星型

网络结构的硬件包括某种拓扑结构下的微机局域网、网络服务器、网络工作站、某种带宽的传输介质及连接部件等。

网络结构的软件除了在网络服务器与网络工作站上应配置一般微机所必备的软件之外，还必须配备的网络系统软件主要有网络操作系统、网络数据库管理系统及网络通信与协议软件等。

企业级的管理信息系统几乎都是分布式结构，整个系统由若干个相互联系、资源共享的子系统组合成网络。子系统在地理位置上分散设置，逻辑上具有独立处理功能，子系统之间具有同一的工作规范化、技术要求和网络协议。在网络设计之前，必须明确主机和工作站的位置，网络中任意两个结点间的通信量和通信链路。

无论选择哪种系统配置，都应仔细考虑以下几个方面的问题。

（1）系统性能要求。主要包括用户对信息的要求、系统吞吐量、系统响应时间、系统服务时间、系统安全可靠性等。根据这些估算出对计算机系统的运算速度、存储容量及对结构体系和外部设备的具体要求。

（2）系统环境条件。主要考虑应用环境的布局、数据源点的分布、具体用户的分布及其对数据管理和使用的要求。当设备配置适应于环境条件时，使用会更方便。

（3）系统开发费用。应考虑是采取集中一次性投资还是分期逐步投资，因为投资能力的大小将直接影响系统设备配置方案的确定。

（4）设备的市场供应情况。要清楚地了解当地市场上的优选或主力系列机型、各种型号机器的性能价格比、机器的一贯质量等，尤其需要掌握其售后服务的能力，如服务态度、维修技术水平、服务网点设置及服务响应时间等方面的情况。

至此，系统的总体设计工作基本完成。这一步工作是非常重要的，它的好坏将影响到系统全局的好坏，系统总体设计工作完成得好，那么在系统详细设计阶段和系统实施阶段才不会出现影响全局的变动和差错。

5.5　代　码　设　计

代码又称编码，它是客观实体的名称、属性、状态等内容的标识。例如，用来表示每一位职工的职工号就是一种代码。在信息系统中，代码是一连串分母、数字、符号的组合，它是人和计算机的共同语言，是使用计算机对信息进行分类、核对、统计和检索的关键，因而代码设计是实现一个信息系统的前提条件。采用代码可以使数据表达标准化，简化程序设计，加快数据输入速度，降低出错率，节省存储空间，提高数据处理的速度。代码设计必须从整个企业管理信息、系统的全局统筹长远地考虑，统一组织领导，广泛征求相关部门的意见，以便设计出一套实用优化的代码系统。

5.5.1　代码设计的原则

在现行的信息系统当中，一般都已存在着一套代码。但是，这套代码不一定适合计算机的处理，而且往往不科学、不统一。为此，应该对本系统所使用的代码进行调查研究和统一规划，以便进行重新设计或修订。

代码设计的好坏，将直接影响整个系统的质量、实用性和生命力。如果代码设计不合适，对其进行的小修改，会影响多个数据文件和程序的修改，而代码系统的大变动则会引起整个数据库的重要设计和建立。因此代码设计一定要作全面的考虑和仔细的推敲，逐步优化，切忌草率行事。在代码设计与优化的过程中，一般应该遵循以下几项原则。

（1）唯一确定性。一个对象可能有多个名称，也可按不同的方式对它进行描述。但在一个编码体系中，一个对象只能赋予它一个唯一的代码，反之一个代码只能唯一地标识一个对象，不允许重码、乱码、错码。

（2）可扩充性。代码结构应能适应系统的发展和变化。当实体的集合不断增加扩大时，应可直接利用原代码加以扩充，而不需要重新设计代码系统。

（3）易识别性。代码既要便于人们在使用时容易识别和记忆，又要便于计算机对其进行识别和处理。设计出的代码应具有逻辑性强、直观的特点，尽量避免一些读音与字形容易混淆的符号，如字母 O、I、Z、S、V 与 0，1，2，5，U 等混用。

（4）简短性。在不影响代码系统的容量和可扩充性的情况下，代码长度越短越好。因为随着码长的增加，出错率也随之增加，同时也增加了收集、存储、加工和输出信息的负荷。

（5）标准化。代码设计一定要尽可能的标准化，凡国家和主管部门已有统一标准和规定的，则应采用标准代码形式，不要另设一套。例如总账科目编号，财政部已有统一规定，应遵照采用，也便于通用化。对于国家与主管部门没有制定统一标准和规定的，也应按照本企业标准化的需要来进行设计。

（6）容易修改：当某个代码在条件、特点或代表的实体关系改变时，容易进行变更。

5.5.2　代码的主要种类

代码的种类很多，常用的主要有以下几种。

1. 顺序码

顺序码由连续的数字所组成；对代码对象从头开始按自然数顺序进行连续编码。例如我国各省、自治区、直辖市的名称，可用顺序码进行编码如下。

代码对象：北京　　上海　　天津　　重庆　　黑龙江……

代　　码：　01　　　02　　　03　　　04　　　　　05……

再如郑州航院各系部编码也是顺序码：

代码对象：会计学院　　工商管理学院　　物资经贸学院　　信息科学学院……

代　　码：　01　　　　02　　　　　　03　　　　　　　04……

顺序码由于没有逻辑含义作为基础，一般不能说明信息的任何特征，且不易进行分类处理。但它的优点是简单明了，短小精悍。

2. 分组码

将一定位长的代码根据需要分成若干组，代码中的每一组都有一定的含义。例如学生的学号，可用分组码进行编码如下。

　　　01　　　　04　　　　6　　　　1　　　　58

（2001 级）（四院）（专业）（班级）（班内序号）

再如公民身份号码是特征组合码，由 17 位数字本体码和一位校验码组成。排列顺序从左至右依次为：前六位数字地址码，表示编码对象常住户口所在县（市、旗、区）的行政区划代码，按 GB/T2260 的规定执行；八位数字出生日期码（第 7 位至第 14 位），表示编码对象出生的年、月、日，按 GB/T7408 的规定执行，年、月、日代码之间不用分隔符；三位数字顺序码（第 15 位至第 17 位），表示在同一地址码所标识的区域范围内，对同年、同月、同日出生的人编定的顺序号，顺序码的奇数分配给男性，偶数分配给女性；最后一位数字校验码，作为尾号的校验码，是由号码编制单位按统一的公式计算出来的，如果某人的尾号是 0~9，则不会出现 X，但如果尾号是 10，那么就得用 X 来代替，因为如果用 10 做尾号，那么此人的身份证就变成了 19 位。X 是罗马数字的 10，用 X 来代替 10，可以保证公民的身份证符合国家标准。

分组码的优点是代码对象分类基准明确，每一组都有特定的分类意义，容易记忆与追加，其缺点是占用位数较多。信息系统中的代码许多都采用分组码，因为分组码十分便于进行分类处理。

3. 块码

按照代码对象所具有的共同特性将代码分成若干块，在每一个块内再按顺序号进行编码。例如全国范围硕士研究生招生专业目录及名称代码即块码如下。

```
01  哲学
02  经济学
     ·
     ·
12  管理学
   1201 管理科学与工程
      120100 管理科学与工程
```

　　　　1202 工商管理
　　　　　　120201 会计学
　　　　　　120202 企业管理(含：财务管理、市场营销、人力资源)
　　　　　　120203 旅游管理
　　　　　　120204 技术经济及管理
　　　　1203 农林经济管理
　　　　　　120301 农业经济管理
　　　　　　120302 林业经济管理
　　　　1204 公共管理
　　　　　　120401 行政管理
　　　　　　120402 社会医学与卫生事业管理
　　　　　　120403 教育经济与管理
　　　　　　120404 社会保障
　　　　　　120405 土地资源管理
　　　　1205 图书馆、情报与档案管理
　　　　　　120501 图书馆学
　　　　　　120502 情报学
　　　　　　120503 档案学

块码占用位数不多，而且区分功能较强。但缺点是当分组过多时，处理起来不太方便。

4. 助记码

将代码对象的名称、规格等用汉语拼音或缩写等形式编成代码，帮助记忆。例如：

TV-B-14　表示 14 英寸黑白电视机
TV-C-29　表示 29 英寸彩色电视机
ZCL　表示总产量

助记码适用于数据较少的情况，否则容易引起联想错误。优点是直观明了，而缺点则是处理不便。

5. 缩略码

它是从代码对象的名称中提取几个常用的关键字母作为代码。例如：

代码对象　　　　代码
男　　　　　　　M
女　　　　　　　W
千克　　　　　　KG
毫米　　　　　　MM
总额　　　　　　AMT
合同　　　　　　Cont(contract)
发票号　　　　　Inv.No(invoice number)

缩略码实际上是助记码的特例，其优点是容易理解与记忆，而缺点则是应用有局限性。

5.5.3　代码设计步骤

代码的设计实际上是从编制数据字典时开始考虑的，代码的对象主要是数据字典中的有关数据项。设计代码的工作大致可按以下步骤进行。

（1）明确代码目的。

（2）决定代码对象。对所要处理的所有信息逐项进行研究，以决定哪些项目需要代码化。对已经存在代码的对象要整理出代码调查书，以便重新研究。

（3）决定代码使用范围和期限。

（4）分析代码对象的特性，包括代码使用频率、变更周期、追加删除情况及处理要求等。

（5）决定代码结构。

（6）对每一种代码编写代码设计书，其格式如图 5-41 所示。

代码设计书

代码对象			
编码目的			
使用范围		使用期限	
代码结构：			
编码要点：			

图 5-41　代码设计书

（7）汇集全部的代码设计书编制成代码本，并建立相应的代码管理制度，以便于代码的使用与维护。

5.5.4　代码校验

在数据处理的过程中，一些重要代码的出错可能会带来很大的损失。为了尽可能保证代码在录入过程中的无误性，通常有意识地在代码后添加一位或多位校验位。校验位是通过某种事先约定的数学方法计算得来。计算机在取得代码后，按同样的方法计算出校验位，再与代码后的校验位相比较，如果两个值相同则代表录入无误，如果两个值不同则代表录入的过程中发生了错误，需要重新检查错误。

1. 求代码校验位的步骤

（1）位码加权求和。设有一组代码为 C1 C2 C3 C4…Cn

第一步：为设计好的代码的每一位 Ci 确定一个权数 Pi，权数可为算术级数（1，2，3，…）、几何级数（2，4，8，16，…）或质数（2，3，5，7，…）等。

第二步：求代码每一位 Ci 与其对应的权数 Pi 的成绩之和 S，

S=C1*P1+C2*P2+…+Ci*Pi=$\sum$Ci*Pi（i=1，2，…，n）

（2）以模除和取余数。确定模 M，模数可取一个方便运算的整数。

取余 R=SMOD（M）

校验位 Ci+1=R

最终代码为：C1 C2 C3 C4 … Ci Ci+1

使用时：C1 C2 C3 C4 … Ci Ci+1

例如，原设计的一组代码为五位，如 32456，确定权数为 7，6，5，4，3 求代码的每一

位 C_i 与其对应的权数 P_i 的成绩之和 S，

S= C1*P1+C2*P2+···+Ci*Pi（i=1，2，···，n）=3*7+2*6+4*5+5*4+6*3 =91

确定模 M，M=11

取余 R，R = SMOD（M）= 91MOD（11）=3

校验位 C_i+1 = R = 3

最终代码为：C1C2C3C4···CiCi+1，即 324563

使用时为：324563

该组代码中的其他代码按此算法，分别求得校验位，构成新的代码。

2. 检查输入代码的正确性

检查输入代码正确性的方法很多，最常用的是，将输入的代码前 n-1 位（即不包括校验位）对应乘以原来的位权相加求和，该和减去校验位值后除以原来的模，若余数为 0，则表示代码正确，否则为错。

检验过程如下。

（1）输入代码 324563（末位是校验位），位权为 76543。

（2）位码乘权相加求和：3*7+2*6+4*5+5*4+6*3=91。

（3）和减去校验位对模求余：R=MOD（（91-3），11）=0。

（4）判断余数是否为 0。

输入代码是输入实体记录时人工完成的，第（2）～（4）步均是通过运行代码校验程序自动处理。当余数 R≠0 时，可给出屏幕提示重新输入代码。

5.6 数 据 库 设 计

在信息系统当中，总是存储有大量的数据和信息。这些信息在系统里如何存放？为了高效方便地使用这些信息，如何对其进行组织与管理？所有这些问题也都需要在系统设计时给予解决。

在近年来开发的信息系统中，数据的存储与管理大多采用了数据库系统。数据库是在文件系统的基础上发展起来的一种数据管理技术。当然，数据库也是由各种各样的数据文件所组成的，但在数据库系统中提供了对数据的访问机制，能够动态地、有组织地存储大量相互关联的数据，并能以最佳的存取路径、最快的查询效率、最少的数据冗余为多种应用目的服务。它与传统的文件系统的主要区别是数据能够充分共享，应用程序与数据存储彼此独立。

本节所介绍的数据库设计是指在现有数据库管理系统的基础上建立数据库的过程。其设计的主要依据是系统分析阶段提供的数据流程图、数据字典及所使用的数据库管理系统提供的功能和描述工具。其主要任务是设计出能够反映实际信息关系、数据冗余少、存储效率高、易于实施与维护，并能满足各种应用要求的数据模型。

在数据库设计中常用的一种实用方法称之为实体——联系方法（Entity-Relations Approach），简称为 E-R 方法。其整个设计过程分为四个阶段。

（1）概念模型设计。通过对现实世界的信息流进行分析、选择、命名、分类、综合之后，用 E-R 图对其进行描述，称之为概念模型。

（2）逻辑模型设计。通过对 E-R 图的改进和优化，将其转换成某一个数据库管理系统

（例如 FoxPro）能够接受的数据模型，称之为逻辑模型。

（3）物理设计。解决数据在计算机存储器上如何组织与存取等问题，使之既能够节省存储空间，又能够提高存取数据的速度。

（4）数据库实现。利用数据库管理系统所提供的数据描述命令和数据操作命令，对通过前三个步骤所得出的设计结果，进行描述和各种数据操作。这一步工作实际上是在系统实施阶段进行。

5.6.1　数据库管理系统的功能与组成

数据库管理系统（Data Base Management System，DBMS）是数据库系统的核心，是为数据库的建立、使用和维护而配置的软件。它建立在操作系统的基础上，是位于操作系统与用户之间的一层数据管理软件，负责对数据库进行统一的管理和控制。DBMS 还承担着数据库的维护工作，能够按照数据库管理员所规定的要求，保证数据库的安全性和完整性。

1. DBMS 的功能

由于不同 DBMS 要求的硬件资源、软件环境不同，因此其功能与性能也存在差异，但一般来说，DBMS 的功能主要包括以下六个方面。

（1）数据定义。数据定义包括定义构成数据库结构的模式、存储模式和外模式，定义各个外模式与模式之间的映射，定义模式与存储模式之间的映射，定义有关的约束条件。

（2）数据操纵。数据操纵包括对数据库数据的检索、插入、修改和删除等基本操作。

（3）数据库运行管理。数据库运行管理包括对数据库进行并发控制、安全性检查、完整性约束条件的检查和执行、数据库的内部维护（如索引、数据字典的自动维护）等，以保证数据的安全性、完整性、一致性及多用户对数据库的并发使用。

（4）数据组织、存储和管理。对数据字典、用户数据、存取路径等数据进行分门别类地组织、存储和管理，确定以何种文件结构和存取方式物理地组织这些数据，如何实现数据之间的联系，以便提高存储空间利用率以及提高随机查找、顺序查找、增、删、改等操作的时间效率。

（5）数据库的建立和维护。建立数据库包括数据库初始数据的输入与数据转换等。 维护数据库包括数据库的转储与恢复、数据库的重组织与重构造、性能的监视与分析等。

（6）数据通信接口。DBMS 需要提供与其他软件系统进行通信的功能。例如提供与其他DBMS 或文件系统的接口，从而能够将数据转换为另一个 DBMS 或文件系统能够接受的格式，或者接收其他 DBMS 或文件系统的数据。

2. DBMS 的组成

为了提供上述六方面的功能，DBMS 通常由以下四个部分组成。

（1）数据定义语言及其翻译处理程序。数据定义语言（Data Definition Language，DDL）供用户定义数据库的模式、存储模式、外模式、各级模式间的映射、有关的约束条件等。用DDL 定义的外模式、模式和存储模式分别称为源外模式、源模式和源存储模式，各种模式翻译程序负责将它们翻译成相应的内部表示，即生成目标外模式、目标模式和目标存储模式。这些目标模式描述的是数据库的框架，而不是数据本身。这些描述存放在数据字典（也称系统目录）中，作为 DBMS 存取和管理数据的基本依据。

（2）数据操纵语言及其翻译解释程序。数据操纵语言（Data Manipulation Language，DML）用来实现对数据库的检索、插入、修改、删除等基本操作。

（3）数据运行控制程序。系统运行控制程序负责数据库运行过程中的控制与管理（包括系统初启程序、文件读写与维护程序、存取路径管理程序、缓冲区管理程序、安全性控制程序、完整性检查程序、并发控制程序、事务管理程序、运行日志管理程序等）。

（4）实用程序。实用程序包括数据初始装入程序、数据转储程序、数据库恢复程序、性能监测程序、数据库再组织程序、数据转换程序、通信程序等。

信息系统都是以数据库系统为基础，一个好的数据库管理系统对管理信息系统的应用有着举足轻重的重要影响。在数据库管理系统的选择上，主要考虑：①数据库的性能；②数据库管理系统的系统平台；③数据库管理系统的安全保密性能；④数据的类型。

目前，市场上数据库管理系统较多，流行的有 Oracle、Sybase、SQL Server、FoxPro 等，Oracle、Sybase 均有大型数据库管理系统，运行于客户—服务器等模式，是开发大型 MIS 的首选，FoxPro 在小型 MIS 中最为流行。Microsoft 推出的 Visual FoxPro 在大型管理信息系统开发中也获得了大量应用，而 Informix 则适用于中型 MIS 的开发。

5.6.2 概念模型设计

概念模型是一种面向问题的数据模型，它描述了从用户角度看到的数据库的内容及其联系，是一种纯粹的现实反映，而与存储结构、存取方式等数据库的具体实现内容无关。

用实体—联系方法来描述概念模型时，是通过 E-R 图来实现的。E-R 图有三种基本成分：实体、联系和属性。

（1）实体。实体是现实世界中客观存在的事物，例如凭证、账簿、报表等都是实体。在 E-R 图中，实体用方框表示，方框中写明实体的名称，如图 5-42 所示。

（2）联系。实体之间可能存在着各种联系，这种联系通过信息系统的功能活动表现出来，例如记账凭证与科目汇总表之间有一种联系——科目汇总。在 E-R 图中，联系用一个带有两条以上连线的菱形框表示，菱形框中写明联系的名称，它往往是一个动词短语，如图 5-43 所示。

实体之间通过"联系"发生关系，在 E-R 图中还应注明这种关系的类型：一对一（1:1）、一对多（1:N）或多对多（N:M）。例如，部门实体与职工实体之间的联系是一对多的；记账凭证实体与科目汇总表实体之间的联系是多对多的。

（3）属性。实体或联系的性质就是属性，例如记账凭证有凭证号、凭证日期、凭证摘要、借方科目、贷方科目、金额等属性。属性具有值。在 E-R 图中，属性用一个带有一条连线的圆圈表示，圆圈中写明属性的名称，如图 5-44 所示。

记账凭证	科目汇总	凭证号
图 5-42 实体表示	图 5-43 联系表示	图 5-44 属性表示

我们通常可以用实体的某一个属性来唯一区分实体中的各个记录，这个属性就称为关键字。例如可以用科目编号来唯一区分科目汇总表中的各个记录，这个科目编号就是关键字。对于实体之间的联系，我们可以采用与联系相关的各个实体的关键字的组合来识别。例如可以用凭证号和科目编号的组合，来识别科目汇总这个反映记账凭证与科目汇总表两个实体之间的关系。

下面给出一个完整的 E-R 图的例子（见图 5-45），使我们对概念模型有一个总体的印象。

概念模型在用户与设计人员之间起着一个桥梁的作用，由于人们通常就是用实体、联系和属性这三个概念来理解现实问题的，所以实体联系方法非常接近于人的思维方式，而且它采用简单的图形来表达人们对现实的认识和理解，因而人们很容易接受它。概念模型一方面表达了用户所要求的一个数据模型；另一方面这个模型又是设计数据结构的基础。因此，建立概念模型是数据库设计当中的一个关键。并且由于概念模型不涉及数据库系统的具体实现，所以如果改用新的数据库系统时，只要从 E-R 图出发去设计数据库逻辑模型即可，非常简便灵活。

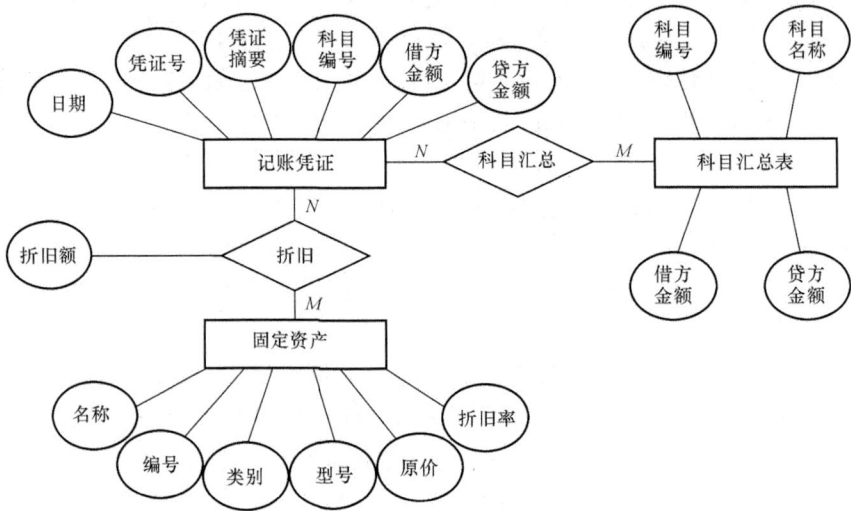

图 5-45　实体联系图

5.6.3　逻辑模型设计

数据库的逻辑模型设计就是设计数据的结构，即将数据组织成一个和计算机提供的数据库管理系统所采用的数据模型相符合的形式。由于目前在微机上广泛使用关系型的数据库管理系统，所以下面就介绍如何从 E-R 图转换导出关系数据模型。

在 E-R 图中有两类数据，一是实体的数据，二是实体与实体之间联系的数据。所以从 E-R 图转换导出关系数据模型，实际上就是将实体属性和联系属性这两类数据转换成关系数据模型中的关系。其转换的基本规则相应的有以下两条。

（1）一个实体用一个关系来表示。这个关系的属性由实体的所有属性组成，实体的关键字就是这个关系的关键字。如果这个关系是非第三范式的，则应转换使其符合第三范式。如图 5-45 中，记账凭证这一实体的关系数据模型可表示如下。

记账凭证（日期、凭证号、凭证摘要、科目编号、借方金额、贷方金额）

从这一转换中可以看出，关系数据模型的名称就是实体的名称，关系数据模型圆括弧中的数据，即实体的属性集合，与关系数据库的字段相对应。

根据这一转换规则，图 5-45 中其他实体可分别转换成以下几个关系数据模型。

科目汇总表（科目编号、科目名称、借方金额、贷方金额）

固定资产（名称、编号、类别、型号、原价、折旧率）

（2）一个带有属性的联系用一个关系来表示。在多对多的情况下，这个关系的属性由联系的所有属性和构成此联系的每一个实体的关键字组成，构成此联系的每一个实体的关键字组合就是这个关系的关键字。例如图 5-45 中，折旧这一联系的关系数据模型可表示如下。

折旧（凭证号、编号、折旧额）

其中凭证号是记账凭证这一实体的关键字，而编号则是固定资产这一实体的关键字。关系数据模型的名称就是联系的名称。

所有由实体和联系转换得出的关系数据模型的集合，就构成了数据库的逻辑模型。

通常在由概念模型向逻辑模型转化时，要根据实际需要和逻辑设计的规范化要求，合并一些实体集，增删一些关系集等，对逻辑模型的设计进行优化。

5.6.4　物理设计

数据库的物理设计是指为了将数据库的逻辑模型在计算机的物理存储设备上实现，如何组织和存取数据，以建立起一个既节省存储空间，又有较高存取速度的性能良好的物理数据库。

对于不同的数据库管理系统，所提供的物理环境、存储结构和存取方法等性能指标都是不同的。设计人员必须掌握对数据库存储容量和存取速度方面的要求，全面了解数据库管理系统的数据描述功能，存储设备的特性、速度和容量，综合各方面的情况，才能搞好物理设计。物理设计的主要内容包括以下几点。

（1）确定数据的存储结构，也就是将数据库的逻辑模型转换成相应的数据文件。具体地讲就是根据关系数据模型确定每一个数据库文件的文件名，确定文件结构中每一个字段的字段名、字段类型、字段宽度及小数位数等。

（2）对数据进行合理的组织，以有利于对数据存取和提高处理速度。例如，明细账文件是一个还是分成若干个，若分开是按总账科目划分还是按账簿性质划分，哪些数据库文件需要建立相应的索引文件，按什么关键字来建立索引等，都要一一确定。

（3）确定数据的存取路径。例如当期数据与历史数据放在不同的子目录下，以方便对数据的存取、处理和查询。

物理设计完成之后，在系统的实施阶段，要通过数据库管理系统的数据描述和数据操作命令，去一一建立每一个数据库文件的结构，并向有关的数据库文件输入原始数据。

5.6.5　数据库规范化理论

根据实体—联系模型转换的关系模型可以有多种不同的组合，如何在多种可能的组合中选取一个合适的、性能好的关系模式的集合是数据库技术中的一个重要课题。我们运用数据库规范化理论来选择和优化我们的数据库设计。针对一个具体问题，应该如何构造一个适合于它的数据库模式，即应该构造几个关系模式，每个关系由哪些属性组成，各属性之间的依赖关系及其对关系模式性能的影响等。这就是关系数据库规范化理论所要研究的问题。

规范化理论是由埃德加·考特（Edgar Frank Codd）于 20 世纪 70 年代初提出的，目的是要设计"好的"关系数据库模式。规范化是在关系型数据库中减少数据冗余的过程。除了数据以外，在数据库中，对象名称和形式都需要规范化。关系模式要求关系必须是规范化的，即要求关系必须满足一定的规范条件，这些规范条件中最基本的一条就是，关系中的每一个分量必须是一个不可分割的数据项，即不允许表中还有子表。

1. 函数依赖

（1）函数依赖。函数依赖的形式定义：设关系模式 R 的属性集为 U，记为 R（U），X 和 Y 是 U 的子集，若对关系模式 R 的任何当前实例 r 来说，每当两个元组在属性集 X 上值相等时，必须在属性集 Y 上值也相等，则说 X 函数决定 Y，或说 Y 函数依赖 X，记为 $X \to Y$。若 $X \to Y$，并且 $Y \to X$，则 X 与 Y 相互依赖，记为 $X \leftarrow \to Y$。

（2）平凡函数依赖和非平凡函数依赖。设有关系模式 R（U），$X \to Y$ 是 R 的一个函数依赖。若对 U 任何子集 X，Y，如果 Y 包含于 X，则 $X \to Y$ 就是一个平凡函数依赖。例如：$X=\{A, B\}$，$Y=\{B\}$。若 $X \to Y$，但 Y 不包含于 X，则称 $X \to Y$ 是非平凡的函数依赖。

（3）完全函数依赖和部分函数依赖。在关系模式 R（U）中，如果 $X \to Y$，并且对于 X 的任何一个真子集 X'，都有 Y 不依赖于 X'，则称 Y 完全函数依赖于 X；若 $X \to Y$，但 Y 不完全函数依赖于 X，即 $X' \to Y$ 成立，则称 $X \to Y$ 是部分函数依赖。

（4）传递函数依赖。设有关系模式 $R=$（U），若有两个函数依赖：$X \to Y$，$Y \to Z$，且 Y 不属于 X，Z 不属于 Y，X 不函数依赖于 Y，则称 Z 传递依赖于 X。

2. 范式

范式来自英文 Normal Form，简记为 NF。在设计数据库系统时，可能需要将一个关系分解成几个更小的关系。要想设计合理的关系模式，必须使关系满足一定的约束条件。利用函数依赖，可以定义几种范式来衡量数据库设计。

在关系型数据库中，范式是用来衡量数据库规范的层次或深度，数据库规范化层次由范式来决定。根据关系模式满足的不同性质和规范化的程度，把关系模式分为第一范式、第二范式、第三范式、BC 范式、第四范式、第五范式等。范式越高，规范化的程度也越高，关系模式则越好。下面介绍 1～3NF 及 BCNF。

（1）第一范式。在任何一个关系数据库中，第一范式（1NF）是对关系模式的基本要求，不满足第一范式（1NF）的数据库就不是关系数据库。

如果一个关系 R 的所有属性都是不可分的基本数据项，则 $R \in 1NF$。

例如，职工号、姓名、电话号码组成一个表（一个人可能有一个办公室电话和一个家庭电话号码），规范成为 1NF 有以下三种方法。

一是重复存储职工号和姓名。这样，关键字只能是电话号码。

二是职工号为关键字，电话号码分为单位电话和住宅电话两个属性。

三是职工号为关键字，但强制每条记录只能有一个电话号码。

以上三个方法，第一种方法最不可取，按实际情况选取后两种情况。

仅满足 1NF 的关系有许多缺点：重复存储量大，且不易于数据修改；存在插入异常；存在删除异常。造成这些缺点的原因是关系属性间存在完全、部分、传递等函数依赖，解决的办法是消除这些依赖。

（2）第二范式。如果关系模式 R 是第一范式，且每个非码属性都完全函数依赖于码属性，则 $R \in 2NF$。

假定选课关系表为 SelectCourse（学号，姓名，年龄，课程名称，成绩，学分），关键字为组合关键字（学号，课程名称），这个数据库表不满足第二范式（2NF），因为存在如下决定关系：

（学号，课程名称）$\to$（姓名，年龄，成绩，学分）

（课程名称）→（学分）

（学号）→（姓名，年龄）

即存在组合关键字中的字段决定非关键字的情况。

由于不符合 2NF，这个选课关系表会存在如下问题：

1）数据冗余：同一门课程由 n 个学生选修，"学分"重复 $n-1$ 次；同一个学生选修了 m 门课程，姓名和年龄就重复了 $m-1$ 次。

2）更新异常：若调整了某门课程的学分，数据表中所有行的"学分"值都要更新，否则会出现同一门课程学分不同的情况。

3）插入异常：假设要开设一门新的课程，暂时还没有人选修。这样，由于还没有"学号"关键字，课程名称和学分也无法记录入数据库。

4）删除异常：假设一批学生已经完成课程的选修，这些选修记录就应该从数据库表中删除。但是，与此同时，课程名称和学分信息也被删除了。很显然，这也会导致插入异常。

因此，把选课关系表 SelectCourse 改为如下三个表。

学生：Student（学号，姓名，年龄）。

课程：Course（课程名称，学分）。

选课关系：SelectCourse（学号，课程名称，成绩）。

这样的数据库表是符合第二范式的，消除了数据冗余、更新异常、插入异常和删除异常。

所有单关键字的数据库表都符合第二范式，因为不可能存在组合关键字。

（3）第三范式。如果关系模式 R 是第二范式，且没有一个非码属性是传递函数依赖候选码，则 $R \in 3NF$。

因此，满足第三范式的数据库表应该不存在如下依赖关系：

关键字段 → 非关键字段 x → 非关键字段 y

假定学生关系表为 Student（学号，姓名，年龄，所在学院，学院地点，学院电话），关键字为单一关键字"学号"，因为存在如下决定关系：

（学号）→（姓名，年龄，所在学院，学院地点，学院电话）

这个数据库是符合 2NF 的，但是不符合 3NF，因为存在如下决定关系：

（学号）→（所在学院）→（学院地点，学院电话）

即存在非关键字段"学院地点"、"学院电话"对关键字段"学号"的传递函数依赖。

它也会存在数据冗余、更新异常、插入异常和删除异常的情况。

把学生关系表分为如下两个表：

学生：（学号，姓名，年龄，所在学院）；

学院：（学院，地点，电话）。

这样的数据库表是符合第三范式的，消除了数据冗余、更新异常、插入异常和删除异常。

（4）BC 范式。如果关系模式 R 是第三范式，且没有一个码属性是部分函数依赖或传递函数依赖于码属性，则称 R 为扩充第三范式的模式，记为 $R \in BCNF$（Boyce Codd Normal From，鲍依斯—科得范式）模式。

假设仓库管理关系表为 StorehouseManage（仓库 ID，存储物品 ID，管理员 ID，数量），且有一个管理员只在一个仓库工作；一个仓库可以存储多种物品。这个数据库表中存在如下决定关系：

（仓库 ID，存储物品 ID）→（管理员 ID，数量）

（管理员 ID，存储物品 ID）→（仓库 ID，数量）

所以，（仓库 ID，存储物品 ID）和（管理员 ID，存储物品 ID）都是 StorehouseManage 的候选关键字，表中的唯一非关键字段为数量，它是符合第三范式的。但是，由于存在如下决定关系：

（仓库 ID）→（管理员 ID）

（管理员 ID）→（仓库 ID）

即存在关键字段决定关键字段的情况，所以其不符合 BCNF 范式。它会出现如下异常情况：

1）删除异常：当仓库被清空后，所有"存储物品 ID"和"数量"信息被删除的同时，"仓库 ID"和"管理员 ID"信息也被删除了。

2）插入异常：当仓库没有存储任何物品时，无法给仓库分配管理员。

3）更新异常：如果仓库换了管理员，则表中所有行的管理员 ID 都要修改。

把仓库管理关系表分解为两个关系表。

仓库管理：StorehouseManage（仓库 ID，管理员 ID）；

仓库：Storehouse（仓库 ID，存储物品 ID，数量）。

这样的数据库表是符合 BCNF 范式的，消除了删除异常、插入异常和更新异常。

范式应用。

满足范式要求的数据库设计是结构清晰的，同时可避免数据冗余和操作异常。这意味着不符合范式要求的设计一定是错误的，在数据库表中存在 1:1 或 1:N 关系这种较特殊的情况下，合并导致的不符合范式要求反而是合理的。在我们设计数据库的时候，一定要时刻考虑范式的要求。

（5）案例分析。我们来逐步完成一个论坛的数据库，有如下信息：

1）用户：用户名，E-mail，主页，电话，联系地址。

2）帖子：发帖标题，发帖内容，回复标题，回复内容。

第一次将数据库设计为仅仅存在表：

（用户名 E-mail 主页 电话 联系地址 发帖标题 发帖内容 回复标题 回复内容）

这个数据库表符合第一范式，但是没有任何一组候选关键字能决定数据库表的整行，唯一的关键字段用户名也不能完全决定整个元组。我们需要增加"发帖 ID"、"回复 ID"字段，将表修改为

（用户名 E-mail 主页 电话 联系地址 发帖 ID 发帖标题 发帖内容 回复 ID 回复标题 回复内容）

这样数据表中的关键字（用户名，发帖 ID，回复 ID）能决定整行：

（用户名，发帖 ID，回复 ID）→（E-mail，主页，电话，联系地址，发帖标题，发帖内容，回复标题，回复内容）

但是，这样的设计不符合第二范式，因为存在如下决定关系：

（用户名）→（E-mail，主页，电话，联系地址）

（发帖 ID）→（发帖标题，发帖内容）

（回复 ID）→（回复标题，回复内容）

即非关键字段部分函数依赖于候选关键字段，很明显，这个设计会导致大量的数据冗余和操作异常。

接下来将数据库表分解如下（带下画线的为关键字）。

1）用户信息：<u>用户名</u>，E-mail，主页，电话，联系地址。

2）帖子信息：<u>发帖 ID</u>，标题，内容。

3）回复信息：<u>回复 ID</u>，标题，内容。

4）发帖：<u>用户名</u>，发帖 ID。

5）回复：<u>发帖 ID</u>，回复 ID。

这样的设计是满足第 1、2、3 范式和 BCNF 范式要求的，但是这样的设计是不是最好的呢？不一定。

观察可知，第 4 项"发帖"中的"用户名"和"发帖 ID"之间是 $1:N$ 的关系，因此我们可以把"发帖"合并到第 2 项的"帖子信息"中；第 5 项"回复"中的"发帖 ID"和"回复 ID"之间也是 $1:N$ 的关系，因此我们可以把"回复"合并到第 3 项的"回复信息"中。这样可以一定量地减少数据冗余，新的设计为

1）用户信息：用户名，E-mail，主页，电话，联系地址。

2）帖子信息：用户名，发帖 ID，标题，内容。

3）回复信息：发帖 ID，回复 ID，标题，内容。

数据库表 1 显然满足所有范式的要求。

数据库表 2 中存在非关键字段"标题"、"内容"对关键字段"发帖 ID"的部分函数依赖，即不满足第二范式的要求，但是这一设计并不会导致数据冗余和操作异常。

数据库表 3 中也存在非关键字段"标题"、"内容"对关键字段"回复 ID"的部分函数依赖，也不满足第二范式的要求，但是与数据库表 2 相似，这一设计也不会导致数据冗余和操作异常。

由此可以看出，并不一定要强行满足范式的要求，对于 $1:N$ 关系，当 1 的一边合并到 N 的那边后，N 的那边就不再满足第二范式了，但是这种设计反而比较好！

对于 $M:N$ 的关系，不能将 M 一边或 N 一边合并到另一边去，这样会导致不符合范式要求，同时导致操作异常和数据冗余。 对于 1:1 的关系，我们可以将左边的 1 或者右边的 1 合并到另一边去，设计导致不符合范式要求，但是并不会导致操作异常和数据冗余。

5.7 人—机接口设计

信息系统是一个人—机系统。系统建立之后，其运行和使用必定涉及人机两个方面。如何使系统能够正常顺利地运行，如何使人们对系统的使用简单方便，一个重要的方面就是在系统设计时必须做好人机接口设计。

人—机接口在微机系统上比较集中地体现在对屏幕所反映内容的设计上，当然对输出报表等的设计也是重要的。人—机接口设计的内容包括输出设计、输入设计与人—机对话设计三个方面。

5.7.1 输出设计

在系统设计中，输出设计占有很重要的地位。因为信息系统对输入数据进行加工处理后

的结果，只有通过输出才能为用户所使用。另一方面，从系统开发的角度来看，输出决定输入。只有根据确切的输出要求，才能决定对输入数据的取舍。

1. 输出内容设计

输出设计所包括的主要内容如下。

（1）有关输出信息使用方面的内容，包括使用者、使用目的或用途、输出周期、有效期限、数量或份数的要求、保密与安全性要求等。

（2）输出信息的内容，包括输出项目、数据结构、信息形式、数据所占位数、数据的完整性与一次性的考虑等。

2. 输出方式选择

信息输出的方式很多，有显示输出、打印输出、硬盘输出、移动存储设备输出、光盘输出、绘图输出等。要充分了解不同输出方式的特点，结合对输出信息的要求来进行选择。目前微机信息系统中常用输出方式有显示输出、打印输出与磁盘输出，如图 5-46 所示。

图 5-46　输出设备

（1）显示输出。在屏幕上显示所输出信息的这种方式，常常用在对系统进行查询和检索的需求方面。它一般通过人机对话的方式进行，其特点是立即响应且比较灵活。

（2）打印输出。对于一些规章制度规定必须打印输出的信息，以及一些需要供人传阅、分析、上报或者保存的信息，则要用打印机打印输出。

（3）移动存储设备或光盘输出。对于一些已经处理完毕需要归档保存的数据和信息，以及一些因安全原因等需要备份的数据和信息，通常将其输出到移动存储设备或光盘上以便另行保管。

3. 输出格式设计

当输出信息是在显示屏幕上或者打印机上输出时，需要对输出信息的表示形式或记录形式进行版面格式设计。这首先需要考虑原来系统的格式，审查原系统输出格式是否符合计算机处理的要求，是否符合国家及有关部门的标准规定。否则，设计得要与用户进行协商和讨论，以确定目标系统中的输出格式。常见的输出格式有报表、图形等。

究竟采用哪种输出形式为宜，应根据系统分析和管理业务的要求而定。一般来说对于基层或具体事物的管理者，应用报表方式给出详细的记录数据为宜，而对于高层领导或宏观、综合管理部门，则应该使用图形方式给出比例或综合发展趋势的信息。

（1）报表生成器设计。报表是一般系统中用得最多的信息输出工具。通常一个覆盖整个组织的信息系统，输出报表的种类都在百种。这样庞大的工作量对系统开发工作的压力是很大的。所以在实际工作时常是在确定了报表的种类和格式之后，开发出一个报表模块，并由它来产生和打印所有的报表。报表模块的原理如图 5-47 所示。

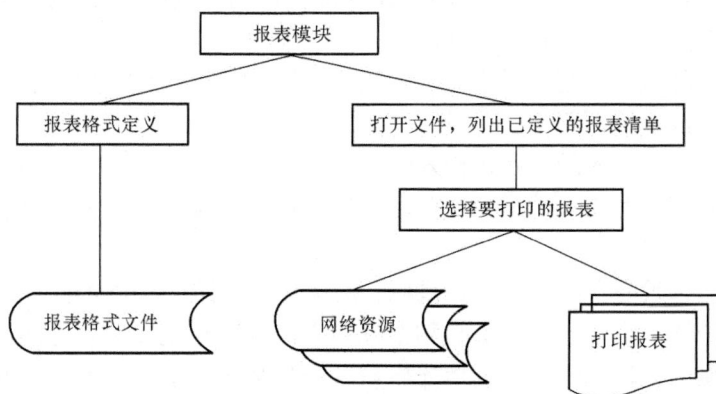

图 5-47　报表生成器

图 5-47 分两部分，左边是定义一个报表格式部分，定义完后将其格式以一个记录的方式存于报表格式文件中；右边是打印报表部分，它首先打开文件读出已定义的报表各列于菜单中，待用户选择，当用户选中某个报表后，系统读出该报表的格式和数据打印。

（2）图形方式。就目前的计算机技术来说，将系统的各类统计分析结果用图形方式输出已经是件很容易的事。大多数的编程软件都提供了作图工具或图形函数等。例如 C 语言、LOTUS、FOXGRAPH 等，利用这些工具就可产生出系统所需的图形。但是如用这些工具绘图，它要求开发者具有一定的技术基础，而开发工作量较大。比较简单的，可以借用 Excel来产生各种分析图形来完成统计分析和图形输入的功能。这样，熟练者很快就可完成上百种统计分析的图形。

输出格式设计的要求主要有以下几点。

1）使用方便，一目了然，符合用户的习惯。

2）便于计算机处理。

3）规格标准化，文字统一化。

4）能满足系统的发展和项目增减的需要。

见仁见智

有经验的分析员有时会抱怨用户要求许多的打印报表只用少量的数据。在许多办公室你会发现报表和层层的垃圾报表填满了收件箱。为什么，假定你访问用户关于他们需要什么样的报表，你会问什么问题，如果用户不需要 IT 人员的帮助而是通过强大、友好的报表书写程序来设计大多数报表，你该怎么办。你认为他们将要求大量报表或是大量同类型的报表吗？用户全部控制输出的优、缺点是什么？

5.7.2　输入设计

输入数据的收集、填制和录入工作是整个信息系统中工作量最大的部分，并且容易出错，因此输入设计至关重要。由于输出信息的正确与否直接依赖于输入数据的正确性，因此在输入设计中要将保证输入数据的正确作为最重要的因素来考虑。

1．输入设计的原则

（1）最小量原则：在保证满足处理要求的前提下使输入量最小。输入量越小，出错机会越少，花费时间越少，数据一致性越好。

（2）快输入原则：输入数据的速度往往成为提高信息系统运行效率的瓶颈，为减少延迟，可采用周转文件、批量输入等方式。

（3）简单性原则：输入的准备、输入过程应尽量容易，以减少错误的发生。

（4）早检验原则：对输入数据的检验尽量接近原数据发生点，使错误能及时得到改正。

2．输入设备的选择

目前常用的输入设备主要有键盘、鼠标、摄像头、扫描仪、语言输入器等，如图 5-48 所示。微机上使用的输入设备主要以键盘和鼠标为主，其特点是实用、方便、成本低。对应的输入方式有键盘输入、鼠标输入、利用光电设备采集数据、多媒体输入、网络传送等。

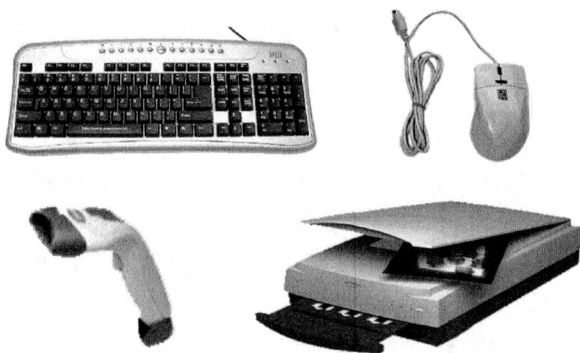

图 5-48　输入设备

3．输入内容设计

输入设计所包括的主要内容有以下几点。

（1）有关输入数据使用方面的内容，包括使用者、使用目的或用途、输入周期、数据量等。

（2）输入数据的内容，包括输入项目、数据结构、数据取值范围及输入格式等。

（3）输入数据的收集与审核。

4．输入格式设计

在任何一个信息系统中，输入模块是与用户接触最多的一个部分，系统运行的大部分时间都是在做数据输入工作。因此一个信息系统的应用效果如何，都与其输入界面，也就是输入格式的质量有着极大的关系。好的输入格式设计，可以帮助使用者直观、快速、准确地输入数据，提高数据录入的速度和准确性。

数据输入格式应尽量与数据库结构、报表输出格式一致。这样可以提高编程效率，降低设计难度。输入格式应尽量符合用户的使用习惯，操作简便。设计的原则通常如下。

（1）直观。所设计出来的输入格式符合业务上的习惯，使用户有一种亲切感。例如，输入记账凭证时，在显示屏幕所出现的输入格式与记账凭证格式基本一致。

（2）允许按记录逐项输入，也可以按某一属性项输入。

（3）输入格式关系到数据的存储结构，要使存储空间尽量小。

（4）格式的设计应便于填写，同时保证转换精度。

在设计数据输入格式时，应严格按照数据字典，遵循代码设计的实际标准，统一格式。但在一些旧系统改造过程中，实际数据输入时（特别是大批量的数据统计报表输入时）有时会遇到统计报表（或文件）结构与数据库文件结构不完全一致的情况。这时应尽量严格参照有关标准，统一格式，不能随意更改数据库结构。特殊情况下，专门编制一个转换模块，以适应其特殊要求。现在还可以采用智能输入方式，由计算机自动将输入数据送至不同表格中。

5. 输入数据校验

为了确保输入数据的正确性，必须对所输入的数据进行校验。对于在校验中查到的出错数据，要设计相应的修改和补救办法。

对输入数据进行校验的常用方法主要有以下几种。

（1）数据录入前的人工复查。对未经复核的原始数据，应不得上机输入。

（2）重复录入校验。将同一数据重复录入两次，由计算机自动对两次录入的数据进行对比检查。

（3）人工复核。将录入的一批数据在屏幕上显示出来或者打印输出，由输入人员对照原始单据进行复核。

（4）数据类型校验。校验数据是数值型还是字符型等。

（5）数值范围及合理性校验。检查每一数据项的值是否落在允许的范围之内。

（6）平衡校验。检查相互有关的相反数据项之间是否平衡。

（7）控制总数校验。如果所输入的各个数据与某个合计数或总数有直接的联系，则可设计校验程序，验证其相互之间的关系。

5.7.3　人—机对话设计

人—机对话主要是指在信息系统的运行过程中，操作者与计算机之间通过显示屏幕或其他装置所进行的一系列交互的询问与回答。

1. 对话方式设计

当然要设计一个十分友好的操作界面，不仅需要计算机方面的业务知识，还需要美工等方面的综合知识。

人机对话的方式有很多，目前人们通常利用键盘、鼠标、显示屏幕等设备来实现人机对话。人们利用自然语言直接与计算机进行对话也许在不久的将来即可实现。不论哪种对话方式，显示屏幕都是计算机对用户的"窗口"，故此对话设计又称屏幕设计。下面介绍在人—机对话中常采用的几种方式。

（1）菜单式。系统通过屏幕将可供选择的操作功能以菜单的方式显示出来，用户根据显示的内容输入一定的代号，则系统执行相应的功能。

在菜单方式中，系统提供的可供选择的功能项目一目了然，操作简单，是供用户控制系统运行流程的常用方式，如图 5-49 所示。

（2）填表式。当需要输入一组有联系的数据时，在屏幕上显示出一个带有提示信息的输入表格，操作人员只需在每一个待填数据的位置上输入数据即可。这种方式可使操作人员不至于遗漏

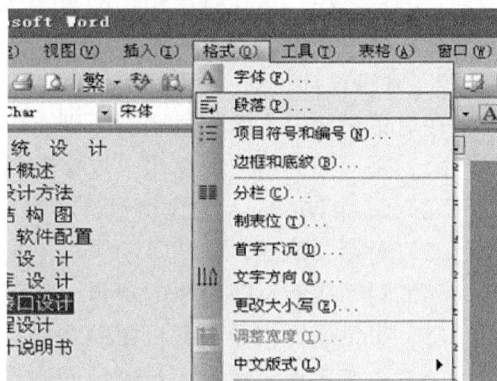

图 5-49　菜单式对话设计

所输入的项目，且表格的设计可符合业务上的习惯，让操作人员感觉到直观自然。图 5-50 为这种方式的图示，在使用中要注意光标所在的位置。

（3）问答式。当程序运行到一定阶段，需要与操作人员进行对话时，在屏幕上进行提问，待操作人员回答之后，再继续往下运行。操作人员输入的通常为单个字符，最常用的为"y"（是）和"n"（否）。也可以是其他字符，如图 5-51 所示。

*** 银行对账单 ***					
方　式	票　号	金　额	借　贷	日　期	存款余额

图 5-50　填表式对话设计

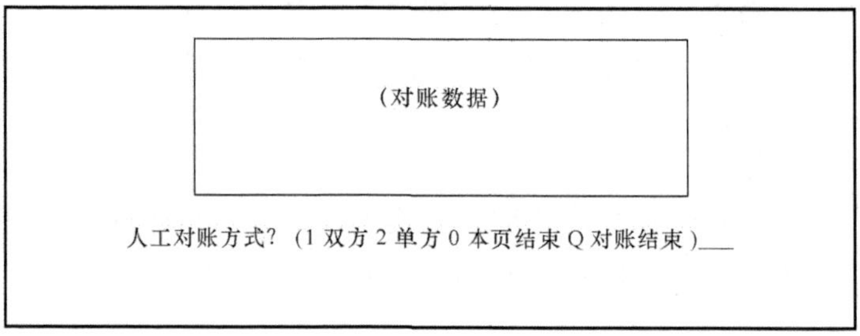

人工对账方式? （1 双方 2 单方 0 本页结束 Q 对账结束)＿＿

图 5-51　问答式对话设计

（4）提示方式与权限管理。为了操作使用方便，在系统设计时，常把操作提示和要点同时显示在屏幕的旁边，以使用户操作方便，这是当前比较流行的用户界面设计方式。另一种操作提示设计方式则是将整个系统操作说明书全送入到系统文件之中，并设置系统运行状态指针。当系统运行操作时，指针随着系统运行状态来改变，当用户按"帮助"键时，系统则立刻根据当前位置调出相应的操作说明。

2.　对话设计原则

在对话设计中，需要注意的原则有以下几个方面。

（1）采用面向用户的思想，汉字菜单提示，操作简便实用。

（2）采用 Windows 的风格设计各种类型的对话框及图标，实现高度交互性。

（3）对话要清晰、简洁、明了，不能具有二义性。

（4）对话应能反映用户的观点，尽可能地考虑用户的业务用语和习惯。

（5）提供运行指导和联机帮助功能。

（6）系统应该对操作人员的反应做出迅速的响应，不能让操作人员不知所措地等待，因为这种等待往往是不能忍受的。

（7）当操作人员输入的内容有错时，系统应将错误信息的细节显示出来给操作人员，并能指导其改正错误，错误信息设计要有建设性。

（8）需要保密的对话应提供保密措施。

（9）对话要适应不同操作水平的用户，便于维护和修改。

（10）关键操作要有强调和警告。

在对话设计中，要掌握显示屏幕所能显示的行、列字符数，汉字的不同字形，所能实现的不同颜色等特性。设计过程中要与用户充分协商，征得用户对设计方案的同意。

5.8　处 理 过 程 设 计

系统结构图从整体上非常直观地描述了整个系统的组成结构，即系统是由哪些模块组成的，这些模块之间的调用关系如何，模块之间传递一些什么样的数据等。但是，在系统结构图中没有对每一个模块的具体功能和处理逻辑进行精确具体的定义。一个信息系统的实现，最终都必须落实到一个个具体的程序上，而程序设计员还无法根据系统结构图来编写程序。因此，系统结构图设计完成之后，还要对其中的每一个模块进行具体的说明，以便在系统实施阶段里，可以根据系统结构图和模块说明书，比较方便而且正确地编写出程序代码。

模块说明书应当简单、明了、准确地描述该模块的处理要求及处理内容。模块说明书的内容主要包括三个部分。

（1）模块说明部分，包括系统名称、本模块名称、模块标识符、模块功能、编程语言等。

（2）模块接口关系，包括调用模块名称、被调用模块名称、输入数据文件名、输出数据文件名、其他数据项、内存变量的名称、类型和使用说明等。

（3）处理概要，包括功能项目、处理过程、所用算法说明等。

模块说明书的格式，如图 5-52 所示。

一、模块说明			
系统名称		模块功能	
本模块名称			
模块标识符		编程语言	
二、模块接口			
模块调用关系	调用模块名称		被调用模块名称
输入输出数据	输入文件名称	输出文件名	其他数据项
内 存内 量	名 称	使 用 说 明	
三、处理摘要说明			

设计者：　　　　　　　　　　　　　　　　完成日期：

图 5-52　模块说明书

模块说明书中最重要的是第三部分——处理概要。处理概要的主要内容就是处理过程的设计，其目的是通过这样的设计，为下一阶段工作中的程序编写奠定基础。

处理过程设计的主要工作就是通过一种合适的表达方法来描述每个模块的功能实现过程。这种表达方法应当简明、准确，并由此能直接导出用编程语言表示的程序。处理过程设计的描述工具较多，下面介绍几种常用的各有其特点的工具。

5.8.1　流程图

流程图（Flow Chart）即程序框图，也称控制流程图，是使用历史最久、流行最广的一种描述工具。流程图包括三种基本成分：①处理，用矩形框表示；②判断，用菱形框表示；③控制，用箭头表示（又称流向线）。流程图的特点是直观形象，清晰易懂。因此，便于理解和掌握。目前使用的流程图，符合结构化程序设计的要求，由如图 5-53 所示的三种基本结构。

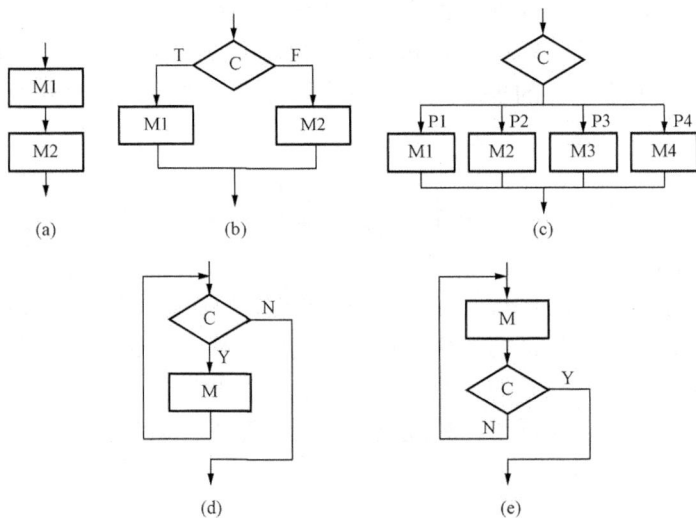

图 5-53　流程图的三种基本结构

（a）顺序；（b）简单选择；（c）多情况选择；（d）当循环；（e）直到循环

（1）顺序结构。顺序结构形式的程序，是按语句在程序中出现的顺序执行的，如图 5-53（a）所示，先执行 M1 然后执行 M2。M1 和 M2 可能表示一条语句，也可能表示为一组语句。顺序、结构在程序设计中用得最多，任何结构化的程序都可以抽象为顺序结构。

（2）选择结构。选择结构包括两种形式。一种是在判断条件"成立"或"不成立"的基础上，选择程序里两条路径中的一条作为程序执行通路的结构形式。如图 5-53（b）所示，当条件 C 成立时，执行 M1；否则，即 C 不成立时，执行 M2。

另一种选择结构如图 5-53（c）所示。它是在处理存在着不同组合的各种可能的情况时，所采用的一种特殊的选择结构。它根据对条件 C 的判断结果，在多条路径中选择其中的一条作为程序的执行通路。

（3）循环结构。循环结构也可以分为两种情况。一种是先判断条件是否成立，如果成立，则反复执行其一功能，一直到条件不成立时，就退出循环。如图 5-53（d）所示，若条件 C 成立，则反复执行 M，并且每执行一次 M 之后必须再对条件 C 进行一次判断，一直到条件 C 不成立时，才退出循环。如果一开始条件 C 就不成立，则一次都不执行 M。

与先判断后执行结构不同的另一种是先执行后判断的循环结构，如图 5-53（e）所示。它首先执行一次 M，然后判断条件 C 是否成立，如果成立，则退出循环；否则反复执行 M。在这种循环结构中，M 至少被执行一次。

以上三种基本结构都有一个共同的特点：只有一个入口和一个出口。

5.8.2　NS 图

1983 年，美国的 I. Nassi 和 B. Sheiderman 共同提出了一种不用 GOTO 语句，不需要流向线的结构化流程图，又称为 NS 图，如图 5-54 所示。NS 图由三种基本结构组成。

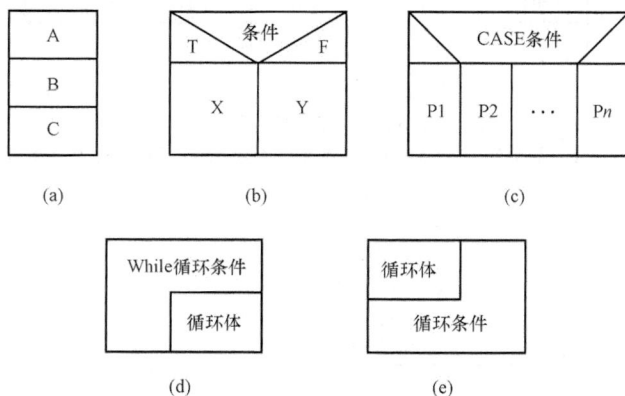

图 5-54　NS 图的基本结构

（a）顺序；（b）分支；（c）多分支；（d）当循环；（e）直到循环

（1）顺序结构框。顺序结构框由若干个前后衔接、依次执行的矩形组成，如图 5-54（a）所示。矩形框内表示若干需顺序执行的语句或者对应的操作。

（2）选择结构框。选择结构框分为简单分支结构框和多分支结构框两种，如图 5-54（b）、（c）所示。这种表示简洁直观，去除了一般程序流程图中的流向线。

（3）循环结构框。循环结构框分为"当"循环结构和"直到"循环结构框两种，如图 5-54（d）、（e）所示。"当"循环结构事先给出了循环条件，而"直到"循环结构的循环条件是在循环进行中给出的。

显然，由 NS 图所得到的程序必定是结构化的。这是其具有的绝对优势。NS 图的不足之处体现在作图上，当其外围图框确定后，其内部空间也就固定了，可能就会出现有时画不开，而有时又很空的情况。

5.8.3　PAD 图

PAD（Problem Analysis Diagram）是由日本日立公司的二村良彦等人于 1979 年提出来的，它是一种支持结构化设计的图形工具。PAD 也只有三种基本结构，如图 5-55 所示。

PAD 的逻辑结构清晰、图形标准，而且更重要的是它能引导人们使用结构化的程序设计方法。以 PAD 为基础，按照机械地变换规则，就可以写出结构化的程序。这一规则称做"走树"（Tree Walk），即顺着 PAD 的图形结构移动，依次将遇到的 PAD 基本成分变换成相应的程序结构，程序就随之写出。

下面通过一个算法示例，看这三种描述工具是如何使用的，如图 5-56～图 5-58 所示。

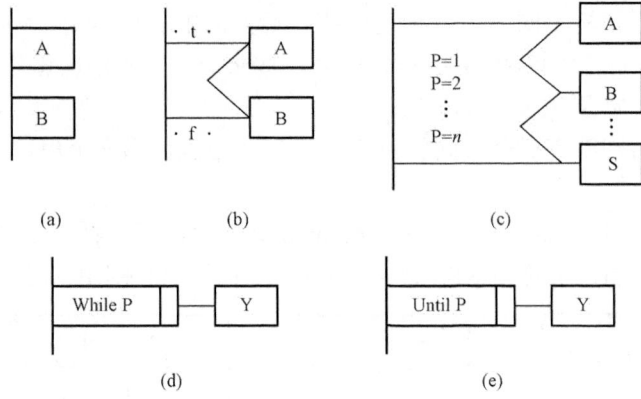

图 5-55　PAD 图的基本结构

（a）顺序；（b）简单选择；（c）多情况选择；（d）While 型循环；（e）Until 型循环

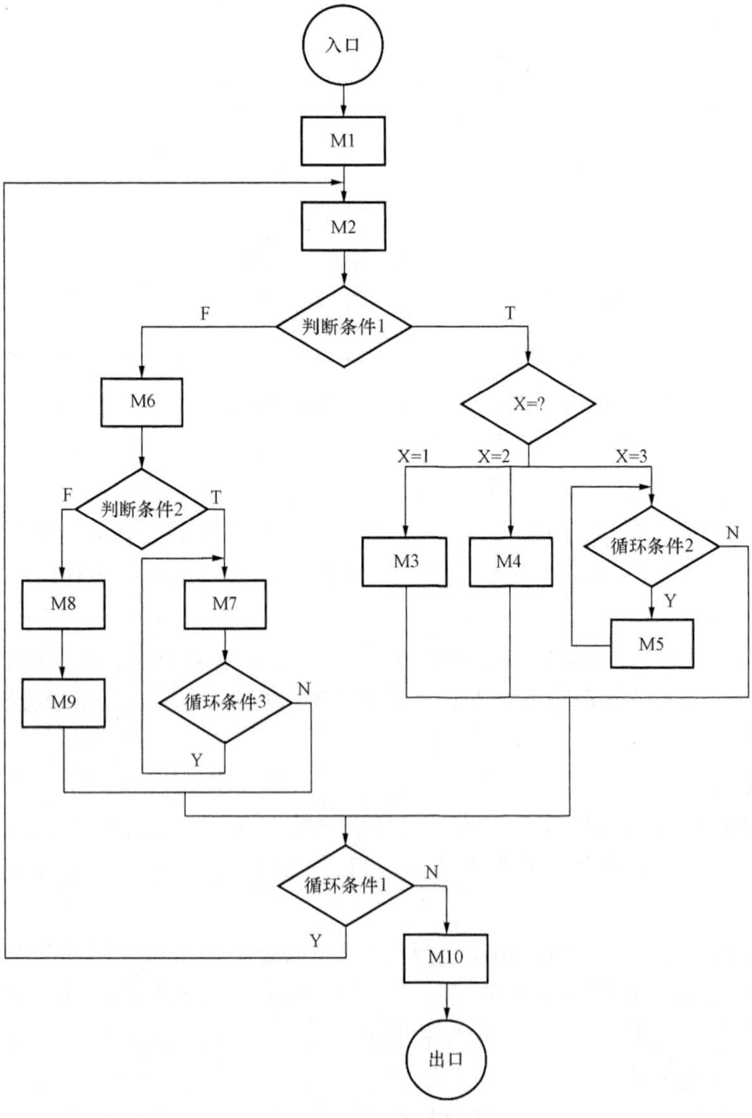

图 5-56　流程图示例

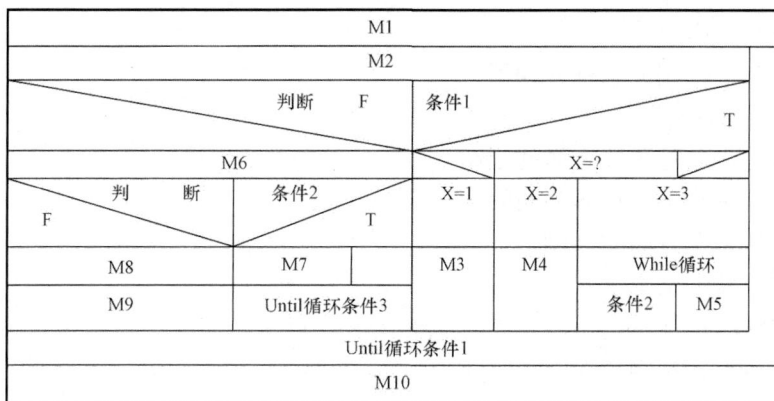

图 5-57 NS 图示例

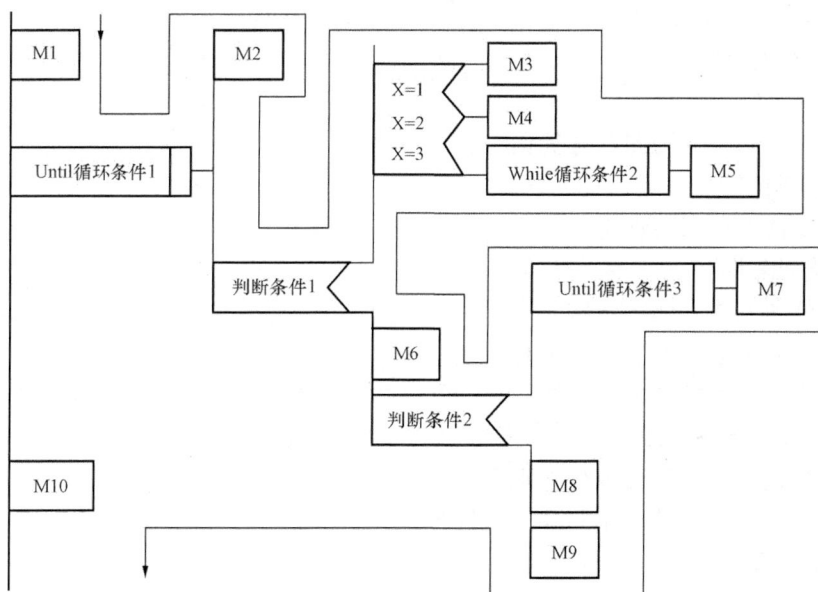

图 5-58 PAD 图示例

5.9 系 统 设 计 说 明 书

系统设计完成之后,系统人员应将系统设计的全部结果包括系统结构图、模块说明书、系统配置方案及各项详细设计内容等一并形成系统设计说明书。通常在系统设计完成以后要对其结果进行一次阶段评审,系统设计说明书一经评审通过,并经有关部门和领导审核批准,则系统设计阶段的工作即告结束。

下面推荐一个系统设计说明书的具体格式,供参考。

引言

1. 摘要:目标系统的名称、目标和主要功能。

2. 对象

• 项目承担者

- 目标系统的用户单位
- 本系统与其他相关系统的联系

3．工作条件与限制
- 硬、软件、运行环境方面的限制
- 安全、保密与可靠性方面的限制
- 用户管理基础方面的限制
- 有关系统软件文本
- 网络协议标准文本
- 国家安全保密条例

4．参考和引用的资料

5．专门术语解释

系统总体设计方案。

（1）模块结构设计。
- 初始系统结构图
- 优化后的系统结构图及其优化说明
- 模块说明书
- 模块设计的说明与评价

（2）系统配置设计。
- 系统处理方式与体系结构
- 所选计算机系统的名称与型号
- 选择依据：功能要求、容量要求、性能要求、精度要求、处理速度要求、汉字处理能力要求、外部设备配置要求、通信和网络要求、技术后援等
- 系统配置：硬件配置及软件配置
- 费用支出：一次性支出与非一次性支出

（3）数据库设计。
- 概念模型
- 逻辑模型
- 物理模型
- 数据库设计的说明与评价

（4）代码设计。
- 代码的对象、名称、结构、使用范围和期限等
- 代码设计的说明与评价

（5）输入设计。
- 输入项目及提供者
- 输入数据的类型、取值范围、频度和格式等
- 输入的方式、设备及其格式
- 输入校验的方法和效果分析
- 输入工作承担者，其操作水平与技术专长
- 输入设计的说明与评价

（6）输出设计。

- 输出项目与接受者
- 输出数据类型、所用设备、介质、格式、数值范围、精度等
- 输出设计的说明与评价

（7）对话设计。

- 人—机对话内容及其方式

方案实施计划。

（1）工作任务的分解。对于系统开发中必须完成的工作，包括文档编写、用户培训、设备购置、软件编制、系统调试等进行合理分解，指明每项任务的要求。

（2）任务进度。对每项工作任务确定开始日期和完成日期，规定各项工作任务完成的先后次序及完成标志。

（3）经费预算。逐项列出本开发项目所需要的费用，如设备费、材料费、调研费、软件开发费、系统安全及调试费以及评审费等。

系统设计说明书的内容与格式，还可进一步参照 CB 8567—88《计算机软件产品开发文件编制指南》中的有关规定。

章节主题讨论

1. 针对文字处理软件 Word 的模块，理解什么是模块，什么是模块的聚合性、耦合性。

2. 了解最新的或比较特殊的输入和输出工具，探讨它们主要采用了什么技术，或者主要应用在哪些方面。

项目实践

1. 绘制你所在学校的教务管理系统的总体结构图，或者从中选择一个模块描述。

2. 绘制一个你比较熟悉的软件的总体结构图。

3. 绘制你所在学校的成绩管理系统的实体—关系图，或者选择其中一部分进行描述。

第6章　系　统　实　施

系统实施阶段的任务是根据用户确认的设计方案，实现具体的应用系统，包括建立网络环境、安装系统软件、建立数据库文件、通过程序设计与系统测试实现设计报告中的各应用功能并装配成系统、培训用户使用等。

6.1　系　统　实　施　概　述

6.1.1　系统实施阶段的主要任务

总体来讲，系统实施阶段的任务就是实现系统设计阶段提出的物理模型，按实施方案完成一个可以实际运行的信息系统并交付用户使用。系统设计说明书是实施阶段的基础，它规定了信息系统各个模块的功能、输入/输出、数据库的物理结构等。如果说信息系统的开发就像盖一幢大楼，那么系统分析与设计就是根据盖楼的要求绘出各种蓝图，系统实施就是调集各种资源，包括人员、设备、材料等，根据图纸和实施方案的要求把大楼盖起来。

系统实施阶段的具体任务包括以下几点。

（1）购置和安装设备、建立网络环境。系统实施的该项工作是依据系统设计中给出的管理信息系统的硬件结构和软件结构购置相应的硬件设备和系统软件，建立系统的软、硬件平台。一般情况下，中央计算机房还需要专业化的设计及施工。为了建立网络环境，要进行结构化布线、网络系统的安装与调试。

（2）计算机程序设计。计算机程序设计也常常被称为软件开发。进行计算机程序设计的目的是实现系统分析和设计中提出的管理模式和业务应用。在进行软件开发之前，开发人员要学习所需的系统软件，包括操作系统、数据库系统和开发工具。必要时，需要对程序设计员进行专门的系统软件培训。

（3）系统调试与测试。在进行计算机程序设计之后，需要进行系统的调试。实际上，在编写计算机程序时，程序员一直在进行调试，修改程序中的错误。在完成这种形式的调试之后，还必须进行专门的系统测试。通过系统的调试与测试可以发现并改正隐藏在程序内部的各种错误及模块之间协同工作存在的问题。

（4）人员培训。主要是指用户的培训，包括管理人员和业务人员。信息系统投入实际运行之后，这些人员既是系统的使用者，也是系统的组成部分。但大多数业务人员精通业务而缺乏计算机知识。为了保证目标系统的正常运行，必须根据用户的实际情况对他们进行培训，使之能适应、熟悉新系统的工作环境和操作方式。

（5）系统切换。管理信息系统实施的最后一项任务是进行系统的切换，它包括进行基本数据的准备、数据的编码、系统的参数设置、初始数据的录入等多项工作。在系统正式交付使用之前，必须进行一段时间的试运行，以进一步发现及更正系统存在的问题。在系统切换和交付使用的过程中，每项工作都有很多人员参加，而且会涉及多个业务部门。因此，该阶段的组织管理工作非常重要，要做好系统切换计划，控制工作的进度，检查工作的质量，及时地做好各方面的协调，保证系统的成功切换和交付使用。

6.1.2　系统实施阶段的领导

与其他阶段相比，系统实施阶段工作量大，占用时间长，投入的人力、物力多，用户有关部门的设备、机构、工作方法都要发生变化。因此，该阶段的组织、管理工作非常重要。目标系统实施领导工作应由目标系统开发领导小组承担，也可由专门成立的实施小组承担，但组长必须由用户单位的最高领导担任。领导小组、专家和有关部门领导共同编制目标系统实施计划。在计划实施过程中还要经常进行检查和调整，处理、解决实施过程中发生的一切重大问题。该小组还要负责验收各部分工作，组织目标系统的测试，以及现行系统向目标系统转换的一切重大问题。该小组还要负责验收各部分工作，组织目标系统的测试，以及现行系统向目标系统转换的一切组织管理工作。

（1）进度的安排。系统实施是一项非常复杂的工程，必须做好前期准备工作。做好实施阶段的计划安排是完成实施的基本保证。由于任务复杂和工作量大，因此要求计划的编制应运用科学的方法，并着重于提高效率的同时能保证质量。系统的实施的好坏很大程度上依赖于管理的水平。

在一般工程项目中的进度安排方法，如常用的甘特（Gantt）图方法、时间标记网络（Time Scalar Network）方法、进度计划评审（Program Evaluation and Review Technique）方法和关键路径（Critical Path）方法等都是可以选用的方法。其中进度计划评审方法即 PERT 图方法，常常是被推荐的方法，而且时间也证明它在信息工程和软件的运用已经收到较好的效果。PERT 图有专用的软件系统可以辅助人们进行管理，可完成对图的管理、调整和修改。对规模较大、复杂度高的系统开发，PERT 图有一定的指导作用。

（2）人员的组织。系统实施阶段需要较多的专业面广的人员，因此需要提前物色和储备。系统实施中需要的人员涉及多方面，包括网络、计算机硬件、软件特别是程序设计人员。实施人员在进行分工后，首先必须仔细地了解并熟悉系统的设计文档。

程序编码是实施阶段的主要任务，它需要较大数量熟悉某种或几种程序设计语言或软件开发工具的人员。由于大型应用软件具有很大的开发工作量，必须由多个人员共同使用来完成彼此联系紧密联系和相关的程序任务，因此必须有所有参与开发人员共同遵守的规范，而且要求参与编码的程序人员能遵守软件开发的共同规范，能开发出具有统一风格的软件。达到上述目标的方法是开展早期培训，在培训中建立起统一的方法，通用规范的技术手段，乃至采用统一的开发工具来完成各自负责的任务。要达到成果的风格一致，除要求参与人员对设计文档的理解和领会统一外，还要求能用统一的方式、方法和工具来实现程序的开发，而更重要的是应在培训中倡导并认可这种统一和一致的必要性。

（3）任务的分解。系统实施阶段所面临的可能是一个庞大而复杂的系统，在系统设计阶段已将其分解为子系统和模块，分解是将复杂的事务简单化的措施和手段。但在实施中仍然需要将不同技术内容的工作或同一类工作中不同性质或有完成顺序要求的工作加以进一步分析并排列好先后顺序，哪些可以并行，哪些必须排序，哪些应该并优先排入进度表。但任务分解和排序后，才可能按任务的性质和技术内容分配给能完成相应任务的人员来完成。在任务分解中除按在分析和设计中已经明确的划分，即将系统分为业务系统和技术系统并对两类系统所包含的具体任务进行分解外，还会在实施中遇到必须完成的，而在系统分析和设计中却未明确的任务，它们可能包括：数据的收集和准备、系统的调试和测试、业务人员的培训等，而且它们并不是由程序人员来完成，也应列入任务并排列在进度列中。

系统实施情景案例——青钢管理信息系统实施

青岛钢铁集团在通过管理信息系统设计方案之后，开始着手进行具体应用系统的实施。首先，青岛钢铁集团专门设立了中央计算机房，并在相关部门设立了计算机室。然后，依据系统设计阶段给出的硬件结构和软件结构进行了设备及所需系统软件购置。为了建立计算机系统的网络环境，由太极计算机公司负责结构化布线，网络系统的安装与调试。

同时，北京科技大学项目组依据系统设计报告开始进行软件开发。为了节省成本及方便工作的进行，青岛钢铁集团在北京科技大学建立了模拟环境，专门用于软件的开发工作。

在进行软件开发之前，开发人员在清华大学参加了专门的系统软件及开发工具的培训。在高博士的领导下，北京科技大学项目组依据系统设计报告中给出的目标系统模块设计结果实现了系统分析和设计中提出的各项功能。

在程序设计和系统调试完成之后，成立了一个系统测试小组，由青岛钢铁集团和北京科技大学双方人员共同组成，进行系统的测试。测试小组提供了相应的测试方案和建议的测试数据，在青岛钢铁集团实际应用环境中进行了数据和系统功能的正确性检验。

系统测试顺利通过之后，开始组织对系统的使用人员进行系统应用培训。由于青岛钢铁集团信息中心的网络维护人员和系统维护人员具有很高的业务水平和很强的业务能力，不需要再进行培训，因此培训的对象主要是数据录入员和系统操作员。

完成培训工作之后，进入系统试运行阶段。为此，开始了基本数据的准备、编码数据的准备、系统的参数设置、初始数据的录入等多项工作。

为了保证系统的实施及以后的规范化管理，青岛钢铁集团公司制定了《计算机系统应用管理规范》、《计算机房管理制度》、《计算机系统安全保密制度》、《计算机系统文档管理规定》等一系列的管理规定。

系统在试运行半年无误后，正式交付使用。

6.2　程 序 设 计

程序设计就是为系统设计阶段得到的系统结构的模块采用某种高级语言进行编程实现，这是系统实施阶段的核心工作。系统设计阶段已经使用结构化方法设计好模块的处理逻辑，程序设计就是采用某种高级语言，把模块转换成计算机可以执行的结构化程序。困难的地方在于，编写出具有良好程序风格的高质量程序，对于没有受过软件工程训练的程序员不大容易做好。

6.2.1　评价编程工作的标准

随着计算机应用的普及，硬件价格不断下降，计算机性能不断提高，软件的功能越来越复杂。软件费用在整个应用系统中所占的比重急剧上升，从而使人们对程序设计的要求发生了变化。20 世纪 50 年代，计算机内存小，速度慢，人们往往把程序的长度、执行速度、占用内存放在重要位置，费尽心机地缩短程序长度、减少存储量、提高速度。但现在硬件技术的发展，已为程序设计人员提供了优越的开发环境。而且，软件工程技术要求软件生产工程化、规范化，使软件开发从"艺术"变成了"技术"。从目前发展水平来看，评价编程工作的标准大致可以分为以下几个方面。

（1）可靠性。系统的可靠性（reliability）是衡量系统质量的一个重要指标。程序应该具有较好的容错能力，不仅能够在正常情况下正确工作，而且在意外情况下应该便于处理，不至因为意外的情况而造成严重损失。

（2）可维护性。可维护性（maintainability）即程序各部分相互独立，没有调子程序以外的其他数据关联。也就是说不会发生那种在维护时牵一发而动全身的连锁反应。在信息系统开发和使用的过程中，由于系统需求的不确定性，系统需求可能会随着环境的变化而不断变化。因此，信息系统的功能经常要完善和调整，与之相应地，程序也需要进行补充和修改。另外，计算机硬件的更新换代也要求对程序进行相应的升级。信息系统的寿命一般是 3～10 年，因此程序的维护工作量是相当大的。如果一个程序不易维护，那么用不了多久就会因为无法满足变化的需求而被淘汰。因此，可维护性是对程序设计的一项重要要求。

（3）可读性。可读性（readability）即指程序清晰，没有太多繁杂的技巧，能够让别人容易读懂。程序的可读性对于工程化开发软件非常重要。因为好的可读性是今后维护和修改程序的基础。如果程序难以读懂，则无法修改，而无法修改的程序是没有生命力的。因此，写出的程序必须让人很容易读懂。例如，有一个用 PASCAL 语句写的程序段：

```
A[I]: =A [I]+A [T]
A[T]: =A [I]-A [T]
A[I]: =A [I]-A [T]
```

阅读此段程序，读者可能一下子不容易看懂。这段程序实际上就是交换 A[I]和 A[T]中的内容。这样编写的目的是为了节省一个内存单元。如果改成下列写法：

```
TEMP: =A [I]
A[I]: =A [T]
A[T]: =TEMP
```

这样就能让读者对程序的功能一目了然。

（4）实用性。实用性（usability）是指从用户的角度来审查系统各部分都非常方便实用。实用性是系统今后能否投入实际运行的重要保证。

（5）规范性。规范性（standard ability）即系统的划分、书写的格式、变量的命名等都按统一规范，这对于今后程序的阅读、修改和维护都是十分必要的。

（6）易移植性。软件程序的易移植性是指将程序模块从一个环境移植到另一个环境的能力。当前的软件平台多种多样，应用环境也千差万别，所以是否具备易移植性是衡量软件程序的重要指标之一。

6.2.2　程序设计方法

目前程序设计的方法大多是按照结构化方法、原型方法、面向对象的方法进行。我们也推荐这种充分利用现有软件工具的方法，因为这样做不但可以减轻开发的工作量，而且还可以使得系统开发过程规范、功能强、易于维护和修改。

编程的目的是为了实现开发者在系统分析和系统设计中所提出的管理方法和处理构想。在编程和实现中，建议尽量借用已有的程序和各种开发工具，尽快、尽好地实现系统，而不要在具体的编程和调试工作中花费过多的精力和时间。

1. 结构化程序设计方法

编写程序应该符合软件工程化思想。应用软件的程序编写工作量非常大，而且还要经常维护和修改。如果编写程序不遵守正确的规律，就会影响系统的开发和维护。结构化程序设计方法的内部它强调的是自顶向下地分析和设计，而在其外部它又强调自底向上地实现整个系统。

（1）结构化程序设计的原则。20 世纪 70 年代，在"关于 GOTO 语句的使用"的争论中产生了结构化序设计的思想。E.W.Dijkstra 提出了程序要实现结构化的主张，并将这一类程序设计称为结构化程序设计（Structured　Programming）。结构化程序设计主要的原则包括以下几点。

1）任何程序结构都可以用三种基本的结构——顺序结构、选择结构、循环结构来实现。

2）复杂结构可以通过上述三种基本结构的组合嵌套来实现。

3）程序语句组成容易识别的模块，每个模块只有一个入口和一个出口。

4）严格控制 GOTO 语句的使用，只有在下列两种情况下才可使用。

用一个非结构化的程序设计语言实现一个结构化的构造。

在某种可以改善而不是损害程序可读性的情况下。

（2）自顶向下、逐步求精的模块化设计。自顶向下的方法在系统分析和系统设计阶段都要使用。每个系统都是由功能模块构成的层次结构。在这个层次中，底层模块一般规模较小，功能比较简单，仅完成系统某一方面的处理功能。在系统设计阶段使用自顶向下方法能够在一开始就从总体上理解和把握整个系统，并将一个复杂的问题分解和细化成一个由许多功能模块组成的层次结构。在编码阶段也应当采取自顶向下、逐步求精的方法，把组成系统的各功能模块逐步分解、细化为一系列具体的步骤，进而采用某种程序设计语言以程序的方式来实现。自顶向下、逐步求精的模块化设计具有以下优点。

1）自顶向下、逐步求精方法符合人们解决复杂问题的普遍规律，可提高信息系统开发的成功率。

2）逐步求精是先全局后局部、先整体后细节、先抽象后具体的过程，利用这个过程开发出来的程序具有清晰的层次结构，容易阅读和理解。

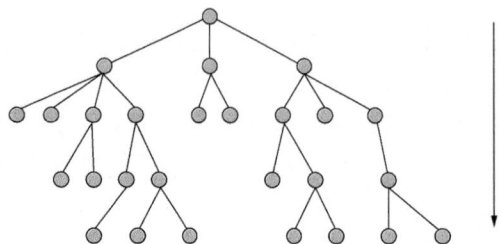

逐步细化

图 6-1　程序的树形结构

3）程序自顶向下、逐步细化，分解成一个树形结构，如图 6-1 所示。同一层的节点相互之间没有关系，因此它们之间的细化工作是相互独立的。当某一步发生错误，一般只影响它下层的节点，同一层其他节点不受影响。在以后的测试中，也可以先独立地一个节点一个节点地完成，最后再集成。

4）程序清晰和模块化，使得在修改和重新设计一个软件时，可再利用的代码量最大。

5）有利于程序设计的分工和组织工作。

2. 速成原型式的程序开发方法

速成原型式程序设计阶段的具体实施方法是，首先将 HIPO 图中类似带有普遍性的功能模块集中，如菜单模块、报表模块、查询模块、统计分析和图形模块等，这些模块几乎是每个子系统都必不可少的；然后再去寻找有无相应、可用的软件工具，如果没有则可考虑开发一个能适合各子系统情况的通用模块；然后用这些工具生成这些程序模型原型。如果 HIPO 图中有一些特定的处理功能和模型，而这些功能和模型又是现有工具不可能生成出来的，则再考虑编制一段程序加进去。利用现有的工具和原型方法可以很快地开发出所要的程序。

3. 面向对象程序设计方法

面向对象程序设计方法一般应与 OOD 所设计的内容相对应。它是一个简单、直接的映射过程，即将 OOD 中所定义的范式直接用面向对象程序（OOP），如 C++、Smalltalk、Visual C 等来取代即可。例如，用 C++ 中的函数和计算功能来取代 OOD 范式中的处理功能等。在系统实现阶段，OOP 的优势是巨大的，是其他方法所无法比拟的。

6.2.3 程序设计风格

有相当长的一段时间，许多人认为程序只是给计算机执行的，而不是供人阅读的，所以只要程序逻辑正确，能被机器理解并依次执行就足够了。至于"程序的书写风格"如何是无关紧要的。但是，随着系统规模越来越大，复杂性增加，人们看到，在信息系统生命周期中，人们经常要阅读程序。特别是在系统测试和维护阶段，阅读程序、理解程序更是不可少的。人们认识到，阅读程序是系统开发和维护过程中的一个重要组成过程，而且往往读程序的时间比写程序的时间还要多。因此，程序实际上也是一种供人阅读的文章，也有一个程序的风格问题。20 世纪 70 年代初，有人提出在编写程序时，应该使之具有良好的风格。这个想法很快就为人们所接受。程序员在编写程序时，应当意识到今后会有人反复地阅读这个程序，并沿着编写者的思路去理解程序的功能。所以，应当在编写程序时注意程序设计的风格，这样能够大量减少人们读程序的时间，从整体上来看，提高了效率。

下面将对程序设计风格的五个方面，即源程序文档化、直接地反映意图、程序书写格式、标识符命名规范化、合理使用 GOTO 语句等值得注意的问题进行讨论，力求从编码的角度探讨提高程序的可读性、改善程序质量的方法和途径。

1. 源程序文档化

源程序文档化是指程序内部带有说明性材料，即程序的注释。源程序中的注释是程序员与日后的程序阅读者之间通信的重要手段。正确的注释能够帮助程序阅读者理解程序，可以为后续的测试、维护阶段提供明确的指导。因此，注释是提高程序可读性的有力手段。目前，大多数程序设计语言允许使用自然语言对程序本身进行注释，给阅读程序带来极大的方便。在一些正规的程序文本中，注释行的数量会占到整个源程序总量的 $\frac{1}{3}$ 甚至 $\frac{1}{2}$。

在使用注释时要注意以下几点。

（1）注释必须与程序保持一致，否则就毫无价值。特别是修改程序时要注意对注释也要进行相应的修改。

（2）注释是针对一段程序，而不是对每一条语句。

（3）注释不是重复说明程序语句，而应该提供从程序本身难以得到的信息。

（4）利用缩进和空行等组织形式使程序与注释区分开。

注释一般分为序言性注释和功能性注释。

（1）序言性注释通常置于每个程序模块的开头部分。它给出程序的整体说明，引导阅读者理解程序。序言性注释包含的项目主要有：程序标题、本模块的功能和目的说明、本模块包含的主要算法、接口说明、有关数据描述、与本模块的开发和修改相关的其他信息等。

（2）功能性注释嵌在源程序体内，用于描述相对应的程序段或语句要做什么，或者是完成什么功能。要注意的是功能性注释不要解释"怎么做"，因为程序语句本身就是"怎么样"的实现。例如：

```
TOTAL=TOTAL+AMOUNT                  /*AMOUNT 加到 TOTAL 中*/
```

注释与语句重复，对于理解程序毫无作用。如果这样注释：

```
TOTAL=TOTAL+AMOUNT                  /*将月生产额计入到年度总额*/
```

就能更好地帮助阅读者理解语句的意图。

2. 简单、直接地反映意图

程序的编写要简单，直截了当地说明程序员的用意，使人能一目了然，不需要过多的分析和想象。例如下面由 FORTRAN 语言编写的程序段：

```
DO 10 I=1,N
DO 10 J=1,N
10    V(I,J)=(I/J)×(J/I)
```

根据 FORTRAN 语言规定，除法运算（/）当除数与被除数都是整型数时，其商也必须取整数部分，得整型量。因此，程序运行的结果是只有当 I=J 时，V（I，J）=1.0，否则 V（I，J）=0.0，即生成了一个单位矩阵。该程序段构造简练，构思巧妙，但不易理解。阅读者可能要花很大的力气才能弄清程序员的真正意图，这会给程序的维护带来很大困难。为了提高可读性，该程序段可以改写为如下形式：

```
DO 10 I=1,N
    DO 10 J=1,N
    IF(I.EQ.J) THEN
        V(I,J)=1.0
    ELSE
        V(I,J)=0.0
    ENDIF
10   CONTINUE
```

3. 程序书写格式——缩排式书写

在编写程序时，一行只写一条语句，并采取适当的移行，可使程序的逻辑和功能变得清楚、明确。虽然许多程序设计语言允许一行内写多条语句，但如果程序书写得密密麻麻、没有层次，则很难让人看懂。例如，下面所列程序段语法上没有错误，计算机也可以执行，但读起来却不易理解：

```
DO K=1 TO N—1;T=K;DO L=K+1 TO N;
    IF A(L)<A(T) THEN T=L;ENDIF
    IF T>1THEN TEM=A(T);A(T)=A(L);A(L)=TEM;ENDIF;ENDDO; ENDDO;
```

如果采用下列缩排格式就容易使人理解：

```
DO K=1 TO N—1
    T=K
    DO L=K+1 TO N
```

```
    IF A(L)<A(T) THEN
        T=L
    ENDIF
    IF T>1 THEN
        TEM=A(T);
        A(T)=A(L);
        A(L)=TEM;
    ENDIF
    ENDDO
ENDDO
```

这样程序中依据逻辑关系依次向右缩进，使程序的逻辑结构更加清晰，层次更加分明。

在程序编写中应恰当地利用空格、空行来改进程序的视觉效果。自然的程序段之间可以用空行隔开；利用空格，可以突出运算符的优先性，避免运算错误的发生。例如，下列表达式

```
(X<13) ANDNOT.(Y>=49) ORZ
```

写成

```
(X<13)  AND  NOT (Y>=49)  OR  Z
```

就更清楚。

4. 标识符命名规范化

标识符包括了文件名、模块名、变量名、常量名、子程序名、数据区名等。对标识符的理解是理解程序逻辑的关键。这些标识符的命名应能反映出它们所代表的实际内容。好的标识符命名能使人见名知意，例如，表示总量用 TOTAL，表示平均值是 AVERAGE，表示累加和用 SUM 等。名字也不是越长越好，太长的名字易于出错，并增加工作量，使程序员或操作人员难以掌握，也给修改带来困难。因此，应当选用精练的、意义明确的名字作为标识符的命名。

在一个系统中，涉及的标识符很多，参与编写程序的人也很多。因此，在编写程序之前，应对标识符的命名做出统一的范围标准。例如，主模块用 M_0 表示，第一层模块用 M_1，M_2，…表示，第二层相应模块用 M_{11}，M_{12}，M_{13}，…，M_{21}，M_{22}，…表示等。标识符一旦确定下来，要加以注释以帮助说明其含义。而且，在同一个程序中同一个标识符只应有一个明确的含义。如果在一个程序中定义了一个变量 Temp，在程序的某一段代表"温度"（Temperature），而在程序的另一段中代表"临时变量"（Temporary），这样会给阅读者阅读程序带来混乱，修改时也容易造成错误。

5. 合理使用 GOTO 语句

Dijkstra 有关程序设计的一句名言是"程序员的水平与他在程序中使用 GOTO 语句的密度成反比"。因此，一定要避免使用不必要的 GOTO 语句。以下面程序为例：

```
    IF (A.LT.B)  GOTO 30
    IF (B.LT.C)  GOTO 50
    SMALL=C
    GOTO 70
30  IF(A.LT.C)  GOTO 60
    SMALL=C
```

```
      GOTO 70
 50   SMALL=B
      GOTO 70
 60   SMALL=A
 70   CONTINUE
```

10 行程序包括了 6 个 GOTO 语句，绕来绕去很不好理解。经过仔细分析，可以知道程序的功能是 SMALL 取 A，B，C 中的最小值。完成为求最小值的功能，程序可以编写成：

```
MALL: A
IF (B.LT.SMALL)  SMALL=B
IF (C.LT.SMALL)  SMALL=C
```

这样的程序要简明多了。

6.2.4 常用的编程序工具

过去，应用程序由专业计算机人员逐行编写，不仅周期长、效率低、质量差，而且重复劳动多，不易修改。计算机在信息系统中应用的日益扩大，促使人们对软件设计自动化进行了大量研究，并开发出各种软件生成工具。利用软件生成工具进行系统开发可以大量地减少甚至避免手工编写程序，并且避免了手工方式下的编程错误，从而极大地提高了系统开发效率。下面介绍几种常用的编程工具。

（1）电子表格软件开发工具。如 Lotus 1-2-3 电子表格软件包有一个规模较大的电子工作表（256 列×2048 行）。用户可以通过键盘填写表中数据，存入数据库，然后按图形方式显示或打印出来。由于这种软件可以灵活地与 FoxBASE、BASIC 等数据文件转换成工作表文件，所以便用比较方便。此外，Lotus 1-2-3 还设定了许多统计和财会中常用的函数和模型，因而便于 MIS 和 DSS 的开发。

（2）数据库管理系统提供的开发工具。现在的数据库管理系统已不只是局限于数据管理，而且具备相当强的软件生成功能。例如，ORACLE 数据库管理系统中，利用 ORACLE×FORMS 可以通过选择一些菜单和相应的功能键方便地进行对库操作；SQL×PLUS 的触发器机制为保证数据的完整性、一致性和合法性提供必要的检验手段；ORACLE×REPORT 和 ORACLE×GRAPH 为报表、图形生成提供方便。以上这些 ORACLE 软件工具配合起来使用，可以形成一个综合的应用软件开发环境。又例如，软件公司和 FOX 公司开发的 FoxPro 和 Windows 具有功能很强的菜单生成器、屏幕编辑器、报表编写器、应用生成器和跟踪调试工具，可以快速地生成各种菜单程序、输入输出屏幕、报表和应用程序。

（3）套装软件（Set Of Software）工具。所谓套装软件是将流行的若干软件集成起来形成一套软件。例如，套装软件 Office 就是将文字处理软件（Word）、电子表格软件（Excel）和演示文稿处理软件（Powerpoint）融合在一起，可同时运用字处理、表格设计、数据库和绘图功能。其中 Excel 还具备一定规模的生成模型的函数。

（4）可视化图形界面编程工具。

1）Delphi，是 Windows 平台下著名的快速应用程序开发工具（Rapid Application Development，RAD）。它的前身，即是 DOS 时代盛行一时的 "BorlandTurbo Pascal"，最早的版本由美国 Borland（宝兰）公司于 1995 年开发。主创者为 Anders Hejlsberg。经过数年的发展，此产品也转移至 Embarcadero 公司旗下。Delphi 是一个集成开发环境（IDE），使用的核心是由传统 Pascal 语言发展而来的 Object Pascal，以图形用户界面为开发环境，通过 IDE、

VCL 工具与编译器，配合连结数据库的功能，构成一个以面向对象程序设计为中心的应用程序开发工具。

2）Visual Basic 是一种可编程的应用软件，其特点是具有生成功能，用户可方便地设计界面，而且它提供给用户一种可以跨越多个软件平台（如电子表格软件、FoxPro 类型的数据库、字处理软件、绘图软件）的通用语言。软件开发人员只要掌握一种核心的语言，就可方便地与其他软件联结，而且看到的是相同的用户界面。Visual Basic 结合了面向对象技术，提供了一个运用对象的编程环境，是 Windows 环境下速度最快的开发工具，它引入主观编程的概念，把编程的高效性和容易性提高到一个崭新的阶段。Visual Basic 是图形设计工具，结构化事务驱动编程模式，开放的可扩充环境，向程序设计人员提供直观高效的编程方法。Visual Basic 尤其适合各种查询软件的编写。

3）PowerBuilder 是专为各种数据库设计的客户端的应用开发工具，是开发客户机/服务器体系结构下的，基于 Windows 或 Windows NT 上的应用程序集成开发环境，包含一个直观的图形界面和面向对象的编程语言。它属于"快速原型"开发工具，采用面向对象的程序开发方法，该方法是当今流行的软件开发方法，它不仅更贴近自然的语义，而且有利于软件的继承和维护，符合 Windows 应用标准，具有良好的表格和报表界面，支持事务控制、版本控制等特征。

4）C#是微软公司发布的一种面向对象的、运行于.NET Framework 之上的高级程序设计语言。C#是微软公司研究员 Anders Hejlsberg 的最新成果。C#看起来与 Java 有着惊人的相似；它包括了诸如单一继承、接口、与 Java 几乎同样的语法和编译成中间代码再运行的过程。但是 C#与 Java 有着明显的不同，它借鉴了 Delphi 的一个特点，与 COM（组件对象模型）是直接集成的，而且它是微软公司 .NET windows 网络框架的主角。

5）Lotus Notes 是世界上最资深也是最优秀的群件产品。对 Internet 和 Web 标准的完全开放，可以使 Notes Server 将 Web 浏览器作为一个客户支持，从而扩展了 Notes 服务器的功能。提供功能强大和完善的工作流控制及信息传播机制。支持与 Internet 的连接和集成。具有功能强大的文本数据库功能。提供较强的网络数据的安全性及数据的完整性。具有完善的邮件处理和通信服务机制，提供完整的开发环境。

（5）计算机辅助软件工程。软件开发工具的发展非常迅速，现在已由原来单纯辅助编程的工具进一步发展成为支持系统分析和系统设计（如生成数据流程图、生成功能结构图和各种文档资料等）乃至整个系统生命周期的大型软件环境，称为计算机辅助软件工程（Computer Aided Software Engineering，CASE）。CASE 中集成了多种工具，这些工具既可以单独使用，也可以组合使用，其特点是为系统开发提供了全过程的开发环境。

自学模块
　　了解各领域当前主流的程序设计开发工具、平台和语言，分类并讨论其不同。

6.3 系 统 测 试

软件系统是人创造性劳动的产物，由于人类本身能力的局限性，就不可避免地在开发出来的软件系统中存在各种各样的错误。特别是在大规模、高复杂性项目的开发中更是如此。随着信息技术在国民经济的一些重要领域的应用日益广泛，系统中的任何错误，都有可能造成财产以至生命的重大损失。例如，1963 年美国飞往火星的火箭爆炸事件，其原因在于某一段 FORTRAN 程序的循环语句

```
DO 5 I=1,3
```

被误写成　　　`DO 5 I=1.3`

在系统编译时误写的语句被认为是赋值语句

```
DO 5 I=1.3
```

从 "," 到 "." 的一点之差造成了 1000 万美元的损失。这种情况迫使人必须认真计划、彻底地进行系统测试，尽早地发现错误、纠正错误，减少和避免错误造成的损失。在一个软件系统开发过程中和完成之后，发现和纠正错误就是一项必须进行的工作，而且是一项投入巨大的工作。从投入的资金和人力来看，测试、使产品稳定和修改所需的开销占到了软件开发成本的 80%。以微软公司开发的 Windows 95 为例，代码长度为 11236344 行的 Windows 95，竟花费了 2333345h 用于测试，平均每行代码测试时间为 12.5min。

6.3.1　测试的目的和原则

测试是为了发现系统中的错误。因此，选取测试用例时，应选择那些易于发现系统错误的数据。Crenford J.Myen 就测试目的提出以下观点。

（1）测试是程序的执行过程，其目的在于发现错误。

（2）一个好的测试用例是指这个测试用例很有可能发现至今未发现的错误。

（3）一个成功的测试是指它发现了至今未发现的错误。

也就是说，测试的目标是想以最少的时间和人力系统地找出系统中潜在的各种错误和缺陷。如果我们成功地实施了测试，就能够发现系统中的错误。在力图发现错误的同时，测试附带地能够证明系统的功能和性能与分析说明书符合。此外，测试过程中收集到的测试结果数据还可以作为可靠性分析的依据。但是，要特别注意的是，测试不能表明系统中不存在错误，它只能说明系统中存在错误。

根据这样的测试目的，系统测试的原则应该如下。

（1）应尽早地和不断地进行测试。由于问题的复杂性、系统的复杂性和抽象性、系统开发各个阶段工作的多样性，以及开发人员之间工作的配合等因素，使得开发的每个环节都可能产生错误。所以，我们不应把测试仅仅看做是系统开发的一个独立阶段，只有在测试阶段才进行测试，而应当把测试贯穿到系统开发的各个阶段中。从系统分析开始，坚持在开发的各个阶段进行评审，这样才能在开发过程中尽早发现和预防错误，尽早地纠正错误，以提高软件质量和降低系统开发成本。

（2）程序员和程序设计机构原则上不应该测试自己设计的程序，并且要求在测试过程中，软件错误报告、软件错误修复和软件错误修复验证由不同的软件工程师处理。为了保证软件测试效果，软件错误报告应由测试工程师负责，软件错误修复应该由负责错误确认和处理的软件工程师负责，软件错误修复后的验证和关闭应该由软件错误报告者负责。

（3）制订严格的测试计划，并把测试时间安排得尽量宽松，不要希望在极短的时间内完成一个高水平的测试，并要求严格执行测试计划，排除测试的随意性。测试执行前，对每一

项测试做出周密的计划，包括测试版本号、测试内容、测试平台、测试进度、资源要求、测试用例、测试流程、测试质量控制等，符合测试计划和测试要求说明文档的要求。

（4）测试用例应由测试输入数据和与之对应的预期输出结果组成。测试之前应当根据测试的要求选择测试用例（Test Case）。任何一个系统都包含有输入/输出部分，因此测试用例不但需要包含测试时的输入数据，而且还需要针对这些输入数据产生预期输出结果，作为检验测试结果的基准。

（5）在设计测试用例时，不仅应当包括合理的输入数据，而且也应当包括不合理的输入数据。所谓合理的输入数据是指能验证程序正确的输入，而不合理的输入数据是指异常的、临界的、可能会引出问题异变的输入。在测试时，人们往往倾向于选择那些合法的、预期的输入数据来检查程序是否做了它该做的事情，而忽略了那些不合法的或预想不到的输入数据。实际上，当系统投入运行后，用户往往会使用一些意外的、不常规的输入。如果系统遇到这样的情况不能做出适当的反应，就很容易导致故障的发生。因此，用不合理的输入数据去测试系统往往比用合理的输入数据进行测试能发现更多的错误。

（6）程序中存在错误的概率与该程序中已经发现的错误一般是成正比的。

（7）重复测试一定要引起充分的重视，由于修改一个错误而引起更多错误出现的现象并不少见。

（8）测试报告应长期保留，为维护提供方便。

测试用例、测试结果等都包含在测试报告中长期保留下来，为以后的维护工作提供方便。一旦系统被修改，需要重新进行测试，将在很大程度上重复以前的测试工作。保留测试用例、测试结果，可以验证发现的错误是否被更改，方便以后的测试，也易于发现因修改而带来的新的错误。

6.3.2　测试的方法

对信息系统进行测试可以采用多种方法，并可从不同角度对测试方法进行分类。根据是否执行被测程序，软件测试方法有正确性证明方法、静态测试、动态测试。

1.　正确性证明

软件正确性证明技术的思想是采用数理逻辑的方法来证明程序是正确的。当给定一个程序及其输入/输出命题时，根据程序的语义对命题进行运算以生成一个定理，然后对该定理进行证明来验证程序的正确性。

设置命题及其证明需要大量的脑力劳动，推导过程冗长。例如，一个 433 行的 ALGOL程序，其证明长达 46 页，还无法证明该"证明"是正确的。但是正确性证明是一个诱人的课题，因为正确性证明可以利用计算机来帮助实现证明过程，提高效率、减少工作量，对未来的软件开发可能产生深远的影响。软件正确性证明目前还处于初级阶段，还不可能适用于大型系统。

必须强调，测试只能证明程序有错误，而不可能证明程序没有错误。认为测试能说明程序没有错误的想法是十分有害的，在这种认识指导下，人们往往会潜意识地寻找那些容易使程序通过的测试数据，忽视那些容易暴露程序错误的数据，使隐藏的错误不被发现，而不能达到测试的目的。

2.　静态测试方法

静态测试指人工审阅程序和软件文档，发现程序代码中的语法、语义的错误。这种检查方法最好是由非编码人员进行，以获得更好的检测效果，是一种行之有效的检验手段。据统计，30%～70%的错误是通过静态检查发现的，而且这些错误往往影响很大。因此，静态测试是开发过程中必不可少的质量保证措施。系统开发的每一个阶段都要对所产生的文档进行评审。这样，错误发现早，纠正早，可使开发成本大为降低。

3．动态测试方法

动态测试就是为了发现错误而执行程序，是在有控制地运行程序过程中从多种角度观察程序运行时的行为，发现其中的错误。

动态测试方法可以分为黑盒测试和白盒测试两种方法。前者是针对系统的外部功能和特性，而后者是侧重于系统内部实现的测试。

（1）黑盒测试——又称为功能测试，这种测试将软件看成黑盒子，在不需要了解系统结构的情况下，基于说明书提出的需求和功能，选择测试用例检测其是否满足所指定的功能。

（2）白盒测试——也称为结构测试，是基于系统内部结构和内部逻辑知识，采用合适的测试用例，以覆盖全部代码、分支、路径、条件。这种测试要求测试者必须了解程序的内部逻辑结构，通过对不同逻辑路径和过程的测试，检查程序是否满足设计的要求。测试用例对路径的覆盖率越高，测试范围越广，则测试越充分。

6.3.3 测试的步骤

从系统测试的步骤来分析，系统测试一般是由一系列的不同测试所组成的，这些测试步骤可以分为单元测试、集成测试、确认测试、系统测试。通常，系统开发的过程是自顶向下的，而测试正好相反是自底向上、逐步集成的。

系统测试的步骤如图 6-2 所示。

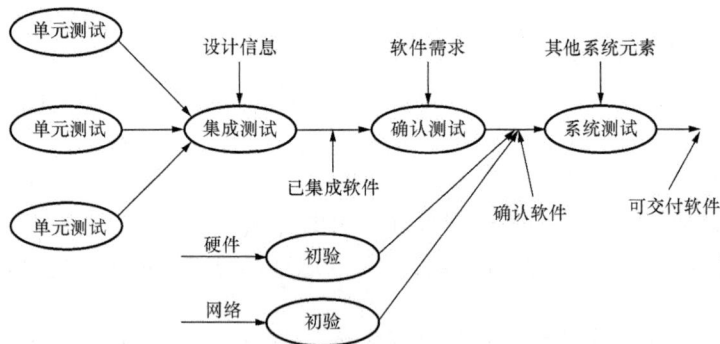

图 6-2　系统测试的步骤

单元测试是针对每个模块进行的测试，检查各个模块是否正确实现规定的功能，从而发现模块在编码中或算法中的错误，该阶段涉及编码和详细阶段的文档。各模块经过单元测试后，将被组装起来进行集成测试，以检查与设计相关的软件体系结构的有关问题。确认测试主要检查已实现的软件是否满足需求说明书中确定的各种需求。系统测试指把已确定的软件与其他系统元素（包括软硬件、接口、数据、人工等）结合在一起进行测试。

1．单元测试

单元测试是针对每个模块进行的测试。可以根据程序的内部结构设计测试用例，多个模块可以平行地进行测试。单元测试完成对最小软件设计单元——模块的验证工作。使用过程设计描述作为测试指南，对重要的控制路径进行测试以发现模块内的错误。测试的相关复杂度和发现的错误是由单元测试的约束范围来限定的。单元测试通常情况下是白盒测试，而且这个步骤可以针对多个模块并行进行。

2. 集成测试

集成测试是在单元测试的基础上，将所有模块按照设计要求组装成为一个系统后进行的测试。集成测试一般需要提交集成测试计划、集成测试规格说明和集成测试分析报告。集成测试的目标是把通过单元测试的模块构造成一个在设计说明中所描述的程序结构，然后通过测试发现和接口有关的问题。集成测试是在组装软件模块的同时进行测试，以查找与接口有关的错误。组装模块的过程可以分为自顶向下组装法和自底向上组装法。

应根据软件特性及软件的开发进度选择组装的策略。通常，可以对软件结构的高层采用自顶向下的方法，同时对低层模块采取自底向上的组装法。同时采用两种方法是最好的折中方案。

3. 确认测试

确认测试是验证软件的功能和性能及其他特性是否满足用户的要求。当集成测试结束时，软件已经完成组装，接口错误大多数已经被发现并修正，就可以开始确认测试了。软件的确认可以通过多种方式来实现，最简单的是当软件可以按照用户期望的、合理的方式工作时，确认即可以认为成功。

软件的确认是通过一系列证明软件的功能与需求相一致的黑盒测试来实现的。测试计划列出了要进行的测试种类，定义了为发现和需求不一致的错误而使用的详细测试用例和测试过程。计划和过程都是为了保证所有的功能需求都得到满足；所有性能达到了要求；文档是正确、合理的；并且其他的需求，如可移植性、兼容性、可维护性等特点，也都获得满足。

在每个确认测试实例进行时，通常会出现以下两种情形。

（1）软件的功能或性能特性与需求说明是一致的，可以接受。

（2）发现软件的功能或性能特性与需求说明存在偏差，而一个项目在这时所发现的偏差或者错误是无法按原定的进度得到修改的。因此，需要列出问题清单，与客户协商解决这些缺陷的方法。

4. 系统测试

系统测试是将软件放在软件运行时所需要的整个计算机环境下进行的测试，其环境包括软硬件平台、某些支撑软件、数据和人员等，这是在实际运行环境下进行一系列的测试。

软件只是计算机系统的一个组成部分，需要与系统的其他组成部分集成起来，才能真的运行，因此需要进行系统集成和测试。这些测试通常属于软件工程的过程研究范围，而且也不只是由软件开发人员来进行的。在软件设计和测试阶段采用的步骤能够大大增加软件集成成功的可能性。测试内容包括以下几点。

（1）功能测试。系统能完成哪些功能。

（2）可用性测试。界面出错信息，响应方式的可用性。

（3）吞吐量测试。系统能完成的最大数量的任务。

（4）保密性测试。考察系统对数据和程序的保密性。

（5）安装测试。对安装远程进行测试。

（6）程序测试。测试各类使用人员的操作程序。

（7）可恢复性测试。模拟硬、软件故障，查看恢复能力。

（8）资料测试。测试整个系统资料的准确性。

见仁见智

　　有的人说测试应该由专业人员来做，因为他们熟悉工具，但有的人认为他们的思维已成定式，很难找出非例常错误。因此，测试应该让什么都不懂的人做。

6.3.4　测试用例的设计

测试的目的在于尽可能多地发现错误。那么，测试能否发现所有的错误？或者说能不能把所有可能做的测试无遗漏地一一做完，找出所有的错误呢？下面按两种常用的测试方法做出具体分析。

两种常用的测试方法是"白盒测试"和"黑盒测试"。

白盒测试是已知系统的内部控制结构，通过测试证明每种内部操作是否都符合设计规范，所有内部成分是否都已经过检查。

黑盒测试是已知系统的功能设计规格，通过测试证明每个实现了的功能是否符合要求。白盒测试是对系统的过程细节做细致的检查。它把测试对象看做一个打开的盒子，允许测试人员利用程序内部的逻辑结构及有关信息，设计或选择测试用例，对程序所有逻辑路径进行测试。通过在不同点检查程序的状态，确定实际的状态是否与预期的状态一致。

例如，如图 6-3 所示的某程序的流程图，共有 5 条不同的路径，需循环 20 次。它所包含的不同执行路径数高达 5^{20} 条。若要对它进行穷举测试，即要设计测试用例，覆盖所有的路径。假使对每一条路径进行测试需要 1 毫秒，而且一天工作 24 小时，一年工作 365 天，那么要想把如图 6-3 所示的小程序的所有路径测试完，则需要 3710 年。显然，不可能通过遍历所有的路径来检查出所有的错误或说明程序没有错误。

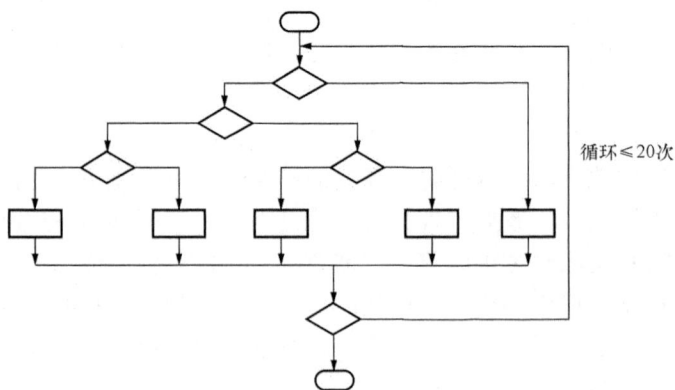

　　　　　　　　　　　　　　循环≤20次

图 6-3　白盒测试例子

黑盒测试意味着测试要完全根据系统的外部特性进行。它将测试对象看做一个黑盒子，测试人员完全不考虑程序内部的逻辑结构和内部特征，只依据程序的说明书，检查程序的功能是否符合它的功能说明。包括：是否有不正确或遗漏了的功能？在接口上，输入能否正确地接受？能否输出正确的结果？是否有数据结构错误？是否有外部信息（例如数据文件）访问错误？性能上是否能够满足要求？是否有初始化或终止性错误？等等。所以，黑盒测试必须在所有可能的输入条件和输出条件中确定测试数据，检查程序是否都能产生正确的输出。

例如，某程序 P 有两个输入量 A 和 B，有一个输出量 C，如图 6-4 所示。假设程序 P 在字长为 32 位的计算机上运行。如果 A，B 只取整数，考虑把所有的 A，B 值都作为测试数据，按黑盒方法进行穷举测试。

这样可能出现的测试数据组（A，B）的不同测试数据组合的最大数目为 $2^{32} \times 2^{32} = 2^{64}$。

图 6-4 黑盒测试例子

如果测试一组（A，B）数据需要 1 毫秒，而且同样假定一天工作 24 小时，一年工作 365 天，要完成 2^{64} 组这样的测试，需要 5 亿年。同样，我们可以看到，不可能通过遍历来全面地发现程序中的所有错误。

在测试时既然穷举测试不可行，就必须精心设计测试用例，从数量极大的可用测试用例中精心挑选出有限的测试数据。挑选的标准是采用这些测试数据能最有可能地发现隐藏的错误。

同时，这也说明，测试有一个致命的缺陷，即测试的不完全、不彻底性。由于任何程序只能进行少量的（相对穷举的巨大数量而言）有限的测试，在发现错误时能够说明程序中存在问题；但如果这些测试用例没有发现错误，不能说明程序中没有错误，因为这些测试用例只是巨大数量中的一小部分，还有许多其他的情形没有进行测试，错误可能潜藏在其他的情形中。

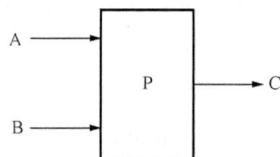

自学模块

了解黑盒测试概念、衡量标准、测试任务、原则对象、确认标准。

6.3.5 排错

排错（Debug）又叫调试，是在进行了成功的测试之后才开始的工作。测试是为了尽可能多地发现程序中存在的错误，而排错是确定错误的位置和性质，并改正错误。与确定错误的位置与性质比，修改程序、改正错误要相对容易一些。测试时所出现的问题，往往只是潜在错误的外部表现，要找出导致错误的真正原因并不是一件易事。因此，可以说，排错是一个通过现象找出原因的思维分析过程。

排错的关键在于找到程序内部错误的具体位置。下面一些方法可以帮助我们确定错误的位置。

1. 强行排错法

这是一种目前使用较多、效率较低的排错方法。它通过分析错误的外在表现形式，猜想错误的大概位置，获得可疑区域的相关信息，并判断猜想是否正确。例如，把打印语句插在出错的源程序的各个关键变量改变部位、重要分支部位、子程序调用部位，跟踪程序的执行，监视关键变量的变化。根据这些信息来确定错误的类型和位置。

2. 回溯法

这是在小程序中常用的一种有效的排错方法。程序运行发现了问题后，人们先分析错误征兆，确立最先发现错误症状的位置。然后，人工沿程序的控制流程，向回追踪源程序代码，直到找到错误根源或确定错误产生的范围。该方法对于小程序很有效，往往把错误范围缩小到程序中的某一小段代码，再通过对这一小段代码的仔细分析就不难确定错误的准确位置。但对大程序来说，由于回溯的路径数目很多，回溯会变得很困难。

3. 归纳法

归纳法是一种从特殊情况推断一般情况的系统化思考方法。它的基本思想是：从错误征兆的线索出发，通过分析这些线索之间的关系，确定错误的位置。用归纳法排错时首先要收集、整理程序测试运行的有关数据，分析数据之间的规律，在此基础之上提出关于错误的假设；再将假设与原始线索或数据进行比较，如果能解释所出现的现象，则假设得到证明；否则假设不成立，需要重新分析，提出新的假设，直到最终发现错误的原因。

4. 演绎法

演绎法是一种从一般原理或前提出发，经过排除和精化的过程推导出结论的思考方法。演绎法排错时测试人员首先根据已有的测试用例，设想出所有可能出错的原因，然后再根据原始测试数据或新的测试，从中逐个排除不可能的假设。对余下的原因，按可能性的大小，逐个作为假设解释测试结果，直到找出错误原因。

5. 自动排错工具

某些程序语言具有调试功能，或有专门的调试工具。利用这些工具，可以分析程序的动态过程，而不必修改程序。例如，可以利用程序语言的一些功能：打印出语句执行的追踪信息、追踪子程序调用、指定变量的变化情况等。自动调试工具的功能包括：设置断点、当程序执行到某个特定的语句或某个特定的变量值改变时暂停程序的执行等。

见仁见智

你是天择科技公司的系统分析员，该公司是一家大型空调设备制造商。你正率领着一个项目组为其开发新的库存管理系统。项目现在处于应用程序开发阶段。单元测试已经结束，正在进行最后几步的集成测试。但是你的主管希望能提前完成应用程序的开发并询问是否可以将两周的系统测试缩减至三天。写份备忘录来说明你的看法。

6.3.6 测试与排错

测试与排错或调试是互相联系又性质不同的两类活动，它们的差别对比如表 6-1 所示。

表 6-1 测试与排错对比表

测 试 （test）	排 错 （debug）
先进行测试，即在排错前进行。	后进行排错，即在测试后进行。
证实程序有错。	修改程序错误。
测试是从已知条件出发，使用预定方法，有期望测试结果，但结果不可预测。	从未知初始条件出发，即错误性质、位置和范围是未知的，其结果不可预测。
测试可事先安排计划和日程。	排错的方法和时间难以事先确定。
类似正确性证明。	推理和归纳。
揭露程序错误。	改正程序错误。

续表

测 试 （test）	排 错 （debug）
可预测的、机械的、强制的。	随机、联想、实验、智力和自主的。
可忽视对象细节。	必须了解对象细节。
可由非程序员来做。	必须由程序员来做。
建立了理论基础。	尚待建立理论方法。

6.3.7　测试分析报告

测试分析的结果需要形成正式的测试分析报告，测试分析报告由担任测试工作的人员完成，经过审核、批准后，作为排错的依据以及开发文档的重要组成部分存档保存。以下是引自国家计算机标准和文件模块中的测试分析报告样本，可以作为我们编写测试分析报告的范本。

×××测试分析报告

测试完成日期：　年　月　日　　　　　　　　报告日期：　年　月　日

1. 引言

1.1　编写目的

说明这份测试分析报告的具体编写目的，指出预期的阅读范围。

1.2　背景

说明被测试软件系统的名称；该软件的任务提出者、开发者、用户及安装此软件的计算中心，指出测试环境与实际运行环境之间可能存在的差异以及这些差异对测试结果的影响。

1.3　定义

列出本文件中用到的专业术语的定义和外文首字母组词的原词组。

1.4　参考资料

列出要用到的参考资料，如：本项目的经核准的计划任务书或合同、上级机关的批文；属于本项目的其他已发表的文件；本文件中各处引用的文件、资料，包括所用到的软件开发标准。列出这些文件的标题、文件编号、发表日期和出版单位，说明能够得到这些文件资料的来源。

2. 测试概要

用表格的形式列出每一项测试的标识符及其测试内容，并指明实际进行的测试工作内容与测试计划中预先设计的内容之间的差别，说明做出这种改变的原因。

3. 测试结果及发现

3.1　测试 1（标识符）

把本项测试中实际得到的动态输出（包括内部生成数据输出）结果同对于动态输出的要求进行比较，陈述其中的各项发现。

3.2　测试 2（标识符）

用类似本报告 3.1 条的方式给出第 2 项及其后各项测试内容的测试结果和发现。

4. 对软件功能的结论

4.1　功能 1（标识符）

4.1.1　能力

简述该项功能，说明为满足此项功能而设计的软件能力以及经过一项或多项测试已证实的能力。

4.1.2　限制

说明测试数据值的范围（包括动态数据和静态数据），列出就这项功能而言，测试期间在该软件中查出的缺陷、局限性。

4.2　功能 2（标识符）

用类似本报告 4.1 的方式给出第 2 项其后各项功能的测试结论。

　　……

5. 分析摘要

5.1　能力

陈述经测试证实了的本软件的能力。如果所进行的测试是为了验证一项或几项特定性能要求的实现，应提供这方面的测试结果与要求之间的比较，并确定测试环境与实际运行环境之间可能存在的差异对能力的测试所带来的影响。

5.2　缺陷和限制

陈述经测试证实的软件缺陷和限制，说明每项缺陷和限制对软件性的影响，并说明全部测得的性能缺陷的累积影响和总影响。

5.3　建议

对每项缺陷提出改进建议，如：各项修改可采用的修改方法；各项修改的紧迫度；各项修改预计的工作量；各项修改的负责人等。

5.4　评价

说明该项软件的开发是否已达到预定目标，能否交付使用。

6. 测试资源消耗

总结测试工作的资源消耗数据，如工作人员的水平及别数量、机时消耗等。

6.4　系 统 转 换

系统转换是用新信息系统替代旧的处理系统的过程。这里所说的旧的处理系统，既包括原来的人工处理系统，也包括旧的计算机信息系统。转换工作包括现行系统的数据文件向目标系统数据文件转换，人员、设备、组织机构的改造和调整，有关资料的建档和移交等。系统转换的终结形式是将信息系统的全部控制权移交用户。

系统转换的方式有四种，如图 6-5 所示。

1. 直接转换方式

这种方式是在某一特定时刻，现行系统停止运行，目标系统直接替换现行系统，中间没有过渡阶段。直接转换的优点是转换最简单，费用最省。这种方式对重要系统不太适用，因为目标系统尚未承担过正常的工作，可能会出现很多意想不到的问题，风险性大。在实际应用时，应有一定保证措施，以便目标系统一旦出现问题，老系统尚能顶替工作。一般只有在现行系统已完全无法满足需要或目标系统不太复杂的情况下才采用这种方法。

2. 平行运行方式

这种方式是安排现行系统、目标系统有一段平行运行的时间。在此阶段，旧系统和新的人—机处理系统并存。平行运行不仅能保持转换期间工作不间断，而且新老系统还可以进行比较。但这种方式现行系统与目标系统并行运转，费用较高。

3. 试运行方式

这种方式类似平行运行方式。目标系统在一些关键处理环节上进行试运行，现行系统照常运行，等试运行感到满意时，再转入目标系统全面运行，而现行系统则完全停止运行。

4. 逐步转换方式

这种方式是目标系统分期分批地进行转换，直到完全替代现行系统。逐步转换能避免直接转换的危险性，也比试运行方式的费用低。但在逐步代替的过程中目标系统与现行系统之间接口复杂，必须事先予以充分重视。当新、老系统差别太大时，不宜采用这种方式。

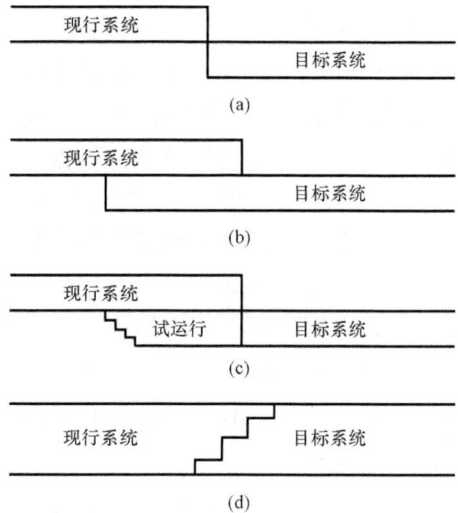

图 6-5 系统转化的方式
(a) 直接转换方式；(b) 平行运行方式；
(c) 试运行方式；(d) 逐步转换方式

在实际应用中，上述几种方式也可以混合使用。例如，对系统中不很重要的部分以采用直接转换方式，对那些重要的、影响面大的部分采用逐步转换方式等。

在系统转换过程中，影响顺利转换的还有以下几个问题，应予以充分重视。

（1）目标系统的运行需要大量基础数据，这些数据的整理、录入工作量庞大，应及早准备，尽快完成。

（2）系统转换除了程序的转换、机器设备的转换之外，还有一个重要的方面是人的转换。新系统使原来的工作方式、工作流程等都发生了变化，应该提前做好有关人员的培训工作。

（3）尽管实际运行之前做了大量的测试、排错工作，新系统的运行难免还要出现问题，这是正常现象。系统工作人员应该有足够的准备，并做好记录。如果出现的是局部性问题，属正常现象，说明系统的开发是成功的。如果出现的是致命性问题，则可能意味着系统开发工作质量不高，系统需要修改甚至重新设计。

6.5 实施阶段文档

在系统实施阶段，应结合程序编写继续完善用户手册和操作手册。用户手册详细描述软件的功能、性能和用户界面，使用户了解如何使用该系统。操作手册为操作人员提供系统各种运行情况的有关知识，特别是操作细节。

测试报告是测试工作完成后对整个测试过程、测试用例、测试结果的说明，并对测试结果加以分析，提出测试的结论性意见。测试报告的具体项目包括：测试计划、测试设计说明、测试规程、测试用例、测试结果、测试结果分析、结论等。

章节主题讨论

1. 一位主管说："集成测试纯属浪费时间。如果对每段程序都进行了充分的测试，完全可以不需要进行集成测试。相反，我们应该尽早进行系统测试；如果模块之间不能很好的交互，可以到那时再来处理。"你同意他的话吗？说明你的理由。

2. 假设你是一位系统分析员，正在设计详细的测试方案。解释在你的方案中会使用的测试方法。你会使用真实数据还是模拟数据？

3. 通过 Internet 找一个为软硬件产品提供培训的例子。把培训内容、产品特点、培训类型及培训费用（如果知道的话）记下来，在课堂上讨论你所收集的资料。

4. 假设你设计了一个指南来对使用某一特定的软件或硬件（例如 Web 浏览器）的用户进行培训。你想了解接受培训者的哪些信息？这些信息对培训材料的设计有哪些影响？

项目实践

针对学校内运行的某个系统，请你为其制订一份普通的测试计划，并进行测试。

第7章　运　行　与　维　护

信息系统开发完毕并交用户使用以后还存在着一个系统运行管理的问题。如果运行管理不善，则新系统仍然不能充分发挥其效益。按照信息系统开发生命周期循环的观点，信息系统是一个面向社会各管理领域的人—机交互的开放式系统。它不同于其他工业产品，不存在一个一劳永逸的最终产品形式。一个信息系统开发完成后还有大量的运行管理、系统维护、系统评价等工作。可以说，信息系统是否有长久的生命力就取决于该阶段的工作。

7.1　系统运行及维护

7.1.1　系统的运行管理

系统运行管理的一个首要问题是运行的制度管理。系统的运行管理制度主要是指一个信息系统研制工作基本完成后，确保系统按预定目标运行并充分发挥其效益的一切必要条件、运行机制及保障措施。运行管理制度主要包括以下几个方面。

1. 系统运行管理的组织机构

系统运行管理的组织机构包括各类人员的构成、各自的职责、主要任务及其内部组织结构。目前我国各企业、各组织中负责系统运行的主要组织机构大多是信息中心、计算中心、信息处等信息管理职能部门。管理人员主要有三类：一类是硬件系统维护人员；一类是应用软件开发与维护人员；还有一类是数据库管理与维护人员。

2. 基础数据的管理

基础数据管理包括对数据收集和统计渠道的管理、计量手段和计量方法的管理、原始数据的管理、系统内部各种运行文件、历史文件的归档管理等。

3. 运行管理制度

运行管理制度包括系统操作规程、系统安全保密制度、系统修改规程、系统定期维护制度及系统运行状况记录和日志归档等。

4. 系统运行结果分析

系统运行结果分析就是要得出某种能反映组织经营生产方面发展趋势的信息，提高管理部门指导企业的经营生产的能力。如系统已设计有市场预测功能，运行此功能即可得到未来市场变化的趋势，那么这个结果是否对实际经营管理具有指导意义呢？我们还必须考察其拟合系数值的情况，如果很大，则可以用；如果不很大，则还必须考察原始数据有无不能反映市场变化规律的值或是有无输入错误等。如果综合分析了上述情况，写出分析报告，才可充分发挥人—机结合辅助管理的优势。

　　系统运行情景案例——青钢管理信息系统的运行与维护

青岛钢铁集团管理信息系统在交付使用后，遵照相应的管理规范，责成相关部门和个人负责具体的日常业务处理，记录系统的运行情况。青钢信息中心负责系统的维护，保证系统的正常运行，包括硬件设备的更新与升级、计算机病毒的检测与清除、软件系统的修改与完善、系统故障的排除等。

系统运行至今，系统维护工作一直没有间断，部分硬件设备已经被更新，部分软件功能也已经被修改、完善。例如，在系统应用之初，开具销售发票时必须针对一个客户的一个合同，而不能针对一个客户的多笔合同开具销售发票。系统运行后，销售部门提出，一个客户往往同本企业签订多笔合同，希望在开具发票时能够进行更加灵活的处理，不受单一合同的限制。为此，制订了相应的软件修改计划，进行了软件功能的修改和完善。

另外，在系统正常运行半年后，青岛钢铁集团还组织相关部门人员及相关领域的专家对已实施的管理信息系统的工作情况、技术性能、经济效益进行了分析和评价并依据评价结果对系统进行了完善和修改。

7.1.2 系统维护的概念

系统维护是为了适应系统的环境和其他因素的各种变化、保证系统正常工作而对系统所进行的修改。它包括了系统功能的改进和解决系统在运行期间发生的一切问题和错误。

系统维护的内容包括以下几点。

（1）程序的维护。程序维护指根据需求变化或环境的变化对程序进行修改。一般来说，信息系统的主要维护工作量是对程序的修改。

（2）数据文件的维护。信息系统的业务处理对数据的需求是不断变化的，要经常对数据库或文件进行修改。例如，建立新文件、修改现有文件的结构等。但是不包括数据库和文件的定期更新。

（3）代码的维护。随着环境的变化，旧的代码不能适应新的要求，必须进行改造，包括制定新的代码或修改旧的代码体系。代码维护的困难不是代码本身的变更，而是新代码的贯彻。因此，应成立专门的管理小组负责代码维护，各业务部门也要指定专人进行代码的管理。

（4）机器、设备的维护。机器、设备的维护包括机器、设备的日常管理和维护工作，例如对主服务器的管理等。一旦计算机发生故障，要有专人进行修理，以保证系统能正常运行。

7.1.3 系统维护的类型

根据产生的原因，系统维护工作可分为以下四种类型。

（1）更正性维护。在系统交付使用后，由于测试的不彻底、不完全，必然会有一部分隐藏的错误被带到运行阶段。这些隐藏的错误在某些特定的使用环境下会暴露出来。为了识别和纠正错误而进行维护的过程就是更正性维护。例如，解决开发时不能对各种可能情况进行完全测试而带来的问题等。

（2）适应性维护。随着计算机的飞速发展，系统的外部环境（硬、软件的配置）或数据环境（数据库、数据格式、数据输入/输出方式、数据存储介质）都可能发生变化，为了使系统适应这种变化而修改系统的过程就是适应性维护。例如，将某个应用程序从 DOS 环境移植到 Windows 环境；将原来用 FoxPro 实现的数据库改为 Oracle 数据库等。

（3）完善性维护。在系统的使用过程中，用户往往会对系统提出新的功能与性能要求。为了满足这些要求而需要修改或再开发软件功能、增强系统性能和功能的维护活动叫做完善性维护。例如，早期开发的信息系统中没有充分考虑系统的安全性，在实际使用中再增加防火墙、确认等安全性措施。

（4）预防性维护。预防性维护是主动性的预防措施，对那些使用期长、目前尚能正常运行、但可能会发生变化的部分进行提前修改，以适应将来的改变或调整。例如，将报表生成功能从原有的生成专用报表改成生成通用报表，以适应将来报表格式的变化。

在整个系统维护中，预防性维护只占很小的比例，而完善性维护几乎占了一半的工作量，如图 7-1 所示。而且系统维护工作在系统整个生命周期间所占的比重也越来越高。据 1990 年的统计，维护活动花费的工作量占整个生命周期工作量的 70% 以上，如图 7-2 所示。这是由于在漫长的运行过程中需要不断对系统进行修改，以改正新发现的错误、适应新的环境和满足用户新的要求。这些修改需要花费很多精力和时间，而且有时修改还会引入新的错误。这些都说明系统的维护工作是十分繁重的。

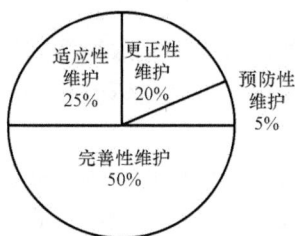

图 7-1　四类维护所占比例　　　　图 7-2　维护在系统生命周期所占比例

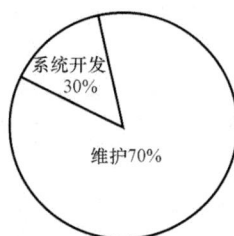

7.1.4　系统维护的管理

系统的修改往往会"牵一发而动全身"。程序、文件、代码的局部修改，可能会影响到系统的其他部分。因此，系统的维护和修改必须通过一定的审批手段。为了有效地进行维护，应该在事先就开始组织工作，建立维护机构，明确维护工作的处理过程，还必须建立维护活动的登记制度及规定评审和评价的标准。

通常，对系统的维护活动应该遵循以下步骤。

（1）提出维护申请报告。所有维护申请应按规定的方式提出。操作人员或业务领导用书面形式向主管领导提出对某项工作的修改要求。维护申请报告经批准后才可以进一步安排维护工作。

（2）领导批准。系统主管领导进行一定调查后，根据系统的情况和工作人员的申请，认为这种修改是可行的、必要的时候，对维护申请报告做出相应的答复。

（3）分配任务。进行维护时，首先应当确认维护要求和维护类型，安排有关维护工作的优先次序，向有关人员分配工作任务。尽管维护的类型不同，但维护的技术工作是基本相同的，包括修改系统说明、修改软件设计、修改源程序、测试、系统配置评价等。

（4）记录维护档案。为了估计维护的有效程度，确定维护工作的实际开销，在维护的过程中要做好维护档案记录。其内容包括：程序名称、所用的程序设计语言、程序改变的层次及名称、修改程序所增加或减少的源程序语句条数、修改所付出的人工劳动量、维护类型、日期等。维护的情况还要通知用户和操作人员，并指明新的功能和修改的情况等。

（5）维护评价。维护工作完成后要进行验收和评价。在交给用户使用之前，要进行充分的确认和测试，以保证整个修改后的程序的正确性。

维护工作的工作流程如图 7-3 所示。

见仁见智

作为天空保险公司的 IT 部经理，你把 IT 部门人员分为独立的两组—— 一组负责维护项目，另一组负责新系统开发。你在另一个公司任职的时候采用这种安排的效果很好，然而，天空保险公司以前在系统分派上没有什么特别的模式。

开始的时候，你们组里的系统分析员对于分组方式没有发表评论。现在，几个最好的系统分析员表示他们更喜欢混合式的工作而不愿意被分配到维护组。在问题进一步激化以前，你已经决定重新考虑组织策略了。是否应该重新遵循天空保险公司以前的做法呢？为什么这样做或为什么不这样做，是否还有其他的方法，如果有，又是些什么方法呢？

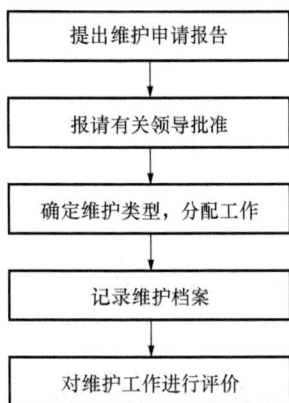

```
┌─────────────────────┐
│   提出维护申请报告   │
└─────────────────────┘
          ↓
┌─────────────────────┐
│   报请有关领导批准   │
└─────────────────────┘
          ↓
┌─────────────────────┐
│ 确定维护类型，分配工作 │
└─────────────────────┘
          ↓
┌─────────────────────┐
│    记录维护档案     │
└─────────────────────┘
          ↓
┌─────────────────────┐
│  对维护工作进行评价  │
└─────────────────────┘
```

图 7-3　维护工作流程

7.1.5　修改程序的副作用

维护时必然会对源程序进行修改。但修改程序的过程会带来新的错误或其他不希望发生的情况，这就是修改程序的副作用。修改程序的副作用有以下三种。

（1）修改代码的副作用。在使用程序设计语言修改代码时，有可能引入错误。例如，删除或修改一个子程序、删除或修改一个标号、删除或修改一个标识符等，都容易引入错误。

（2）修改数据的副作用。在修改数据时，有可能造成程序设计与数据结构的不匹配而导致程序出错。例如，在重新定义全局变量或局部变量时，与原来对这些变量的设计和引用可能不相容而导致错误。

（3）对文档的影响。程序进行修改时，必须对相关技术文档进行相应修改，否则会导致文档与程序功能不匹配、默认条件改变、错误信息不正确等错误，使得文档不能反映系统的当前状态。例如，对交互输入的顺序或格式进行了修改，如果没有正确地记录到文档中，用户还按原来的顺序或格式进行输入，可能引起重大的错误。

采用以下方法可以控制因修改程序而引起的副作用。

（1）按模块把修改分组。

（2）按自顶向下的顺序进行修改。

（3）每次仅修改一个模块。

（4）对于每一个修改了的模块，要首先确定修改带来的副作用再开始下一个模块的修改，等等。

7.2　信息系统的可靠性与安全性

信息系统的可靠性与安全性是衡量信息系统质量的两个重要指标。特别是信息技术的发展应用把人类文明推向了一个新的时代，信息系统成为企业的神经系统，一旦出现问题，将会给企业和社会造成巨大的损失和灾难。近十年以来大量计算机犯罪、全球性计算机病毒的泛滥更使社会普遍关注信息系统的可靠性和安全性。也有越来越多的计算机科学工作者把研究工作转移到安全技术方面，大力推动了信息系统安全技术的发展。

7.2.1 系统可靠性

信息系统的可靠性是指在满足一定条件的应用环境中系统能够正常工作的能力。度量系统可靠性的标准主要有平均无故障运行时间、平均失效间隔时间、平均故障修复时间等。

提高系统可靠性应该贯穿信息系统生命周期的整个过程，在系统分析、设计、实施等各个阶段均应采用一定的措施来保证可靠性。例如，对于生产实时监控系统，一旦出现问题便会造成严重后果。为了提高系统的可靠性，在硬件配置时使主服务器采用双 CPU 结构，一个 CPU 正常工作，另一个 CPU 备用，一旦工作的 CPU 发生问题立即切换到备用 CPU 上。这属于设备冗余技术。其他常用的可靠性技术还有负荷分布技术、数据冗余校验、数据的保护与恢复技术、系统动态检测、诊断和软件自动校正技术等。

在使用技术手段提高系统可靠性的同时，还要注意到人是影响系统可靠性的重要因素。

信息系统是一个人—机系统，人是信息系统应用和运行的主体。要提高有关人员的职业道德和技术水平，使人—机和谐结合，提高人的技能，这是提高信息系统可靠性的基础。

7.2.2 系统安全性

（1）安全性概念。信息系统的安全性是指组成信息系统的硬件、软件和数据资源能够受到妥善的保护，不因自然的或人为的因素而遭到破坏、更改和泄露，信息系统能连续正常运行。

依据以上定义，可以看到，信息系统的安全是个系统概念，它包括了信息系统实体的安全、软件的安全、数据的安全、运行的安全四个部分。

1）信息系统实体的安全是指保护计算机系统硬件和存储媒体的安全，使它们不受自然和人为因素的影响和破坏。它包括计算机机房的安全等级、计算机房的场地环境选择、计算机存储介质的安全保护以及设备的防盗安全等。

2）信息系统的软件安全是保护信息的各种程序、数据和文档不被任意篡改、不失效和非法复制，保证计算机运行的软件是安全的。

3）信息系统的数据安全是保护信息系统内所存储的各种数据、资料不被非法使用和修改，保障系统中数据的安全性和纯洁性。

4）信息系统运行安全是个动态的概念，着重于保护信息系统的连续正确运行。它主要通过对系统进行监控，当发现某种不安全因素后报警或采用适当的安全技术措施来消除不安全因素或限制它的影响范围，控制不安全因素的扩散。此外，运行安全还要防止计算机病毒对系统的入侵，及早发现和消除计算机病毒，以达到使整个信息系统能持续正常运行的目的。

（2）影响系统安全性的因素。影响信息系统安全性的因素很多，举例如下。

1）自然的和不可抗拒因素。如洪水、地震等自然灾害，战争、社会暴力等社会灾难。

2）硬件和物理的因素。计算机硬件是由电子元器件、集成电路板、通信线路等构成的，各部件都存在老化及寿命周期的问题。当某个部件老化时会导致局部的偶然失效，产生意外结果。另外，计算机系统还有电磁波的干扰与辐射等问题。

3）软件因素。虽然投入运行前经过了测试与检验，程序本身还存在一些缺陷和隐患。而这些缺陷和隐患，极有可能成为今后影响信息系统安全运行的重要因素，成为系统被入侵的突破口。

4）数据因素。例如数据在传输过程中的丢失、泄露等。

5）计算机病毒与犯罪。信息系统的程序和数据经常成为计算机病毒和犯罪攻击、破坏的对象，尤其是近几年来，CIH 等病毒在全世界内的危害发作给许多公司，包括著名大公司造成了巨大的经济损失。防黑、防毒成了影响信息系统安全的两大首要因素。

6）人为因素。信息系统内部的行政管理、人员的素质、职业道德和责任心等对系统的安全也有重大影响。特别是领导的安全管理意识将直接影响和制约整个系统的安全，是安全工作的基础。因此，必须在领导的支持和直接领导下，制定各种强有力的安全政策、法规，并认真贯彻执行这些政策，组织相关人员的教育培训，营造一个安全的系统运行环境。

目前，人们已经意识到靠法制来保证信息的安全。有许多国家已经制定了相应的法律。瑞典在 1973 年就颁布了世界上第一部数据保护法，成立了国家数据监察局。1983 年 5 月，国际信息处理联合会（International Federation for Information Processing，IFIP）在斯德哥尔摩召开大会，全世界的 300 多名专家就计算机信息系统的安全进行了广泛的讨论和研究。我国于 1994 年 2 月 18 日也颁布了《中华人民共和国计算机信息系统安全保护条例》，这是我国在信息系统安全领域的第一个安全性法规。

7.3　系统的监理和审计

信息系统一旦投入实际运行就会成为整个组织的神经中枢，如果出现问题或停止工作，所造成的损失将是巨大的，所以信息系统的运行必须有适当的监理和审计等安全保障措施。在信息系统的安全保障措施和制度方面，系统的监理和审计是各国政府最有可能以立法形式强制推行的安全保障措施。

7.3.1　系统监理

1. 系统监理的概念

依据信息产业部《信息系统工程监理暂行规定》，信息系统工程监理是指依法设立且具备相应资质的信息系统工程监理单位，受业主单位委托，依据国家有关法律法规、技术标准和信息系统工程监理合同，对信息系统工程项目实施的监督管理。

2. 系统监理的发展

目前信息系统工程的现状类似于 20 世纪 80 年代以前建筑工程的状态。自 1988 年建设部颁布《关于开展建设监理工作的通知》以后，特别是 1996 年建设监理全面推行后，建筑工程的质量普遍提高，业主和承建商之间的纠纷普遍减少，凡是出问题的工程，监理也有问题。因此，要求参考建筑工程的管理办法对信息工程实施监理的呼声日益高涨，这既是信息工程用户（业主）的愿望，也是系统集成商的愿望，信息工程市场呼唤"第三方"——信息系统工程监理的出现。

早在 1995 年，电子工业部就出台了《电子工程建设监理规定（试行）》。1996 年，深圳市成立了全国第一家信息工程质量监督机构——信息工程质量监督检验总站。1998 年，西安协同软件股份有限公司经西安技术监督局和西安市科委批准，获得"计算机管理信息系统工程监理"资质认证，成为国内第一家获此资格的公司。1999 年 6 月，深圳市政府在国内率先出台了包括实施信息工程监理条款在内的《深圳市信息工程管理办法》，并要求首届我国国际高新技术成果交易会信息网络工程实施监理。2000 年 7 月，深圳市信息化建设委员会办公室制订了《深圳市信息工程建设管理办法实施意见》，要求"市、区、镇人民政府及其所属部门使用财政性资金（包括预算内资金、预算外资金、事业收入等），投资规模在 100 万元以上的信息工程建设项目必须遵照本实施意见进行立项、招投标、监理、质量监督、验收"。2002 年 7 月，北京市信息化工作办公室制定了《北京市信息系统工程监理管理办法（试行）》，要求"本市推行信息系统工程监理制度，建设单位应当通过协议或者招标的方式优先选择具有相应资质等级的信息系统工程监理单位承担监理业务。各级财政全部补助或者部分补助以及为社会提供公共服务的重大信息化工程项目必须通过招标的方式选择信息系统工程监理单位，实行强制监理。"2002 年 11 月，国家质量监督检验检疫总局公布《设备监理单位资格管理办法》，在该管理办法的 21 类设备工程专业中，涉及信息工程的共有三类，即信息网络系统、信息资源开发系统和信息应用系统。最近，在国家信息办和国家标准管理委员会直接领导下，信息化系统监理规范化项目正在加紧制定中，并且是作为电子政务标准化项目的子项目而提出的。2002 年 12 月，信息产业部在广泛征求意见和开展试点工作的基础上，正式颁布《信息系统工程监理暂行规定》，这标志着我国信息工程监理开始迈向科学化、专业化和规范化，也预示着在我国即将出现一个新的中介服务行业，将很快涌现一批监理机构和执业人员，从此信息系统工程监理工程师也将逐步成为国民经济和社会信息化的"警察"。

但我国的信息系统工程监理目前仅仅是处在起步阶段，事实上根据对国内信息化应用程度较高的行业部门（如银行、证券、保险、气象、社保、旅游等）和部分大型企业（如华北制药、哈尔滨轴承集团、哈尔滨飞机制造企业、跃进汽车集团、我国石化等）30 个样本作为调查对象的调查结果显示，对于大多数企业来说，项目监理是个新概念。只有 30% 的被调查者表示在某些信息化项目中使用过监理服务。在 70% 未使用过项目监理的被调查者中，5% 表示听说过，95% 表示知道建筑工程有监理，但在 IT 信息化项目中引入监理还是第一次听说。

目前，我国还没有一套完善的 IT 项目监理制度，相应的监理法规、监理内容、收费标准等也都没有制定。特别是收费标准问题，大多数用户采用协商解决。与建筑等其他发展很成熟的行业的监理相比，对 IT 项目的监理要难得多。并且由于信息技术是一个新兴技术，它本身还在不断发展和完善，因此，即使制定出的监理的内容和标准也不能僵化，需要不断地变更和完善。

3. 系统监理的任务

信息系统监理的中心任务是科学地规划和控制工程项目的投资、进度和质量三大目标；监理的基本方法是目标规划、动态控制、组织协调和合同管理；监理工作贯穿规划、设计、实施和验收的全过程。信息工程监理正是通过投资控制、进度控制、质量控制及合同管理和信息管理来对工程项目进行监督和管理，保证工程的顺利进行和工程质量。

（1）成本控制。成本控制的任务，主要是在建设前期进行可行性研究，协助建设单位正确地进行投资决策；在设计阶段对设计方案、设计标准、总概（预）算进行审查；在建设准备阶段协助确定标底和合同造价；在实施阶段审核设计变更，核实已完成的工程量，进行工程进度款签证和索赔控制；在工程竣工阶段审核工程结算。

（2）进度控制。进度控制首先要在建设前期通过周密分析研究确定合理的工期目标，并在实施前将工期要求纳入承包合同；在建设实施期通过运筹学、网络计划技术等科学手段，审查、修改实施组织设计和进度计划，做好协调与监督，排除干扰，使单项工程及其分阶段目标工期逐步实现，最终保证项目建设总工期的实现。

（3）质量控制。质量控制要贯穿在项目建设从可行性研究、设计、建设准备、实施、竣工、启用及用后维护的全过程。主要包括组织设计方案评比，进行设计方案磋商及图纸审核，控制设计变更；在施工前通过审查承建单位资质等；在施工中通过多种控制手段检查监督标准、规范的贯彻；以及通过阶段验收和竣工验收把好质量关等。

（4）合同管理。合同管理是进行投资控制、工期控制和质量控制的手段。因为合同是监理单位站在公正立场采取各种控制、协调与监督措施，履行纠纷调解职责的依据，也是实施三大目标控制的出发点和归宿。

（5）信息管理。信息管理包括投资控制管理、设备控制管理、实施管理及软件管理。

（6）协调。协调贯穿在整个信息系统工程从设计到实施再到验收的全过程。主要采用现场和会议方式进行协调。

> **自学模块**
>
> 了解信息系统监理师资格考试的相关内容。

7.3.2　系统审计

1．系统审计的概念

信息系统审计是指审计人员接受委托或授权，搜集证据并评估以判断一个计算机系统（信息系统）是否有效做到保护资产、维护数据完整并最有效率地完成组织目标的活动过程。

信息系统审计最早称为计算机审计，是随着计算机在财务会计领域的应用而产生的，作为传统财务审计业务的一种辅助工具，对客户的电子化会计数据进行处理和分析，为财务报表审计人员提供服务。随着计算机技术应用范围的不断扩展，计算机对被审计单位各个业务环节的影响越来越大，计算机审计所关注的内容也从单纯的对电子的处理，延伸到对计算机系统的可靠性、安全性进行了解和评价。信息技术的爆炸性发展改变了经济、社会、文化的结构和运行方式，电子商务、网络银行、网络证券等相继出现，信息资源的作用得到充分发挥。人们的生活、工作越来越依赖信息技术。利用信息技术攻击对手信息系统，窃取机密，借助网络非法占有财富，特别是数字化财富等现象也日益增多，扰乱了国家正常的经济秩序。这让人们更加关注网络所传递信息的安全、完整、真实，关注产生、处理、传递信息的系统本身的安全、可靠、有效，关注企业如何评估其面临的风险，并如何采取措施预防和监控。

2．系统审计的任务

系统审计的主要任务有以下几点。

（1）对系统中所体现的业务流程的审计。信息系统是建立在对业务流程进行优化重组的基础之上的，只有经常对业务流程进行风险管理和审计，才能使企业业务始终运行于相对较优的流程环境之中。对业务流程的风险管理审计大体包括以下几个方面：应该在系统中运行的业务是否全部通过系统运行；信息是否及时录入系统；录入的信息是否真实、准确；系统运行是否正确，有无系统错误；流程是否通畅，有无缺陷或舞弊的可能，能否进行进一步的优化；识别、评价和应对流程风险的效果如何等。

（2）对关键控制点的审计。企业信息系统是由采购、仓储、生产、销售、财务、设备管理、人力资源等多个模块高度集成起来的，每一模块都有相应的关键控制点，对企业的生产经营起着至关重要的作用。企业应该加强对关键控制点的风险管理审计，关注以下问题：是否对关键控制点进行了识别，识别是否全面；是否建立了关键控制点的风险评价体系；是否建立了关键控制点的预警机制和应对机制；关键控制点的识别、评价、预警和应对机制的适应性和有效性如何；控制方法和手段是否可进一步优化；有无控制不严或失控的现象和可能等。

（3）对系统监控的审计。信息系统应用于企业的优点之一就是对业务和绩效能够进行动态监控。系统监控功能运用得好，可以极大地降低企业风险；可一旦运用不好，流程上的控制点就会失去控制，风险也就会随之加大。因此，我们有必要对系统监控的风险管理进行审计，审查和评价企业及其下属单位是否利用信息系统进行了业务和绩效的动态监控、监控点及其风险如何识别和评价、监控的权威性及其效果如何、发现问题的处理方式及应对风险的效果如何、有无监控盲区或监控不力的区域、监控结果的利用情况如何等。

7.3.3 系统监理与审计的区别

信息系统工程监理和信息系统审计虽然都有一定的监督作用，但两者业务范围和目的均有所差别。

首先信息系统工程监理是具有信息系统工程监理资质的单位，接受建设单位的委托，依据国家和本市有关规定、信息系统工程建设标准和工程承建、监理合同，对信息系统工程的质量、进度和投资方面实施监督。主要应用在信息化工程建设阶段。而信息系统审计是一个获取并评价证据，以判断信息系统是否能够保证资产的安全、数据的完整及有效率地利用组织的资源并有效果地实现组织目标的过程。它是立足于组织的战略目标，为有效地实现组织战略目标而采取的一切活动过程都在审计师的业务之内。其业务范围包括与信息系统有关的所有领域，例如对信息系统的战略规划与组织的审计（主要集中在信息系统的战略规划、业务流程重组、信息系统的策略和流程、组织结构和职责等方面）；技术基础平台建设的审计（包括信息系统硬件、信息系统软件、信息系统网络及通信技术基础平台）；应用系统建设审计（包括系统开发方法、系统开发工具、系统开发过程、项目管理等）；信息系统管理和运营审计（包括信息系统管理和运营审计等）；风险管理与应用控制审计（包括输入控制、输出控制、处理控制等）；信息系统是否符合国家或国际标准的审计以及网络审计、电子签名审计等。

其次，信息系统工程监理的目的是保证工程建设质量、进度和投资额满足建设要求。监理活动随着工程的完成而结束。监理关注的是项目建设的质量、成本和进度。信息系统审计的目的是合理保证信息系统能够保护资产的安全、数据的完整、系统有效地实现组织目标并有效率的利用组织资源，其关注的核心是资产保护与信息系统的效率、效果。不仅包括对建设过程的审计，更重要的是对信息系统的运营审计，向公众出具审计报告，鉴定信息系统能否保护企业资产安全，其产生、传递的信息是否完整，整个系统是否有效地实现组织目标并有效率的利用组织资源。只要信息系统在运行，审计活动一直存在。另外，信息系统工程监理的过程是可见的，即对项目成本、进度和质量与目标出现的偏差是可见的，及时纠正也方便。但信息系统审计对信息系统的安全性、可靠性与有效性的认定具有不可见性，这也正是信息系统比工程项目复杂的主要原因。信息系统建设完毕，这仅仅是信息化的开始，我国信息化建设中若干失败的案例，并不是信息系统没有建设好，往往是在运营维护时期出了问题。因此，从这个角度而言，信息系统审计是保证信息系统质量的行之有效的方法。

7.4 系 统 评 价

信息系统的开发是一项系统工程项目，需要花费大量的人力、物力、财力和时间。在系统建成投入运行以后，信息系统对于组织的贡献有多大？系统运行效果如何？系统性能怎样？是否达到设计目标？还存在哪些不足？要对这些问题做出回答，都必须进行系统评价工作。

信息系统的评价是一项复杂而困难的工作。评价的复杂性来源于信息系统的复杂性。信息系统工程项目与一般的工程项目有类似之处，更有不同。信息系统涉及的面广，特别是一些大型的信息系统几乎对人生活的各个方面都有关系。评价这样的一个系统的好坏就比评价一个普通工程项目要考虑的因素多得多。例如，评价信息系统所带来的效益，有些是可以由货币价值来定量衡量，更多的是无法用货币价值来衡量，只能用定性方法做出叙述性的评价，对于效益的量化标准至今也没有统一的尺度。

7.4.1 系统评价的概念

系统评价是对一个信息系统的性能进行全面估计、检查、测试、分析和评审，包括用实际指标与计划指标进行比较，以确定系统目标的实现程度，同时对系统建成后产生的效益进行全面评估。

有些人将信息系统的评价用软件的评价来代替。这是一个错误的概念。软件只是信息系统的组成部分之一。信息系统的评价比软件的评价要复杂得多，也困难得多。

事实上，在信息系统的整个生命周期的每一个阶段都需要进行评价。为适应各阶段的不同要求，评价内容应有所侧重，评价标准也有所不同。总的来说，可以分为事先评价、中期评价和事后评价。

事先评价是在项目未正式开始之前进行的评价。事先评价不可能确定性地进行判断，所以是一种预测性评价，通常是和项目的可行性研究结合在一起进行的。

中期评价是从项目开始到最终完成之间所进行的评价。在此期间进行的评价，目的在于保证系统开发的质量和进度，使信息系统达到既定的目标。

事后评价是在信息系统全面建成以后，根据目标系统设计说明书的要求，对系统进行全面的、综合的测试、分析、检查和评估。事后评价往往和系统的验收、鉴定活动联系在一起，也是系统今后进行维护活动的基础。

见仁见智

作为天择科技公司的首席系统分析员，石青对自己的新工作很满意。她很高兴她的开发组在预算内提前完成了一个新的人力资源系统。石青正期望进行一次实现后评估。因为她对新系统和其开发组能从用户和管理层那里获得好评充满信心。

新系统运行一个月以后，石青接到她的主管苏瑞打来的电话。苏瑞告诉石青说将要由她来进行评估，尽管是她领导整个项目的开发的。石青说如果她自己来评估自己的项目会觉得不合适，她解释说应该由一个没有参加项目开发的人来组织一次独立的评估。苏瑞说自己对她的客观公正性毫不怀疑，他说没有别人更适合了，并且希望能尽快进行评估以便可以进行下一步的开发计划。

面对这种情况，石青不知所措，她给你打电话征求你的意见，你该和她怎么说？为什么？

7.4.2 系统评价的指标

信息系统的评价是一项难度大的工作，它属于多目标评价问题。目前大部分的系统评价还处于非结构化的阶段，只能对部分评价内容列出可度量的指标，其他的还只能利用定性的方法。系统评价指标可以分为系统性能的评价、系统效益的评价、系统建设的评价。其中，系统建设的评价可以分配在各个阶段评审之中。这里我们针对前两者提出一些信息系统的评价指标。

1. 系统性能的评价

信息系统的性能是指信息系统的各个组成部分，包括计算机硬件、软件、人员及各种规章制度，有机地结合在一起，作为一个整体对使用者所表现出来的特性。系统性能的好坏直接影响着系统的运行和维护，决定了运行和应用的长期效果，决定了系统的生命力。因此，系统性能评价是信息系统评价的主要内容。信息系统的性能通常用如下的六个指标进行评价。

（1）系统效率。系统效率是指系统完成各项功能所需的资源。对信息系统的系统效率进行评价的指标主要有以下三个。

1）周转时间，即用户从提交作业到该作业执行后返回给用户所需的时间。

2）响应时间，即用户开始操作到系统开始显示回答信息所需的时间。根据人—机工程学和心理学理论，系统响应时间应该在 3s 之内。如果响应时间超过 5s，用户会觉得不耐烦；如果超过 12s，用户会怀疑系统是否出现了故障。此外，响应时间也不应小于 0.5s。

3）吞吐量，即单位时间内所能完成的工作量，可以用单位时间里所能完成的作业个数加以衡量。

（2）系统可维护性。系统可维护性也是衡量信息系统性能的一个重要评价指标。它标志着确定系统中的错误、修改错误的难易程度。

（3）系统可靠性。目前，对于信息系统的开发来说，系统可靠性往往是用户所关心的首要问题。某些特定的信息系统，例如金融业务系统、订票系统及财务系统等，对可靠性要求更高。

（4）系统可扩充性。系统可扩充性是指信息系统的处理能力和功能的可扩充程度。环境的变化、业务量的增加和业务范围扩大等原因常常使信息系统面临更新、联网、功能扩充等问题。系统的可扩充性可以分为系统结构的可扩充性、硬件设备的可扩充性、软件功能的可扩充性等。

（5）系统可移植性。系统可移植性是指将信息系统从一种软硬件配置环境下移植到另一种软硬件配置环境下的难易程度。系统可移植性与系统软硬件设备的特征、开发环境及系统分析与系统设计中的通用性有关。

（6）系统安全保密性。影响信息系统安全保密的因素有很多，信息系统应该针对各种影响因素，采取有效的对策及相应的安全保密措施。

2. 系统效益的评价

信息系统的价值体现在应用中。系统运行的好坏，不仅和系统的性能有关，更要看系统给组织的决策和人员的行为带来的影响。这些影响我们从两个方面进行评价，一方面是与直接经济效益有关的指标，另一方面是与间接经济效益有关的指标。

（1）与直接经济效益有关的指标。与直接经济效益有关的指标包括以下几个方面。

1）系统投资额：包括系统硬件、软件的购置、安装，应用系统的开发或购置所投入的资金。此外，还应该包括企业内部投入的人力、物力、财力等。

2）系统运行维护费用：包括维护系统正常运行所使用的消耗性材料费用、系统投资折旧费及硬件日常维护费用等。信息系统是技术含量高的系统，更新换代速度快，一般折旧年限是 5～8 年。

3）运行信息系统而带来的效益：新系统的投入运行，使库存积压减少、流动资金周转加快、销售利润增加、成本降低等带来的新的效益。但是，由于引起企业效益增减的因素相互关联、错综复杂，新增效益很难精确地计算。

4）投资回收期：即通过新系统运行使用所带来的新效益，逐步收回系统开发时所投入的资金所需的时间。投资回收期也是反映信息系统经济效益好坏的一个重要指标。我们可以用下列的一个简化公式来计算：

$$T=T_1+W/(V_1-V_2)$$

式中，T 为投资回收期，年；T_1 为从资金投入到开始产生效益的时间，年；W 为投资总额，万元 V_1 为信息系统运行所带来的新效益，万元/年；V_2 为系统运行维护费用，万元/年。

（2）与间接经济效益有关的指标。信息系统的投入运行，改进了组织结构及运作方式，提高了人员素质，通过这些方面使企业成本下降、利润增加而逐渐地间接地获得的效益，称为间接经济效益。间接经济效益的成因关系复杂，计算困难，只能做定性的分析。尽管间接经济效益难以估计，但对企业的生产与发展所起的作用往往要大于直接经济效益。

信息系统的成功应用所产生的间接经济效益体现在以下几个方面。

1）信息系统的应用对企业为适应环境所作的结构调整、管理制度与模式的改革起到巨大的推动作用，这种推动作用是无法用其他方法来实现的。

2）信息系统的应用能显著地改善企业形象，既可提高企业外部客户对企业的信任程度，又可提高企业内部全体员工的自信心与自豪感。

3）信息系统的应用还能使企业管理人员获得新知识、新技术和新方法，从而提高他们的综合素质，进入一个学习与掌握新知识的良性循环。

4）信息系统的交换与共享加强了部门与部门之间、管理人员与管理人员之间的联系，提高了企业的协作精神和凝聚力。

5）信息系统的应用还促进了企业的规章制度、工作规范、标准化建设等基础管理工作，为其他管理工作提供了有利的条件。

7.4.3　系统评价的方法

系统评价的方法有很多，可以分为定性类方法、定量类方法等。但常用的信息系统评价方法主要有三种：成本——效益分析法、专家调查法和多准则评价法。

成本——效益分析法属于定量评价方法。它通过衡量被评价对象所支出的成本和受益收入的大小进行项目评价。如果该项目的总受益收入超过总成本，则认为该项目是合乎需要的。

专家调查法属于定性评价方法。它依靠专家的知识和经验，让专家在掌握一定客观情况和资料的基础上对一些不成熟领域问题进行决策。用于信息系统评价的专家调查法包括专家打分法、德尔菲方法、专家组定性评审法等。

多准则评价法是预先设定多个指标，通过被评价对象在各个指标上的实现程度而得到一个综合的评价结果。它适用于难以用单一指标衡量的复杂项目。多准则评价可以是定性的，也可以是定量的，也可以是定性、定量相结合的。在信息系统的评价中常用层次分析法和因素加权相加法等。

下面着重介绍层次分析法。层次分析法（Analytic Hierarchy Process，AHP）是一种决策思维方式，它的基本思想是把复杂的问题分解为各个组成因素，将这些因素按支配关系分组，形成有序的递阶层次结构，通过两两比较的方式确定同层次中诸因素的相对重要性。然后综合人的判断以决定诸因素相对重要性的总顺序。层次分析法体现了人们决策思维中分解、判断和综合等基本特征。

（1）层次分析法的基本步骤。运用 AHP 解决问题，可以分为如下几个步骤。

1）建立问题的递阶层次结构。这是 AHP 中最重要的一步。首先，要把复杂问题分解为各个组成部分，称为元素。把这些元素按不同属性分成若干组，以形成不同层次。将同一层次的元素作为准则，它对下一层次的某些因素起支配作用，同时又接受上一层元素的支配。这种从上至下的支配关系形成了一个递阶层次。处于最上面的层次通常只有一个元素，一般是决策问题的预定目标或理想结果。中间层次一般是准则、子准则，最低一层包括决策的方案。层次之间的元素支配关系不一定是完全的，即可以存在这样的元素，它不支配下一层次的任何元素。一个典型的层次结构如图 7-4 所示。

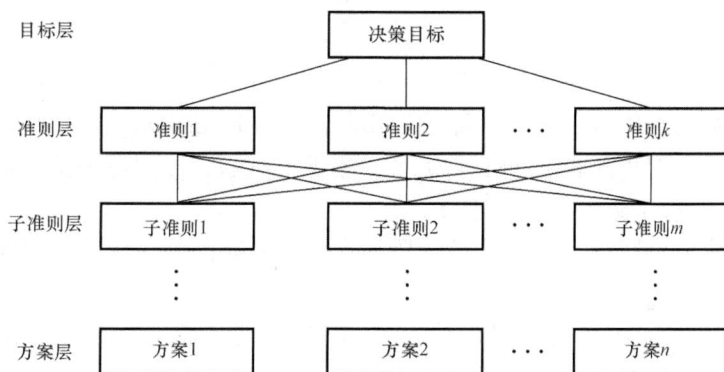

图 7-4　AHP 的递阶层次结构示意图

层次结构的层数是由问题的复杂程度和决策分析的详细程度来决定的。一般情况下，每一层次中的元素不超过九个，若一层中元素数目过多则进行两两比较判断会比较困难。一个好的层次结构对于解决问题是极为重要的。层次结构建立在决策者对面临的问题具有全面深入的认识基础上。首先要认真分析问题，弄清问题各部分相互之间的关系，再进行层次的划分，并确定层次之间元素的支配关系。

2）构造两两比较判断矩阵。建立递阶层次结构以后，层次之间元素的隶属关系就确定了。假设上一层的元素 C_K 作为准则，对下一层的元素 A_1，A_2，$\cdots$，A_n 有支配关系，那么，必须在准则 C_K 之下按 A_1，A_2，$\cdots$，A_n 的相对重要性赋予相应的权重。

对大多数社会经济问题，特别是对于决策问题，往往很难直接得到这些元素的权重，需要通过某些方法来导出。AHP 所用的是两两比较的方法。

这一步中，要反复回答这一问题：对于准则 C_K，两个元素 A_i 和 A_j 哪一个更重要些，重要多少？为了便于分析，需要使用数值来标明相对重要的程度。这里使用 1~9 的比例标度，它们的意义见表 7-1。

对于 n 个元素，可得到两两比较判断矩阵 A：

$$A=(a_{ij})_{n\times n}$$

表 7-1　　　　　　　　　　　　　　　　**比例标度的含义**

比例标量	含　　义
1	表示两个元素相比，具有相同重要性
3	表示两个元素相比，一个元素比另一个元素稍微重要
5	表示两个元素相比，一个元素比另一个元素明显重要
7	表示两个元素相比，一个元素比另一个元素强烈重要
9	表示两个元素相比，一个元素比另一个元素极端重要
2，4，6，8	上述两相邻判断间的中值
倒数	因数 i 与 j 比较得判断 a_{ij}，则因素 j 与 i 比较得判断 $a_{ji}=1/a_{ij}$

判断矩阵具有如下性质：

$$a_{ij}>0;$$
$$a_{ij}=1/a_{ji};$$
$$a_{ii}=1.$$

可以看出，A 为正的互反矩阵。而且，由于具有性质 $a_{ij}=1/a_{ji}$ 和 $a_{ii}=1$，对于 n 阶判断矩阵仅需对上（或下）三角元素共 $n(n-1)/2$ 个元素做出判断。要注意的是，A 的元素不一定具有传递性，即等式 $a_{ij}*a_{jk}=a_{ik}$ 不一定成立。

但如果上式成立，则称 A 为一致性矩阵。在由判断矩阵导出元素排序权值时，一致性是非常重要的。

3）计算单一准则下元素的相对权重。即计算在准则 C_k 下，n 个元素 A_1，A_2，$\cdots$，A_n 的排序权重，并进行一致性检验。对于 A_1，A_2，$\cdots$，A_n，通过两两比较得到判断矩阵 A，求解特征根问题

$$AW=\lambda_{max}W$$

得到的 W 经归一化后作为元素 A_1，A_2，$\cdots$，A_n 在准则 C_k 下的排序权重。这种方法称排序权重向量计算的特征根方法。λ_{max} 存在且唯一，W 由分量组成。一般采用幂法计算 λ_{max} 和 W，可按照以下步骤计算：

第 1 步：任取与判断矩阵 A 同阶的正规化初值向量 W^0；

第 2 步：计算 $\overline{W}^{k+1}=AW^k$，$k=0$，1，2，$\cdots$；

第 3 步：令 $B=\sum\limits_{i=1}^{n}\overline{W}_i^{k+1}$，计算 $W^k=(1/B)*\overline{W}^{k+1}$，$k=0$，1，2，$\cdots$；

第 4 步：对于设定的精确度 ε，当

$$\left|\overline{W}_i^{k+1}-\overline{W}_i^k\right|<\varepsilon$$

对所有的 $i=1$，2，$\cdots$，n 成立时，则 $W=W^{k+1}$ 为所求的特征向量，转入第 5 步，否则返回第 2 步；

第 5 步：计算判断矩阵最大特征根

$$\lambda_{max} = \sum_{i=1}^{n} \overline{W}_i^{k+1} / nW_i^k$$

λ_{max} 和 W 就是所要求的特征根和相应的特征向量，通常把它们称为最大特征根和相应特征向量，以区别于其他特征根和特征向量。

在精度要求不高的情况下，可以用近似方法计算 λ_{max} 和 W。

用和法计算 λ_{max} 和 W 的步骤是：

第一步，将判断矩阵 A 的元素按列归一化

$$\overline{a}_{ij} = a_{ij} / \sum_{k=1}^{n} a_{kj} \qquad (i, j=1, 2, \cdots, n)$$

第二步，将归一化后的判断矩阵按行相加

$$\overline{W}_i = \sum_{j=1}^{n} \overline{a}_{ij} \qquad (i, j=1, 2, \cdots, n)$$

第三步，对向量 $W=[\overline{W}_1, \overline{W}_2, \cdots, \overline{W}_n]^T$ 归一化

$$W_i = \overline{W}_i / \sum_{j=1}^{n} \overline{W}_j \qquad (i, j=1, 2, \cdots, n)$$

所得到的 $W=[W_1, W_2, \cdots, W_n]^T$ 即为所求特征向量。

第四步，按下列公式计算判断矩阵最大特征根 λ_{max}

$$\lambda_{max} = \sum_{i=1}^{n} \frac{(AW)_i}{nW_i}$$

式中　$(AW)_i$——AW 的第 i 个元素。

在判断矩阵的构造过程中，并不要求判断具有一致性，但有时会出现甲比乙极端重要，乙比丙极端重要，而丙却比甲极端重要的违反常理的情况。而且，当判断偏离一致性过大时，排序权向量计算结果作为决策依据将出现不合理的情况。因此得到 λ_{max} 后，需要进行一致性检验，其步骤如下。

● 计算一致性指标 $C.I.$

$$C.I. = \frac{\lambda_{max} - n}{n-1}$$

式中　n——判断矩阵的阶数。

● 算平均随机一致性指标 $R.I.$ 平均随机一致性指标是这样得到的：用随机方法构造 500 个样本矩阵。分别对 $N=1\sim9$ 阶各 500 个随机样本矩阵计算其一致性指标 $C.I.$ 值，然后平均，即得到平均随机一致性指标值。对于 $1\sim15$ 阶判断矩阵，平均随机一致性指标的 $R.I.$ 值见表 7-2 所列。

表 7-2　　　　　　　　　　　　　　　平均随机一致性指标

矩阵阶数	$R.I.$	矩阵阶数	$R.I.$
1	0.00	5	1.12
2	0.00	6	1.24
3	0.58	7	1.32
4	0.90	8	1.41

矩阵阶数	$R.I.$	矩阵阶数	$R.I.$
9	1.46	13	1.56
10	1.49	14	1.58
11	1.52	15	1.59
12	1.54		

- 计算一致性比率 $C.R.$

$$C.R. = \frac{C.I.}{R.I.}$$

当 $C.R.<0.1$ 时，可以认为判断矩阵具有比较满意的一致性。

- 计算各层元素的组合权重。为了得到递阶层次结构中每一层的所有元素相对于总目标的相对权重,需要把第三步的计算结构进行适当的组合,并进行总的判断一致性检验。这一步的计算是由上而下,逐层进行,最后得出最低层元素,即决策方案优先顺序的相对权重和整个递阶层次结构模型的判断一致性检验。假设已经计算出第 $k-1$ 层元素相对于总目标的组合排序权重向量为 $a^{k-1}=(a_1^{k-1},\ a_2^{k-1},\ \cdots,\ a_m^{k-1})^T$，第 k 层在第 $k-1$ 层第 j 个元素作为准则下元素的排序权向量为 $b_j^k=(b_{1j}^k,\ b_{2j}^k,\ \cdots,\ b_{nj}^k)^T$。其中不受支配（即与 $k-1$ 层第 j 个元素无关）的元素权重为零。令 $B^k=(b_1^k,\ b_2^k,\ \cdots,\ b_m^k)$，则第 k 层 n 个元素相对于总目标的组合排序权重向量由下式给出。

$$A^k=B^k a^{k-1}$$

更一般地，有排序的组合权重公式

$$a^k=B^k B^{k-1}\cdots B^3 a^2$$

式中，a^2 为第二层元素的排序向量；$3\leqslant k\leqslant h$，h 为层次数。

对于递阶层次结构组合判断的一致性检验，需要类似地逐层计算 $C.I.$，若分别得到了第 $k-1$ 层次的计算结果 $C.I._{k-1}$，$R.I._{k-1}$ 和 $C.R._{k-1}$，则第 k 层的相应指标为：

$$C.I._k=(C.I._k^1,\ \cdots,\ C.I._k^m)a^{k-1}$$

$$R.I._k=(R.I._k^1,\ \cdots,\ R.I._k^m)a^{k-1}$$

$$C.R._k=C.R._{k-1}+C.I._k/R.I._k$$

式中，$C.I._k^m$ 表示第 k 层在以第 $k-1$ 层的第 m 个元素作为准则下的有关元素构成的比较判断矩阵的 $C.I.$ 值。

当 $C.I._k<0.10$，则可以认为递阶层次结构在 k 层上整个判断具有比较满意的一致性。

（2）应用 AHP 方法进行系统评价。AHP 法对信息系统的评价可以根据不同的评价要求分为相对评价和绝对评价。这两种评价的基本原理是相同的,只是在实现方式上有差别。相对评价是将被评价的系统按优劣次序排队;绝对评价是给出被评价系统的绝对分数。

1）相对评价。我们先来看一个相对评价的例子。

假设要对三个同类的信息系统进行评价和选择。首先，建立问题的层次结构模型，如图 7-5 所示。其中，第一层为目标层，第二层为指标层，第三层是被评价系统。

其次，构造指标层的 8 个指标每两个之间相对于目标的重要程度的比较矩阵，在此基础上确定各指标的权重及一致性指标。表 7-3 列出了两两比较及计算结果。

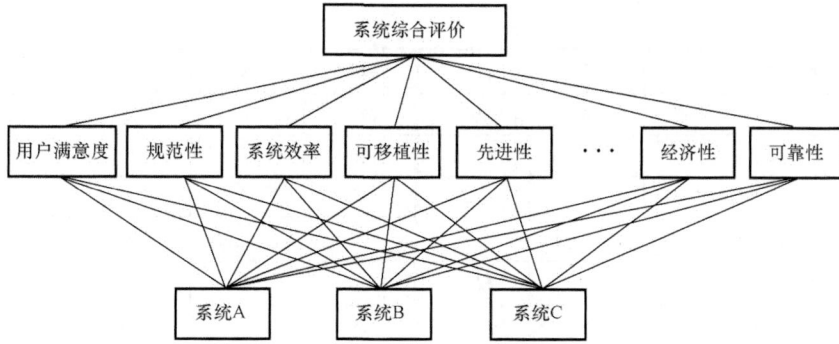

图 7-5　信息系统评价的 AHP 模型

表 7-3　　　　　　　　　　　指标相对目标层的两两比较矩阵及计算结果

序号	1	2	3	4	5	6	7	8	权重
1	1	5	3	7	6	6	1/3	1/4	0.167
2	1/5	1	1/3	5	3	3	1/5	1/7	0.068
3	1/3	3	1	6	3	4	1/6	1/5	0.096
4	1/7	1/5	1/6	1	1/3	1/4	1/7	1/8	0.021
5	1/6	1/3	1/3	3	1	1/2	1/5	1/6	0.037
6	1/6	1/3	1/4	4	2	1	1/5	1/6	0.047
7	3	5	6	7	5	5	1	1/2	0.240
8	4	7	5	8	6	6	2	1	0.324

$\lambda_{max}=8.953$；$C.I.=0.136$；$C.R.=0.097$

再下一步，要对三个被评价系统相对于每一个指标进行两两比较。由于有 8 个指标，因此构成了 8 个 3×3 矩阵，表 7-4 列出了 8 个比较矩阵及得到的计算结果。

由前两步得到的结果，计算得到 A、B、C 三个系统相对于总目标的综合权重。表 7-5 列出了各个系统相对于单个指标的权重和总的综合权重。

从表 7-5 中可看到，系统 A 的综合权重最高，被认为是最令人满意的系统，是首选对象。

表 7-4　　　　　　　　　A、B、C 系统相对于各个指标的比较矩阵及计算结果

指标 1	A	B	C	权重	指标 3	A	B	C	权重
A	1	6	8	0.767	A	1	8	6	0.767
B	1/6	1	2	0.148	B	1/8	1	1/2	0.085
C	1/8	1/2	1	0.085	C	1/6	2	1	0.148

$\lambda_{max}=3.021$；$C.I.=0.010$；$C.R.=0.018$　　　　　$\lambda_{max}=3.002$；$C.I.=0.001$；$C.R.=0.018$

指标 2	A	B	C	权重	指标 4	A	B	C	权重
A	1	2	1/5	0.162	A	1	1	1	0.333
B	1/2	1	1/8	0.087	B	1	1	1	0.333
C	5	8	1	0.750	C	1	1	1	0.333

$\lambda_{max}=3.006$；$C.I.=1.003$；$C.R.=0.005$　　　　　$\lambda_{max}=3.000$；$C.I.=0.000$；$C.R.=0.000$

指标5	A	B	C	权重	指标7	A	B	C	权重
A	1	5	4	0.674	A	1	1/2	1/2	0.200
B	1/5	1	1/3	0.101	B	2	1	1	0.400
C	1/4	3	1	0.226	C	2	1	1	0.400
λ_{max}=3.086；C.I.=0.043;C.R.=0.074					λ_{max}=3.000；C.I.=0.000;C.R.=0.000				
指标6	A	B	C	权重	指标8	A	B	C	权重
A	1	8	6	0.747	A	1	1/7	1/5	0.072
B	1/8	1	1/5	0.060	B	7	1	3	0.650
C	1/6	5	1	0.193	C	5	1/3	1	0.278
λ_{max}=3.197；C.I.=0.099;C.R.=0.170					λ_{max}=3.065；C.I.=0.032;C.R.=0.056				

2）绝对评价。所谓绝对评价，就是要根据一定的标准，对被评价的系统进行分级或打分，最后给出被评价系统的总的绝对分数。这里，标准指的就是评价指标体系。

绝对评价方法的实现，前几步：建立问题的层次模型、构造指标层的两两比较矩阵、得到各个指标的权重，是与相对评价相同的。

在上述基础上，可设立指标实现程度的级别和确定级别的权重。我们仍以上面的问题为例。如系统的先进性，可以分为先进、一般、落后三个级别；而用户的满意度可以分为很满意、比较满意、不太满意、不满意四个级别等。仍采用两两比较的方法确定这些级别相对于该项指标的权重。

最后，对每个系统相对于每一指标的实现程度做出判断，给出相应的级别，经计算得到三个系统的绝对分数。用于绝对评价的一般公式如下。

$$F_i = \sum_{j=1}^{m} W_j \times D_{ij} \qquad (i=1, 2, \cdots, n)$$

式中：F_i 为第 i 个系统的绝对分数；m 为低层的子准则所含的指标个数；n 为被评价系统的个数；W_j 为第 j 项指标相对于总目标的权重；D_{ij} 为第 i 个系统对第 j 项指标的实现程度级别的权重。

具体的表格我们不再列出。有兴趣的同学们将相应的图表画出，并进行详细的计算。

表 7-5　　　　　　　　　　　　　　A、B、C 系统的权重

项　　目	A	B	C
1 （0.167）	0.767	0.148	0.085
2 （0.068）	0.162	0.087	0.750
3 （0.096）	0.767	0.085	0.148
4 （0.021）	0.333	0.333	0.333
5 （0.037）	0.674	0.101	0.226

续表

项　　目	A	B	C
6 （0.047）	0.747	0.060	0.193
7 （0.240）	0.200	0.400	0.400
8 （0.324）	0.072	0.650	0.278
综合权重	0.358	0.352	0.290

章节主题讨论

1．假设你的公司在销售系统中使用修订版方法。现行版本是 4.5 版本，考虑是否将接下来的任意一个变化归入 5.0 版本或是包括到 4.6 的更新版本中：①增加新的报表；②增加 Web 的界面；③增加数据验证的检查；④增加营销系统的界面；⑤改变用户界面。

2．四种类型的 IT 系统维护可以应用到其他行业。假设你在小型航空公司负责飞机维护，这属于系统维护的哪一种维护——校正性维护、适应性维护、改善性维护和预防性维护。

3．IT 经理分派程序员和系统分析员进行项目维护，如果他们的经验少于两年或者在上一次评估中得到平均或较低的等级，你同意这一分派吗？

4．回忆几个你遇到的一些特别好或特别坏的用户文档的例子。你是如何对它们进行改进呢？

项目实践

使用 Internet 查找关于自动进行版本控制设计的软件包。列出主要特征并做简要的记录。

第8章　面向对象的分析与设计

面向对象技术是目前流行的系统设计开发技术。本章首先介绍它的发展历史及特征；其次介绍其基本概念和建模技术 OMT；再次介绍对象建模、动态建模和功能建模；最后介绍系统的分解和资源的处理。

8.1　概　　述

8.1.1　面向对象方法概述

面向对象（Object-Oriented，OO）的概念不是一个新的概念。一般认为，面向对象的概念起源于挪威的 K．Nyguard 等人开发的模拟离散事件的程序设计语言 Simula67。但真正的面向对象程序设计（Object oriented Programming，OOP）还是由 Alan Keyz 主持设计的 Smalltalk 语言奠定基础的，"面向对象"这个词也是 Smalltalk 首先提出的。

随着时间的推移，面向对象的概念越来越广泛的被人们所接受。进入 20 世纪 80 年代后，施乐公司推出了 Smalltalk 的新版本 Smalltalk-80，引起了人们的重视。与此同时，Bell 研究所的 B．Stroustrup 着手在 C 语言的基础上加以扩展，使之成为一个面向对象的语言，定名为 C++。C++继承了 C 语言容易学习，不需要特殊的计算平台的特点，受到计算机界的普遍欢迎。C++的出现促进了面向对象技术的发展，其他一些面向对象的语言也在 20 世纪 80 年代相继出现，如 Object-C、Eiffel 等。

20 世纪 80 年代中后期，由于面向对象语言和程序设计技术取得的成功和发展，面向对象方法开始应用于计算机技术和其他相关的领域当中，例如，数据库、人工智能、操作系统、人机界面和分布处理等领域。

到了 20 世纪 80 年代末 90 年代初，正式出现了面向对象分析，并开始应用于信息系统开发的整个生命周期。首先是 1988 年 Shlaer 和 Mellof 在其《面向对象的系统分析》（Object-Oriented System Analysis）中，集中使用 ER 模型（Entity-Relationship　model ）来描述用户需求。1990 年，Coad 和 Yourdon 在《面向对象的分析》中提出了 OOA 方法（Object-Oriented Analysis），该方法提出了一些技术用来表达结构的、行为的和交互的信息。1991 年，Rumbaugh 等人提出了一个用于系统分析和设计的"面向对象的建模技术（Object-Oriented Modeling Technique，OMT）"，OMT 技术使用对象模型、动态模型和功能模型来描述一个系统。对象模型是 ER 模型的扩充，用于表达对象的结构；动态模型是用状态图来表示对象的状态变化；功能模型则是使用数据流图来表示对象之间的交互作用。

面向对象方法为我们认识事物、开发信息系统提供了一种全新的方法。概括地讲，面向对象方法具有以下几个要点。

（1）面向对象方法认为客观世界是由各种对象组成的。任何事物都是对象，复杂的对象可以由简单的对象组合而成。按照这种观点，可以认为整个世界就是一个复杂的对象。因此面向对象的软件系统就是各种不同的对象的集合。

（2）所有对象都划分成各种对象类（Class），每个对象类都定义了一组数据和方法。数据用于表示对象的静态属性，是对象的状态描述。方法是允许施加于该类对象上的操作，是该类所有对象共享的，并不需要为每个对象都复制操作的代码。

（3）按照子类（或称为派生类）与父类（或称为基类）的关系，把若干个对象类组成一个层次结构的系统（也称类等级）。在这种层次结构中，通常下层的派生类具有和上层的基类相同的特性（包括数据和方法），称为继承（Inheritance）。但是，如果在派生类中对某些特性又做了重新描述，则在派生类中的这些特性将以新描述为准，也就是说，低层的特性将屏蔽高层的同名特性。

（4）对象之间仅能通过消息互相联系。对象不同于传统的数据，必须发送消息请求对象执行它的某个操作，处理它的私有数据。而不能从外界直接对对象的私有数据进行操作。也就是说，一切局部于该对象的私有信息，都被封装在该对象类的定义中，就好像装在一个不透明的黑盒子中一样，在外界是看不见的，更不能直接使用，这就是对象的"封装性"。

综上所述，面向对象方法可以概括为

面向对象（Object-Oriented）

=对象（Object）

　+分类（Classification）

　+继承（Inheritance）

　+通信（Communication with messages）

也就是说，面向对象就是既使用对象又使用分类和继承等机制，而且对象之间仅能通过传递消息实现彼此通信。

8.1.2　面向对象方法的优点

面向对象方法与传统的过程化程序设计思想比起来，有着明显的优点。

1. 代码的可重用性好

随着操作系统、开发平台及应用要求越来越复杂，应用程序的规模变得越来越庞大。这其中有很多重复性的工作，代码重用成了提高程序设计效率的关键。采用传统的过程化设计模式，程序员每次进行一个新系统的开发，几乎都要从零开始，这中间当然有着大量重复、烦琐的工作。在这种情况下，如果要进行代码重用，就只能采用当今大多数程序员所采用的比较笨的方式——复制。

面向对象的程序设计引入了类的概念，并由此产生了类库。对类的重用，可以通过继承、实例化和引用类库等方式，这样就大大加强了代码的可重用性。

2. 可维护性和可扩充性好

用传统的面向过程语言开发出来的软件很难维护，是长期困扰人们的一个严重问题，也是软件危机的突出表现。

面向对象的数据库和代码具有封装性，它将数据和代码封装为一体，这就是类的概念。类是理想的模块机制，它的独立性好，修改一个类通常很少牵扯到其他类。如果仅修改一个类的内部实现部分，而不修改该类的对外接口，则可以完全不影响软件的其他部分。面向对象软件技术特有的继承机制，使得对软件的修改和扩充比较容易实现，通常只需从已有类派生出一些新类，无须修改软件的原有成分。

面向对象软件技术的多态性机制，使得扩充软件功能时对原有的代码所需做的修改进一步减少，需要增加的新代码也比较少。

3. 稳定性好

过程化程序设计也存在模块的独立性，因此过程化软件也有一定的稳定性。但过程化设计是通过过程（函数、子程序）的概念来实现的。这一层的概念很狭隘，稳定性很有限，使得在大型软件开发过程中数据的不一致性问题仍然存在。而面向对象模式是以对象和数据为中心，以数据和方法的封装体"对象"为程序设计单位，程序模块之间的交互存在于对象一级，这时的数据与传统的数据有很大的不同，它具有"行动"的功能，它同它的方法一起被封装。当把它作为一个组件构成程序时，程序逻辑的稳定性的优点就充分体现出来了。

8.2　面向对象的基本概念与方法

在使用面向对象方法中，最基本的概念就是对象、类、继承和消息，最具代表性的面向对象开发方法就是 OMT（Object Modeling Technique）。

8.2.1　对象（Object）

面向对象方法就是以对象为中心、为出发点的方法，所以对象的概念相当重要。在应用领域中有意义的、与所要解决的问题有关系的任何人或事物（即我们说的实体）都可以作为对象，它既可以是具体的物理实体的抽象，也可以是人为的概念，或者是任何有明确边界和意义的东西。例如，一名职工、一家公司、一个窗口、一座图书馆、一本图书、贷款、借款等，都可以作为一个对象。在现实世界中，人们一般用命名来区别不同的事物，同样，也可通过命名来区别不同的对象。对象的名字称为对象标识。任何一个对象都有一个唯一的标识。对象与其他事物一样，都有一个产生、存在和消亡的过程，我们称它为对象的生命周期。

对象具有动态特性和静态特性。静态特性是可以用某种数据来描述的特征，动态特性是对象所具有的功能和所表现的行为。因此，在面向对象方法中，对象作为我们研究的核心，可作如下定义：对象是由一组数据（属性）和施加于这些数据上的一组操作代码（操作）构成的。换言之，对象是一个有着各种特殊属性（数据）和行为方式（方法）的逻辑实体。对象是一个封闭体，它向外界提供一组接口界面，外界通过这些接口与对象进行交互，这样对象就具有较强的独立性、自治性和模块性，从而为软件的重用奠定了坚实的基础。

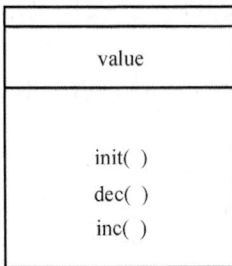

图 8-1　一个简单的对象

如图 8-1 所示是一个简单的对象："计数器"Counter。它有一个属性 Value，保存计数器的计数值。有三个操作：init( )，置 value 为"0"；dec( )，使 value 减"1"；inc( )，使 value 增"1"。

归纳起来对象有下列特征。

（1）标识（名称）唯一。

（2）某一时间段内，有且只有一组私有数据。

（3）有一组操作，每一个操作决定对象的一种行为。

（4）对象内部封装数据、操作，对外通过传递消息相互作用。

8.2.2　类

面向对象程序设计基本上是一种包装代码，代码可以重用，而且维护起来很容易，其中最主要的概念被称为对象类（Object Class），简称类。

在面向对象的软件技术中，类可以定义为由数据结构及相关操作所形成的集合，或所有相似对象的状态变量和行为构成的模板。这样说可能难以理解，打个比方，盖房子时，需要建筑图纸作为依据，因为所建的这批房子具有相同的特征和功能，这里建筑图纸就是类，房子就是对象，类包含了有关对象的特征和行为信息。换句话说，类是对象的蓝图和模板，对象是类的实例。对象是实实在在存在的。由类生成对象的过程，称为实例化。

类具有明显的层次性，一个类可以派生出多个子类。如图 8-2 所示为类的层次性。

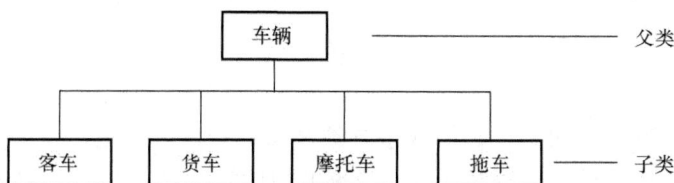

图 8-2　类的层次性

父类层的数据可被多次重用，子类也可扩展自身的属性方法。在系统开发中，增加新的实例，就可以增加系统的功能。如图 8-2 中，可增加"洒水车"等，它们都具有车辆的共性，同时也有各自的特性。

8.2.3　继承

继承（Inheritance）指对象继承它所在类的结构、操作和约束，也指一个类继承另一个类的结构、操作和约束。继承体现了一种共享机制。我们可以这样定义它：继承是指一个类（即子类）因承袭而具有另一个类（或称父类）的能力特征或关系。继承意味着子类"自动拥有"或者"隐含复制"父类中的属性和行为，在父类中已经定义的行为和属性不必在子类中再定义，子类自动拥有父类的属性和行为，并且可以加入若干新的内容。我们看一个继承的简单的例子，如图 8-3 所示。

类 B 是类 A 的子类，类 A 是类 B 的父类。类 B 由两部分组成，继承部分和扩充部分。继承部分是从类 A 继承来的，扩充部分则是类 B 所专有的。

采用继承的方法可以非常清晰地描述复杂的问题，这与人们认识问题的方法很类似。在自然科学中，人们也常常采用逐层分类的方法来认识问题。例如在生物学中，生物之间的继承关系可以描述如下：猫科动物和犬科动物都属于动物，它们继承了动物类的特性，同时又具有自己的特征；而猫和豹继承了猫科动物的特征，同时又有自己的特征。如图 8-4 所示。

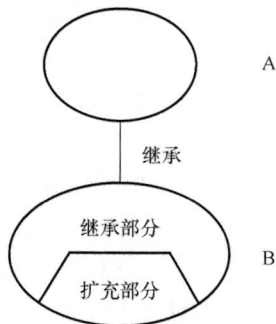

图 8-3　继承

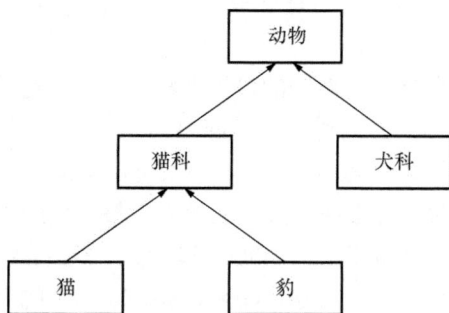

图 8-4　继承实例

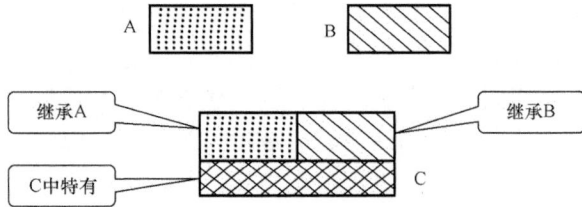

图 8-5　多重继承

继承有单重继承和多重继承。子类仅有一个父类的继承称为单重继承，否则称为多重继承。例如在图 8-5 中，类 C 同时继承类 A 和类 B 的属性和行为，也可以有自己的专有特征。

继承是面向对象方法的主要特征，它可以极大地提高系统设计中代码的可重用性。

8.2.4　消息

在面向对象系统中，"对象"是组成系统的基本单位，换言之，系统是"对象"的集合。"对象"中封装了描述该对象的特殊属性（数据）和行为方式（方法）。各对象之间相互独立，但可以通过"消息（Message）"相互作用。

在面向对象方法中，把对象发出的服务请求称为消息。消息是对象之间进行通信的数据结构，对象之间通过传递消息进行联系，消息统一了控制流和数据流。例如，王某在图书馆流通柜台告诉管理员借一本书，这就是一条消息。王某向管理员发出服务请求，管理员接收到消息以后完成相应的服务。这条消息包括：消息接收者（图书管理员），要求的服务（借书），输入信息（书名、图书索书号），回答信息（图书、不借的原因）。因此，我们可以这样来定义消息：消息就是向对象发出的服务请求，它应含有提供服务的对象标识、请求的服务、输入信息和回答信息。我们已经知道，对象具有信息隐蔽的功能，称为"封装"（Encapsulation）。所谓封装就是把对象的属性和行为向外部提供，而把对象的内部细节尽可能隐蔽起来，不允许外界访问。信息系统的功能需要其中许多对象的行为的有机结合才能完成。这里有机的结合就是对象之间消息传递，也即一个对象向有关对象发送消息。

在现实中，许多事物都体现了封装和消息传递的思想。例如，对象是汽车，（它的内部结构被封装了起来），具有"行驶"这项操作（行为），我们可给它传递"行驶"及"时速 50km"的消息来触发它。这里的消息传递类似于面向过程中的函数调用。但又有以下不同之处。

（1）函数调用时参数是可选项，而消息至少要带一个参数，它指明接收该消息的对象，并告诉对象做什么。

（2）类似于函数名的消息操作名，函数名代表一段可执行的程序，消息操作名的功能取决于接收消息的对象本身。

（3）函数调用是过程式的，消息传递是说明式的。具体如何做，由接收对象根据收到的信息自行确定。

消息体现了对象的自治性和独立性，对象之间的消息传递、有机结合即可完成系统的功能。

8.2.5　面向对象的建模技术

近年来，随着面向对象方法的不断深入和发展，各种各样的面向对象的系统开发方法如雨后春笋般纷纷出现。其中已形成完整体系结构的多达 20 余种，较为成熟并具有代表性的方法有 Coad-Yourdon 提出的 OOA 和 OOD 方法；Dk James Rumbaugh 等人提出的 OMT；Dr.Ivar.Jacobson 等提出的 OOSE 方法；Grady-Booch 提出的 RDD 方法；IBM 公司的 VMT 方法等。

对于上述方法，其出发点都基于面向对象，只是各种方法侧重点不同。在具体运用面向对象的方法时，一般都根据组织自身的特点，综合考虑，建立自己的面向对象标准。

　　在运用面向对象的方法进行系统开发时，往往还需要结合一些传统的、成熟的系统分析和系统设计方法，最终形成满足需要的信息系统建设规范。

　　由于 OMT 使用三种模型，从三个不同角度对系统建模，相对于其他方法来说，能较全面地反映系统的需求，是目前面向对象方法中发展最完善的一种方法，因而在这里只选择介绍 OMT。

　　OMT，即面向对象建模技术，该方法支持整个信息系统开发的生命周期，包括系统分析、系统设计和系统实现。在系统分析阶段，OMT 方法强调对系统和相关领域的理解，通过分析，确定对象、关系、事件和功能，并在此基础上建立相应的模型。

　　OMT 的模型包括三部分：对象模型、动态模型和功能模型。对象模型描述的是系统的对象的结构，使用图示的方式表示对象的属性、对象的行为和与其他对象的关系；动态模型描述与时间和行为顺序有关的系统属性，使用状态图来反映系统的动态特征；功能模型使用数据流图描述对象行为的具体含义，它只考虑系统做什么，而不关心怎样做和何时做。

　　OMT 是一种围绕着现实世界中的概念，从三种不同的角度建立系统的面向对象的模型的技术。OMT 使用专家和用户所熟悉的概念和术语，有助于对问题的理解和与用户的信息交流。OMT 在系统开发中所使用的面向对象的概念和计算机领域中所使用的面向对象的概念相一致，因此，不必在各阶段进行概念的转换，从而方便了开发工作。

8.3　面向对象的分析

　　本节我们以面向对象的建模技术 OMT 为例来介绍面向对象的系统分析。

　　OMT 方法用对象模型、动态模型和功能模型三种模型来刻画一个系统。对一个系统的完全描述要求包含这三种模型。

　　对象模型描述系统中的对象和它们之间联系的静态结构。对象模型包括对象图。

　　动态模型描述系统中对象之间的相互结构。动态模型包括状态图。

　　功能模型描述系统中数据的变化。功能模型包含数据流图（DFD），如图 8-6 所示。

　　三种模型在系统分析和设计的不同阶段使用。目前，OMT 方法是面向对象方法中发展最成熟、也是应用较为广泛的一种方法。

8.3.1　分析概述

　　分析是 OMT 方法学的第一步。面向对象分析的目的是能够从用户的需求构造出理解实际系统的模

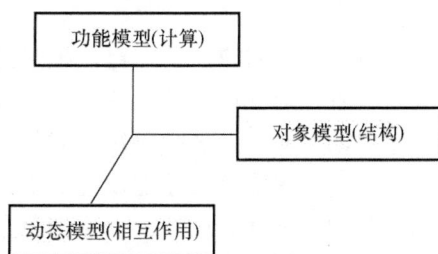

图 8-6　OTM 的三种模型

型。为了这个目的，必须从用户或开发者提供的叙述开始。需求陈述通常包括问题范围、功能需求、性能需求、应用环境等。需求陈述应该阐明"做什么"而不是"怎么做"，即只描述用户的需求而不是解决的方法。通常，这种叙述是不完整的，或者是非形式化的。分析可使问题的叙述更加精确，更加完整，同时暴露二义性和不一致性。这种叙述也不是一成不变的，但它应该作为细化实际需求的基础。分析将问题陈述中描述的客观世界的本质属性抽象成模型表示，分析模型应是问题精确而又简洁的表示，是后续设计的基础。分析模型涉及对象模型（静态结构）、动态模型（相互作用的序列）、功能模型（数据切换）。这三个模型在每个问

题中的重要性是不同的，几乎所有的问题都使用从现实世界中抽象出来的对象模型。关注相互作用和时序的用动态模型来描述，包含计算的由功能模型支持，所有三个模型都在对象模型概括的操作上有所贡献。

分析不可能总是严格顺序执行。一个大模型的构造通常是要经过反复提炼而成。分析也不是机械过程。一些基本信息必须从需求者和分析人员的实际问题知识领域中获得。

系统分析员必须与用户及领域专家密切配合协同工作，共同提炼和整理用户需求，完成分析阶段的任务。如图 8-7 所示。

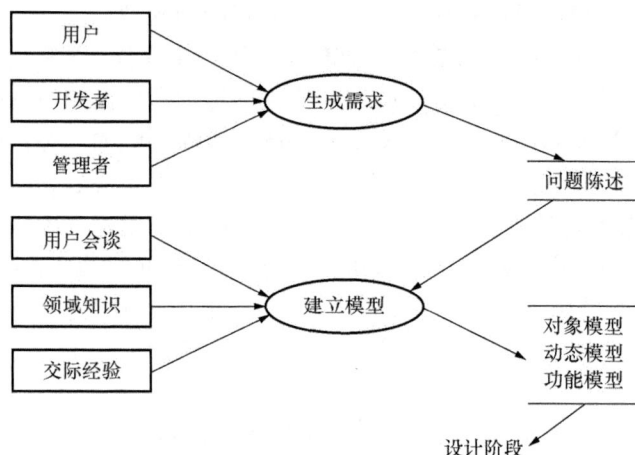

图 8-7 分析过程概述

8.3.2 对象建模

1. 对象模型

对象模型通过描述系统中类、对象、属性和对象之间的联系等来表示系统的静态结构。对象模型是三种模型中最重要的一种模型。面向对象方法是用对象构建系统，而不是用功能来构建系统。

（1）类和对象。建立对象模型的目的是描述对象。我们定义的对象是一种概念，一种抽象，或者是对应用有意义的事情，或者是具有清晰边界和含义的事情。一个问题可以分解成多个对象，对象的多少取决于对问题的理解和判断。所有对象都有自己的标识并且是可以识别的。虽然对象是对象建模的焦点，但对象建模主要是围绕对象的类展开，因为将对象聚集成类有助于使问题抽象。抽象增强了模型的归纳能力。

对象类描述具有相似属性的一组对象。如人、公司、动物等都是对象类，或简称类。

上面我们用文字说明了对象和类的概念，我们还需要用逻辑上一致的、容易格式化的对象模型来规范地表述这些概念。

对象、类及它们之间的相互联系用对象图来表示。对象图对抽象建模很有用。

对象图有两种类型：类图和实例图。

类图是描述许多可能的数据实例的一种模式或模板，类图就是描述对象类。

描述对象类的 OMT 符号用矩形框表示，类名用粗黑体字放置于矩形框的中央。

实例图是描述对象实例的。

描述对象实例的 OMT 符号用圆角矩形框表示，类名（用粗黑体字）放在这个对象上端用圆括号括起来。对象名用标准体放在类名下方，无名氏对象实例则仅用带圆括号的类名，放在圆角矩形框的中央。如图 8-8 表示。

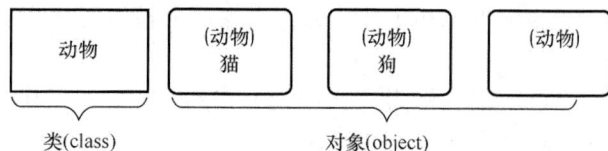

图 8-8　类和对象

（2）关联。关联是反映对象之间相互依赖、相互作用的关系。通常把两类对象之间的二元关系分为一对一（1:1），一对多（1:M）和多对多（M:N）三种基本类型。类型的划分依据参与关联的对象的数目。例如，一个班有一名班长，班与班长之间是一对一的关系；一个班有许多名学生，班与学生之间是一对多的关系；一个学生可以选修多门课程，一门课程可以由多名学生来选修，学生和课程之间是多对多的关系。

描述关联的 OMT 符号用一条连线表示，即在两个相互依赖、相互作用的对象之间画一条连线。上述关联的性质在连线的末端用一个特定的符号来表示。

例如，"1+"，表示 1 个或 1 个以上，如图 8-9（a）所示。

黑实心圆点，表示零个或多个，如图 8-9（b）所示。

没有符号，表示为 1 个，如图 8-9（c）所示。

（3）属性。属性是一个类中对象所具有的数据值。如名字、性别是动物对象的属性，颜色、型号是汽车对象的属性。

属性是数据，而不是一个对象。

属性分为类属性和对象属性两种。

类属性在类图中可置于类矩形框的下半部分，上半部分是类名，在类名和类属性之间画一条横线。

图 8-9　关联的图形表示

（a）班与学生之间的 1:M 关联关系；

（b）学生与课程之间的 M:N 关联关系；

（c）班与班长之间的 1:1 关联关系

对象属性可置于圆角矩形框的下方，所不同的是对象框没有那条横线。如图 8-10 所示。

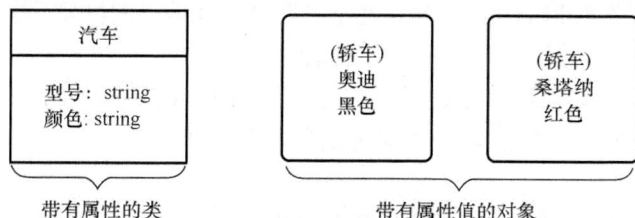

图 8-10　属性和值

类汽车有型号和颜色的属性，型号和颜色是字符串。对象"轿车"有型号的值"奥迪"，颜色的值"黑色"；另一个对象"轿车"有型号的值"桑塔纳"，颜色的值"红色"。

2．建立对象模型

面向对象分析的首要工作，是建立问题域的对象模型。也即建立类、对象、关联和属性

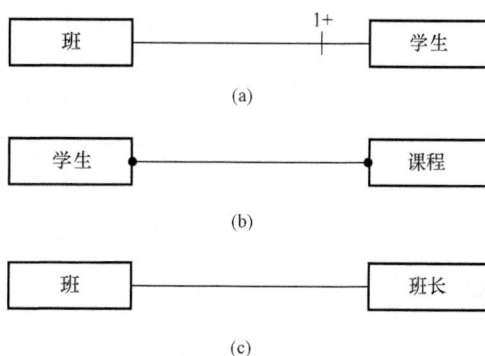

的模型表示，也就是目标系统的静态结构。静态结构相对稳定。因此，在用面向对象方法开发系统时，首先建立对象模型，然后再建立动态模型和功能模型。

本节将以银行ATM（自动取款机）系统为例来说明分析过程应考虑的问题。下面简要陈述对ATM的需求。

某银行提出开发一个自动取款机系统（ATM），该系统是一个由自动取款机、中央计算机、分行计算机和柜员终端组成的计算机网络系统。自动取款机与中央计算机相连接，每个分行有自己的计算机用于处理各自的账户和事务，终端设在各个分行，并与分行的计算机相连接。自动取款机接受现金储值卡，与储户交互，与中央计算机通信来完成一次事务。事务可以是取款或查询等。

所谓现金储值卡，就是一张特别的磁卡，上面有分行代码和卡号。储户用现金储值卡通过与ATM的交互，即可完成取款或查询等事务。

如图8-11所示是银行业务系统ATM示意图。

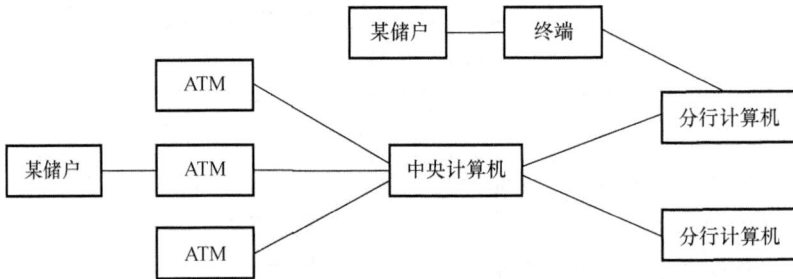

图 8-11　银行业务系统 ATM

OMT建立对象模型的步骤如下。

（1）找出对象类。类和对象是问题域中客观存在的，系统分析员的任务是通过分析找出这些对象类和对象。

具体地说，大多数客观事物可分为五类。

1）可感知的物理实体，如飞机、汽车、房屋和书等。

2）人或组织的角色，如医生、教师、雇主、雇员、信息管理系和财务科等。

3）应该记忆的事件，如飞行、旅游、访问、交通事故等。

4）两个或两个以上对象的相互作用，通常具有交易或接触的性质，如购买、纳税、结婚等。

5）需要说明的概念，例如，政策、版权法等。

如图8-12所示，在对实际问题进行分析时，可参照上面列出的常见事物，根据问题陈述，找出当前问题域中的候选对象类。与类对应的常常是名词。

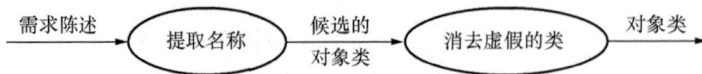

图 8-12　确定类的过程

下面以ATM银行系统为例，从问题陈述中通过非正式分析找出如图8-13所示的名词，作为候选对象类。

账户	ATM	分行	储户	软件	现金储值卡
出纳员	终端	事务	总行	营业厅	分行计算机
用户	磁卡	银行	网络	系统	中央计算机
访问	现金	支票	取款单	余额	卡号
密码	类型	账单	成本	市	街道

图 8-13　银行业务陈述中抽取的候选对象类

（2）筛选出正确的对象类。找出候选的对象类之后，应经过严格的筛选，去掉一些不必要的和不正确的对象类。筛选时主要依据下列标准进行删除。

1）冗余。如果两个类名表达了同样的信息，则应保留在此问题中最富于描述力的名字。

以上述银行业务系统为例，上述候选对象类中，其中"储户"与"用户"，"现金储值卡"与"磁卡"分别描述了相同的两类信息，因此应去掉"用户"、"磁卡"等冗余的类，保留"储户"和"现金储值卡"这两个类。

2）无关。现实世界中存在许多对象，不能把它们都纳入到系统中，仅需要把与本问题密切相关的对象类放到目标系统中。有些类在其他问题中可能很重要，但与当前要解决的问题无关，同样也应该把它们删掉。

以上述银行业务系统为例，"成本"、"市"、"街道"、"营业厅"与本软件系统关系不大，因此应该去掉这些候选类。

3）模糊。在需求陈述中常常使用一些笼统的、泛指的名词，虽然在初步分析时把它们作为候选的对象类，但是，要么系统无须记忆有关它的信息，要么在需求陈述中有更明确更具体的名词对应它们所指的事物。因此，通常应该把这些笼统的或模糊的候选类去掉。

以上述银行业务系统为例，有一些名词如"银行"、"网络"、"系统"、"软件"、"访问"的含义笼统模糊，应该删掉。

4）属性。在需求陈述中，有些名词实际上描述的是其他对象的属性，应该把这些名词从候选类中去掉。

以上述银行业务系统为例，"现金"、"支票"、"账单"、"余额"、"卡号"、"密码"、"类型"等应该作为属性对待，因此也应该从候选类中把它们去掉。

5）操作。需求陈述中有时可能使用一些既可以作为名词又可以作为动词的词，此时应当慎重考虑其在本问题中的含义，以便正确地决定是否把它们作为类。

（3）确定关联。如前所述，两个或多个对象之间相互依赖、相互作用的关系就是关联。在需求陈述中使用的描述动词或词组，通常表示关联关系。因此，在初步确立关联时，大多数关联可以通过直接提取需求陈述中的动词词组而得出，同时还需要进一步筛选、补充、去掉一些不正确的或不必要的关联，根据具体领域知识再补充一些关联。

（4）确定属性。确定属性通常包括分析和选择两个步骤。

1）分析。通常，在需求陈述中用名词词组表示属性，如"颜色"、"位置"等。往往用形容词表示可枚举的具体属性，如"红色的"、"打开的"等。但是，不可能在需求陈述中找到所有属性，分析员还必须借助于领域知识和常识才能分析得出需要的属性。幸运的是，属性对问题域的基本结构影响很小。随着时间的推移，问题域中的类始终保持稳定，属性却可能改变了。相应的，类中方法的复杂程度也将改变。

属性的确定既与问题域有关，也和目标系统的任务有关。应该仅考虑与具体应用直接相关的属性，不要考虑那些超出所要解决的问题范围的属性。在分析过程中应该首先找出最重要的属性，以后再逐渐把其余的属性增添进去。

2）选择。首先要认真考察经初步分析而确定下来的那些属性，从中删去不正确的或不必要的属性。

通常有以下几种常见情况应当引起注意。

不要误把对象当作属性。

不要误把关联属性当作属性。

不要误把内部状态当作属性。

不要过于细化，应忽略那些对操作系统没有影响的属性。

经过以上分析，银行业务系统的正确的对象类应为：账户、ATM、分行、分行计算机、现金储值卡、出纳员、终端、事务、总行、中央计算机、储户。

8.3.3 动态建模

1. 动态模型

动态模型的主要概念是事件、状态和状态图。事件，它表示外部触发；状态，它表示对象值；状态图，是事件和状态的网络。动态模型由多个状态图组成，不同类的状态图通过共享事件组合到一个动态模型中。动态模型反映了与时间和变化有关的结构。

（1）事件。事件是发生在某一个时间点的一件事。例如，某人拿起话筒，或者某次航班离港。事件不具有持续性，当然也没有一个事件是真正瞬间的，事件是一个简单的当前值。

在逻辑上，事件可以有先后，或者两个事件可以完全不相关。例如，65 次特快列车必须先离开北京才能到达南京，"列车离开北京"和"列车到达南京"这两个事件有先后关系；而65 次列车可能在 14 次列车离开上海之后或之前开出，"65 次列车开出"与"14 次列车开出"这两个事件毫不相关。两个不相关的事件称为并发，即它们之间互不影响。换句话说，即使两个事件物理位置相差无几，如果它们之间互不影响，也认为这两个事件是并发的。并发事件之间的次序可以是任意的。

在现实世界中，所有对象都是并发存在的。一个事件是单方向地从一个对象到另一个对象的信息传递，可以期待得到一个回答。但它不像子程序调用那样肯定返回一个值，而是要看第二个对象控制下的独立事件，发送不发送回答（信息返回）完全由第二个对象决定。

表 8-1　事件类和属性

拨号（数字）
输入字符串（正文）
航班出港（航班，航班号，城市）
某人拿起话筒

事件可以划分成许多事件类，并可用一个名字来标识事件类。事件类的属性写在事件名后面的圆括号内。事件在对象之间传递的信息就是事件类的属性。表 8-1 表示了一些具有属性的事件类，属性部分是可选项。

（2）脚本。脚本是事件序列。它既可以包括系统中所有的事件，也可以仅包含系统中一个特定执行期间所发生的事件，或者可以是包含系统中某对象所产生的事件。有了脚本，能保证不忽略各个重要步骤，能保证整个交互行为流是清晰正确的。脚本可以是系统运行的历史记录，也可以是执行一个预想系统的构思的试验。

如表 8-2 所示是前述银行业务系统（ATM）的脚本。

表 8-2　　　　　　　　　　　　　　　　　**银行业务系统脚本**

ATM 请求储户插入卡；储户插入卡。
ATM 接受卡，并显示它上面的分行代码和卡号。
ATM 要求输入口令，用户输入自己的口令。
ATM 请求总行校验卡号和口令；总行通过某分行检验；然后同组 ATM 该卡有效，可以接受。
ATM 请求储户选择食物类型；储户选择"取款"。
ATM 请求储户输入取款金额；储户输入"1000"元。
ATM 检验卡上余额数；并请求总行处理该项事务，总行将这一请求交分行处理之后通知储户。
ATM 吐出现金；并请求储户取出现金；用户取走现金。
ATM 询问储户是否继续；储户表示不继续。
ATM 打印数据；退出卡；请求储户取走；储户取走卡。
ATM 请求储户插入卡。

　　每个事件都把信息从一个对象传递到另一个对象。例如储户通过 ATM 把口令传给系统。在写了脚本之后，下一步是识别每个事件的发送对象和接收对象。事件序列和交换事件的对象能同时在扩张的脚本中表示出来，事件序列或扩张的脚本我们称它为事件轨迹图。表 8-2 的事件轨迹图如图 8-14 所示。

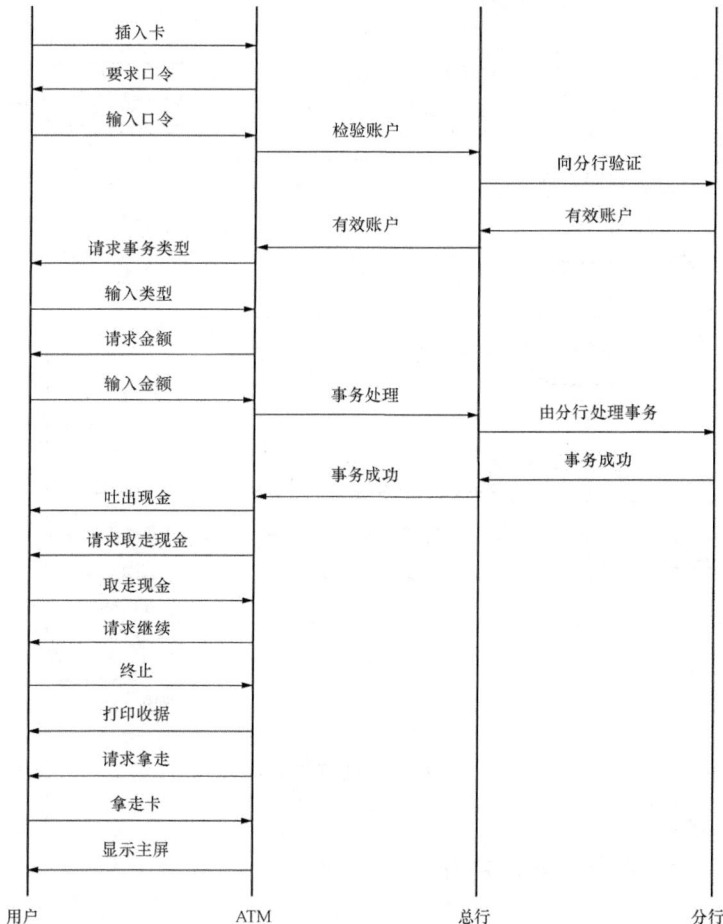

图 8-14　事件轨迹图

事件轨迹图是不同对象间的事件排序表。对象为表中的列，水平箭头表示从发送对象到接受对象的每个事件，时间从上到下，与空间无关。

（3）状态图。状态图由事件和状态组成。从事件轨迹图出发来确定状态和事件。在事件轨迹图中，水平箭头线（边上标以事件名）表示一个事件，图8-14中，"插入卡"就是一个事件。两个事件之间的间隔就是一个状态。

在状态图中，状态图的节点表示状态，状态图用圆角矩形框表示，一般来说，要给状态起个名字。箭头线表示从发送状态到目标状态变化，在箭头线上标明产生变化的事件名。状态图说明了由事件序列引起的状态序列。动态模型就是状态图的汇集。脚本对于动态模型的关系，就像实例图对于对象模型一样。如图8-15所示为类ATM的状态图。

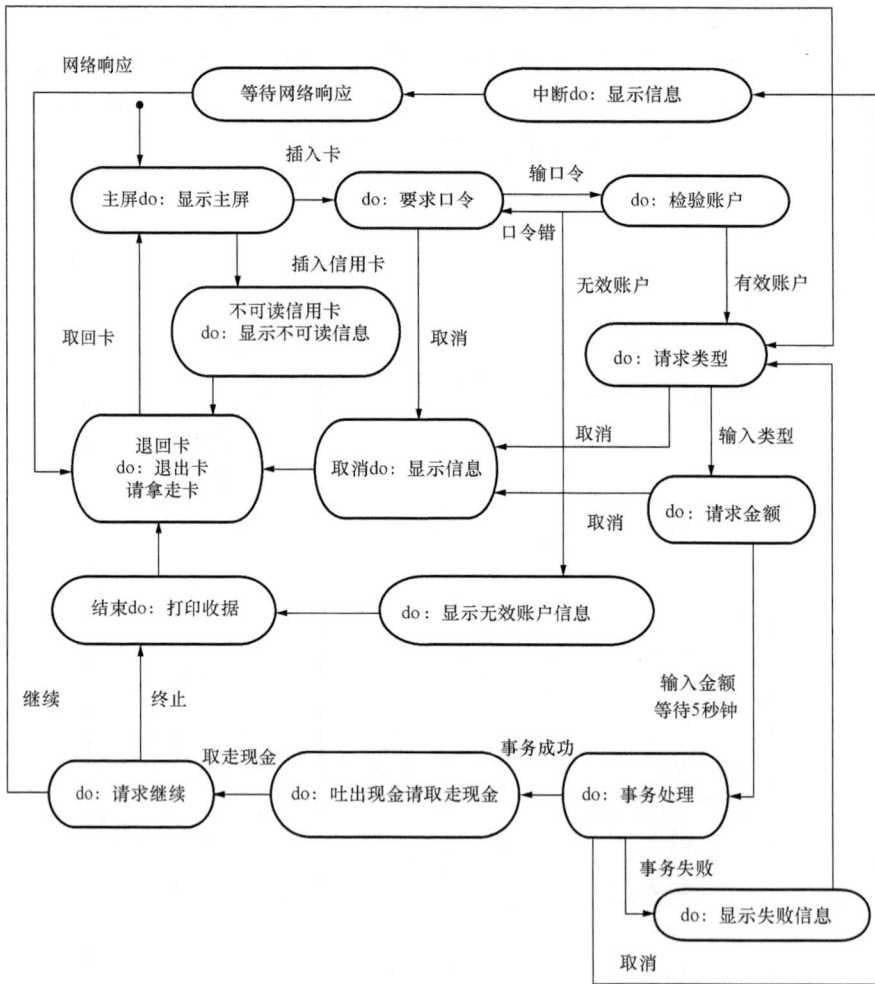

图8-15　类ATM的状态图

2. 建立动态模型

一般来说，建立动态模型的步骤如下。

（1）编写脚本。

（2）确定事件。

（3）构造状态图。

（4）在对象之间进行事件匹配，保证一致性。

建立动态模型的第一步，是编写脚本。尽管脚本中不可能包括每个偶然事件，但至少必须保证不遗漏常见的交互行为；第二步是从脚本中确定事件；第三步是确定触发每个事件的动作对象及接受事件的目标对象，并按事件发生的次序，确定每个对象可能有的状态及状态间的转换关系，并构造出描述它们的状态图；第四步，比较对象的状态图，检查它们之间的一致性，匹配对象之间的事件。

（1）编写脚本。脚本是事件序列，通过脚本来逼近动态模型而不是直接形成模型，这样能保证不忽略各个重要步骤，并且保证整个交互行为流是清晰和正确的。在编写脚本时，首先要考虑正常情况的脚本，如前述银行系统业务脚本如表 8-2 所示，同时也要考虑出错情况的脚本，如表 8-3 所示。

表 8-3	异 常 情 况 脚 本
ATM 请求储户插入卡：储户插入一张现金储值卡。	
ATM 接受卡：并显示它上面的分行代码和卡号。	
ATM 要求输入口令：储户误输入口令。	
ATM 请求总行校验号码和口令：在总行向相应分行咨询后，拒绝该卡。	
ATM 指示口令错，并请储户再输一次；储户输入口令，ATM 与总行核实后确认无误。	
ATM 要求储户选择事务类型：储户选择一种"取款"。	
ATM 请求储户输入取款金额：储户改变主意，按了"取消"键。	
ATM 退出卡：请求储户拿走它，储户拿走卡。	
ATM 请求储户插入卡。	

（2）确定事件。仔细分析脚本，从中提取所有的外部事件。事件包括系统与用户交互的所有信号、输入、输出、中断、动作等。从脚本中容易找出正常的事件，但也应该小心仔细，不要遗漏出错（异常）事件。

传递信息的对象的动作也是事件。比如，储户输入密码就是事件，大多数对象到对象的交互行为都对应着事件。

控制流所产生的效果也是事件，产生相同效果的那些事件组合在一起作为一类事件，并给它们取一个唯一的名字。例如，"支付现金"是一个事件类，尽管这类事件中的每个事件的参数值不同（支付金额不同），然而这并不影响控制流。

从脚本提取出各类事件并确定了每类事件的发送对象和接受对象之后，就可以用事件轨迹图（图 8-14）把事件序列及事件与对象的关系，形象、清晰地表示出来。前面已述，事件轨迹图实质上是扩充的脚本。

（3）构造状态图。构造状态图时，仅考虑事件轨迹图中指向某条竖线的那些箭头线。把这些事件作为状态图中的有向边（即箭头线），边上标以事件名，两个事件之间的间隔就是一个状态。一般来说，应该尽量给每个状态取个有意义的名字。通常，从事件轨迹图中当前考虑的竖线射出的箭头线，是这条竖线代表的对象达到某个状态时所做的行为，这个行为往往是引起另一类对象状态转换的事件。

根据一个事件轨迹图画出状态图之后，再把其他脚本的事件轨迹图合并到已画出的状态图中。这需要找出脚本的分支点。例如，检验账户就是一个分支点。同时还应该考虑特殊情况或边界情况。当状态图覆盖了所有脚本，包含了影响某类对象的全部事件，该类的状态图就构造出来了。

（4）在对象之间进行事件匹配。各个类的状态图通过共享事件合并起来，构成了系统的动态模型。此时应该检查系统级的完整性和一致性。一般来说，每个事件都应该既有发送对象又有接受对象。无前驱或者无后继的状态应该着重审查，如果这个状态既不是交互序列的起点，也不是终点，则发现了一个错误。

应该审查每个事件，跟踪它对系统中各个对象所产生的效果，以保证它们与每个脚本都匹配。

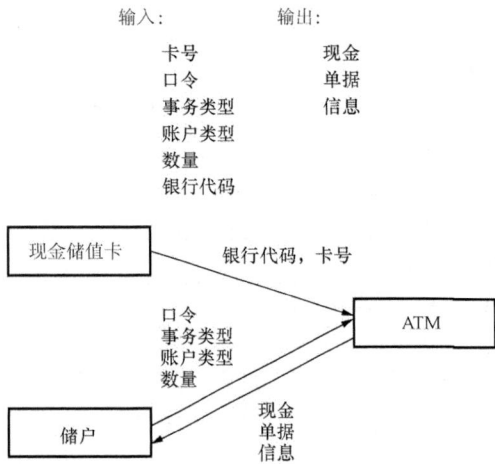

图 8-16　银行业务系统输入输出值

8.3.4　功能建模

1. 功能模型

功能模型包含的内容主要有输入值、输出值和数据流图。

（1）输入值和输出值。输入值和输出值是系统和外部事件之间的参数，所以应首先列出输入值和输出值。通过检查问题陈述，查找所有的输入值和输出值。

如图 8-16 所示为 ATM 应用的输入值和输出值。

（2）数据流图。数据流图说明如何由输入值计算输出值。如图 8-17 所示为 ATM 系统的顶层数据流图。

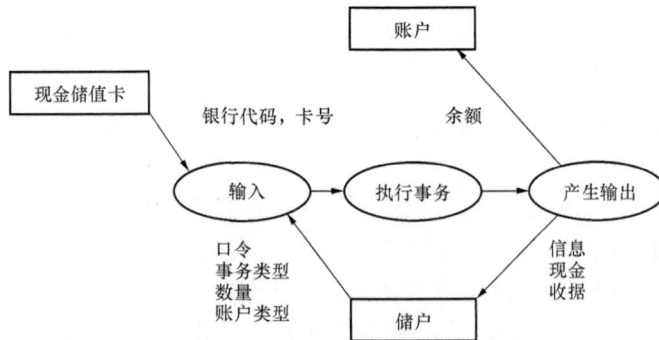

图 8-17　银行业务系统顶层数据流图

2. 建立功能模型

建立功能模型的第一步是确定输入值和输出值，然后由输入值和输出值产生一组数据流图。数据流图通常按层次组织。最顶层的由单个处理组成（见图 8-17），然后将顶层重要的处理扩展成第二层的数据流图。如果第二层仍有重要的处理，则可以向下继续扩展。如图 8-18 所示为扩展了图 8-17 中执行事务的处理。

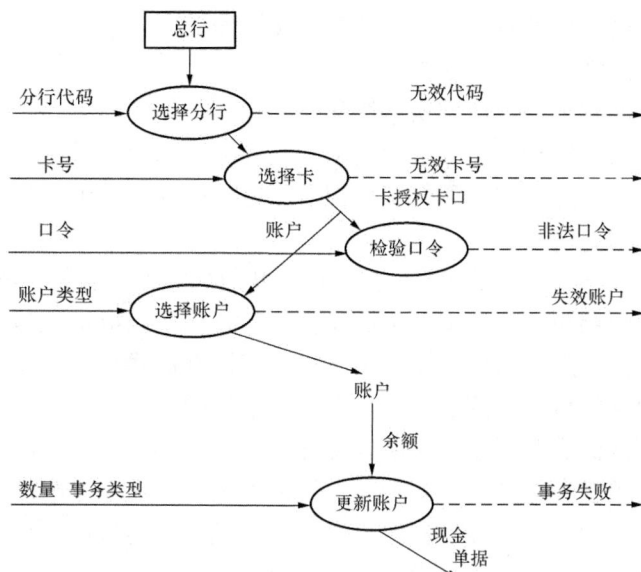

图 8-18　银行业务系统执行事务处理数据流图

一般来说，构造功能模型的步骤如下。

（1）确定输入值和输出值。

（2）画出不同层次的数据流图。

（3）描述功能和约束条件。

8.4　面 向 对 象 设 计

　　系统分析完成之后，就开始系统设计。系统分析阶段解决"做什么"，系统设计阶段就要解决"怎么做"的问题。系统设计是解决策略，是设计的第一阶段。在该阶段，需要选择解决问题的基本方法，需要决定系统的整体结构和风格。这将为以后的设计阶段的更仔细的策略提供依据。通过应用于整个系统的高层策略，系统设计者将把问题划分成若干子系统，以便以后的设计工作可以由多名设计者独立地设计各个系统。

8.4.1　系统分解

　　系统设计的第一步是将系统分解为多个子系统。每个子系统共享某些公共特性，并完成系统的某个功能。

　　所谓子系统不是一个对象，也不是一种功能。子系统是类、关联、操作、事件和约束的集合。子系统由它提供的服务来识别，一个服务是一组具有共同目的的相关功能。

　　每个子系统可以独立设计，但每个子系统与其他子系统之间定义一个接口，这个接口表明了所有交互的形式和通过子系统边界的信息。

　　通常应尽量减少子系统之间的相互依赖性。

　　两个子系统之间的关系可以是"读者—管理员"关系或"同事"关系。在"读者—管理员"关系中，读者子系统调用管理员的子系统，管理员子系统则完成一些借书、还书等服务并返回一个结果。读者子系统必须知道管理员子系统的接口，而管理员子系统不必知道读者子系统的接口。在"同事"关系中，各个子系统都可能调用其他子系统。同事关系的交互较为复杂，因为子系统间必须知道对方接口。

系统到子系统的分解可以组成层次结构和块结构。

（1）层次结构。层次结构也称分层次结构。这种结构把软件系统组织成一个层次系统，每层是一个子系统。每一层以它下面的层来构造。每一层的对象可以是独立的，但常常存在一些不同层对象之间的通信。

分层结构有两种形式，一种是封闭式，一种是开放式。所谓封闭式结构，即在此结构中，每一层是根据它的下一层结构来构造，每层仅仅为其直接下层提供服务。这种结构可以减少层次之间的依赖性。因为层的接口只影响下一层。所谓开放式结构，即在此结构中，一层能使用下面任何深度层次的特性。开放式结构不符合信息隐蔽的原则，对任何一个子系统的修改会影响处在更高层次的那些子系统，所以说开放式结构不如封闭式结构那么稳定，两种结构都有用，设计者必须权衡效率和模块独立性等诸多因素，通盘考虑以后再做决策。

通常问题陈述只说明了顶层和底层的内容，顶层是系统的目标系统，底层是一些可用的资源，如果两层间差异太大，则系统设计者就需要引入中间层次来弥补不同层次之间概念的差异。在应用程序和设备之间至少要引入一个抽象设备层次，用以定义提供逻辑服务的接口类层。

（2）块结构。所谓块结构，即将一个系统纵向分解成若干相对独立的，弱耦合的子系统，一个子系统相当于一块，每块有一个功能，提供一种服务。例如，一个计算机操作系统包含有文件系统、内存管理系统等子系统。

这些子系统可以互相知道一些消息，但没有过多的设计依赖。

运用层次结构和块结构的各种可能的组合，可成功地组成一个软件系统。通常一个层次可能由若干块组成，而一个块也能分解为若干层。多数大系统都是由层次结构和块结构混合组成。

（3）拓扑性。当确定了顶层子系统时，设计者应当用数据流图指明子系统之间的信息流。有时，所有的子系统与所有其他的子系统相互交互，但信息流经常是较简单的。例如，许多计算机有管道的形式，如编译程序。其他的系统是以星形分布的，其中主子系统控制所有与其他子系统之间的交互。设计者应该采用与问题结构相适应的、尽可能简单的拓扑结构，以便用它们来减少子系统之间的交互数量。

8.4.2　资源处理

资源，指全局资源，系统设计者必须识别全局资源，并且制定访问它们和控制它们的机制。

全局资源包括物理资源（如处理器、磁带驱动器和通信卫星等设备）、空间资源（如磁盘空间、屏幕空间、鼠标按钮等）、逻辑资源（如对象 ID、文件名和类名）和共享数据资源（如数据库等）。

对于物理资源，可以通过在并发系统中建立访问协议来控制它。对于逻辑资源，如对象 ID，独立任务可以同时使用相同的对象 ID，每个全局资源必须是属于访问它的合法对象。对于受保护对象，它能控制几个资源，对资源的所有访问必须通过受保护对象。逻辑资源，可以按逻辑分块，目的是使各子块可以分配给不同的对象，以便于对其进行控制。

如果考虑效率，通过受保护对象存取资源的花费太高，并且，客户必须直接访问资源。

遇到这种情况，可在资源的子集上配锁。一把锁是一个与已定义的资源子集相关的逻辑对象，它赋予锁持有者直接访问资源的权限。但是在面向对象设计中，直接访问共享资源，一般是不推荐的，除非绝对必要。

自学模块

　　了解支持面向对象分析与设计的语言或工具。探讨与结构化分析设计的不同。

💬 章节主题讨论

　　1．结合你熟悉的一个系统或软件，分析面向对象的概念和特征，是如何体现的。

　　2．结合学校正在使用的某个系统，探讨面向对象方法在系统实践中的意义，与其他分析设计方法有什么不同。

项目实践

　　用学过的某一个支持面向对象技术的语言或工具，编写一个计算班及所有课程平均成绩的小程序。

第 9 章　基于 B/S 结构的信息系统开发

9.1　B/S 体系结构概述

　　信息系统的计算模式是指组成系统的硬件、软件和数据等资源的逻辑和物理配置及其共同工作方式。随着计算机和网络技术的发展，信息系统计算模式经历了从以单机系统和面向终端的多用户系统为代表的集中计算模式到以资源共享式、客户机/服务器（Client/Server，C/S）模式和浏览器/服务器（Browser/Web Server，B/S）模式为代表的分布式计算模式的从简单到复杂、从低级到高级的发展过程。但由于客户机/服务器模式客户端臃肿、安全性差、维护困难等缺点及 Web 技术的迅速发展和普及，使基于 B/S 计算模式的信息系统成为信息系统开发应用的主流模式。

　　大量基于 Web 的信息系统研究和开发的实践表明：尽管新技术带来了信息系统计算模式的改变，但已有的信息系统分析和设计方法，如结构化方法和面向对象方法等在 B/S 结构的信息系统开发中仍然适用。而在采用结构化方法或面向对象方法等信息系统分析和设计方法的基础上，了解和掌握运用各种 B/S 结构的信息系统开发技术，实现信息系统分析和设计以及信息系统计算模式的要求是进行 B/S 结构的信息系统开发的重点。因此，本章将重点从技术的角度对 B/S 结构的信息系统开发应用进行介绍。

9.2　B/S 三层体系结构

　　基于 Web 的 B/S 模式是把 C/S 模式的服务器端进一步深化，分解成一个应用服务器（Web 服务器）和一个或多个数据库服务器，客户机上只需安装一个浏览器（Browser），浏览器通过应用服务器同数据库进行数据交互，用于查询和浏览。它对前端的用户数目没有限制，客户端也不需要安装任何其他特殊软件，对网络也没有特殊要求。因此，它特别适用于信息的远程浏览、查询与发布。其软件运行环境如图 9-1 所示。

图 9-1　B/S 结构信息系统的软件运行环境

9.2.1　Web 浏览器

　　Web 浏览器是与 Web 服务器交互的工具软件，它向 Web 服务器发出服务请求，同时接收 Web 服务器送回的请求响应，并以 Web 页面的形式将其显示出来。比较常用的 Web 浏览器是网景公司的 Netscape Navigator 和微软公司的 Internet Explore。

9.2.2　Web 服务器

　　Web 服务器是驻留在 Web 服务器计算机上的一个应用程序，它通过 Web 浏览器与用户进行交互。Web 服务器的主要功能包括以下几点。

（1）静态信息发布。Web 服务器可以将大量 HTML 文件及其他信息文件存储在自己的文件系统中，然后根据浏览器发出的请求，将相应的文件发送给浏览器。

（2）动态信息发布。Web 服务器还可以根据用户要求动态生成页面以获得与用户交互的效果。例如，用户可以将姓名、地址、信用卡号、购买意向等通过页面上的表格发送给 Web 服务器，Web 服务器可以将这些信息写入数据库，并给用户一个反馈，实现电子购物。几种常用的 Web 服务器介绍如表 9-1 所示。

表 9-1　　　　　　　　　　　　几种常用的 Web 服务器

Web 服务器名称	开发者	适用平台	主　要　特　点
Internet Information Server	微软公司	Windows Server	图形管理界面；支持 CGI、ISAPI、PHP、ASP 以及 ASP. NET 编程；与 Windows Server 紧密集成
IPlanet Web Server	网景公司	Unix、Linux 和 Windows Server	支持 CGI、服务器端 Javascript、Servlet/JSP 以及 NSAPI 编程
Apache	阿帕奇组织	Unix、Linux 和 Windows Server 等	使用最广泛的 Web 服务器；源代码公开并可免费获得；支持 CGI、PHP 和 Servlet/JSP 编程
WebSphere	IBM 公司	Unix 和 Windows Server	符合 J2EE 标准的完善和开发的 Web 应用服务器
WebLogic	BEA 公司	Unix、Linux 和 Windows Server 等	符合 J2EE 标准的完善和开发的 WEB 应用服务器

注释：公共网关接口（Common Gateway Interface，CGI）；Internet 服务应用程序接口（Internet Server Application Programming Interface，ISAPI）；Netscape 服务应用程序接口（Netscape Server Application Programming Interface，NSAPI）；动态服务器页面（Active Server Pages，ASP）；超文本预处理器（Hypertext Preprocessor，PHP）；Servlet 和 Java 服务器页面（Java Server Pages，JSP）；Java2 平台企业版（Java2 Platform Enterprise Edition，J2EE）

自学模块

了解常用 Web 服务器的配置方法。

9.3　B/S 结构的信息系统开发技术

基于 B/S 结构的信息系统开发技术主要包括三个方面：Web 网络协议；Web 页面技术和数据库连接技术，如图 9-2 所示。

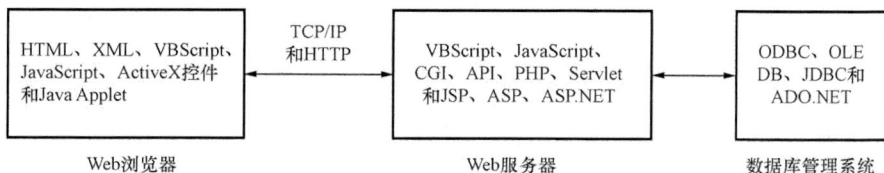

图 9-2　基于 B/S 结构的信息系统开发技术

网络协议是网络中各台计算机进行通信的一种语言基础和规范准则，它定义了计算机进行信息交换所必须遵循的规则。基于 B/S 结构的信息系统采用了建立在传输控制协议/网间协议（Transmit Control Protocol/Internet Protoco1，TCP/IP）基础上的 HTTP 协议。

1. 传输控制协议/网间协议

传输控制协议/网间协议（TCP/IP 协议）最早是由美国国防部高级研究计划局（Advanced Research Projects Agency ARPA）制定并加入到 Internet 中的。它提供了一个开放的环境，能够把各种计算机平台，包括大型机、小型机、工作站和 PC 机连接在一起，从而达到不同网络系统互联的目的。目前，它已经成为网络互联的工业标准。

2. 超文本传输协议

超文本传输协议（Hyper Text Transfer Protocol，HTTP）是 Web 浏览器和 Web 服务器间 TCP/IP 应用层通信协议。HTTP 以 Web 为基础，支持浏览器与 Web 服务器之间的通信及数据传送，一个 Web 服务器可以为分布在世界各地的许多浏览器服务。

HTTP 通信建立在 TCP/IP 连接之上，默认的 TCP 端口号是 80，但也可以使用其他端口号（如 8080）。Web 服务器运行着一个守护进程（HTTP Daemon），它始终在端口 80 监听着来自远端浏览器的请求。当一个请求发来时，它就会产生一个子进程来处理当前请求，守护进程继续以后台方式运行。端口 80 继续监听来自远端的连接请求。

9.3.1　Web 页面技术

基于 Web 的信息系统以 Web 页面作为系统和用户交互的接口。因此，Web 页面技术是系统开发中最重要的技术。根据软件环境不同，将基于 Web 的信息系统页面技术分为浏览器端页面技术和 Web 服务器端页面技术两类。

浏览器端页面技术主要包括超文本标记语言（Hyper Text Markup Language，HTML）、可扩展标识语言（Extended Markup Language，XML）、VBScript、JavaScript、Java Applet 和 ActiveX 控件技术。Web 服务器端页面技术主要包括 VBScript、JavaScript、CGI、API、 NSAPI、ASP、PHP、JSP 及 ASP.NET。

9.3.2　浏览器端页面技术

（1）HTML。HTML 是国际互联网联盟（World Wide Web Consortium，W3C）从通用标记语言标准（Standard Generalized Markup Language，SGML）中抽取部分技术而制定的标准，是基本的 Web 页面开发语言。它定义了一个复杂的标记集，并通过使用"标记"字符串来表明 Web 页面的静态组成结构，能够对网页的内容（包括文本、图形图像、声音、动画等多媒体信息）、格式及超链接进行描述，形成 HTML 文档。

使用 HTML 语言编写的 HTML 文件存放在 Web 服务器的特定文件目录中，浏览器通过网络向 Web 服务器发出读取 HTML 文件的请求，Web 服务器将所请求的 HTML 文件传送给浏览器，然后浏览器解释 HTML 文件，并将其内容显示在浏览器上。下面是一个简单 HTML 文件示例。

```
<HTML>
<HEAD>
<TITLE>Hello World!</TITLE>
</HEAD>
<BODY>
<FONT COLOR="RED" FACE="ARIAL">Hello World!</FONT>
<P>你可以参考搜虎站点: <A href="http://www.sohu.com">链向搜虎站点</A></P>
</BODY>
</HTML>
```

其显示效果如图 9-3 所示。

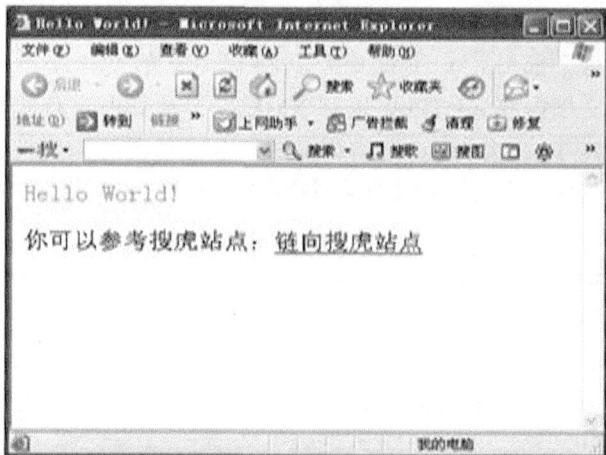

图 9-3 简单 HTML 文件执行效果

HTML 文件中常用的五个基本标识如下。

1）<HTML>和<HTML>标识。在任何一个 HTML 文件里，最先出现的 HTML 标识<HTML>表明这个文件的内容是用 HTML 语言来实现的。<HTML>和</HTML>成对出现，分别表示 HTML 文件的起始和结束。文件中的所有文本和 HTML 标识都包含在 HTML 这个起始和结束标识中。

2）HEAD>和</HEAD>标识。这是一个网页头部的标识。写在<HEAD>和</HEAD>中间的文本，如果又写在<TITLE>标识中，表示该网页的名称，并作为窗口名称显示在这个网页的上方；如果不写在<TITLE>标识之中，则成为正文的头部，显示在文本之前。

3）<TITLE>和</TITLE>标识。这是一个网页的名称。每个 HTML 文件都需要有一个文件名称，在浏览器中作为窗口名称显示于该窗口的最上方。网页的名称要写在<TITLE>和</TITLE>标识之间，且<TITLE>标识应包含在<HEAD>和</HEAD>标识之中。

4）<BODY>和</BODY>标识。网页中的主体内容是应该写在<BODY>和</BODY>之间，而<BODY>标识包含在<HTML>标识之内。

5）<P>和</P>标志。夹在<P>和</P>标志的内容表示文本的一个段落。

由上所述，一个 HTML 文档的基本结构可总结如下。

```
<HTML>
<HEAD>
  <TITLE>…</TITLE>
</HEAD>
<BODY>
  <P>…</P>
</BODY>
</HTML>
```

（2）XML。XML 是 W3C 推出的 SGML 的一个简化子集。与 HTML 相比，XML 在三个方面进行了改进。

1）允许用户根据需要自行定义新的标记及属性名。

2）文件结构嵌套可以复杂到任意程度并能表示面向对象的等级层次。

3）包括了一个语法描述，使应用程序可以对此文件进行结构确认。

XML 文档包括两个部分：定义标记及其相互关系的文档类型定义（Document Type Definition，DTD）和文档内容。DTD 可以和 XML 标记及其内容存放在同一个文档中，也可以单独存放。DTD 规定了文档的逻辑结构和语法，定义了页面的属性、元素的属性及元素和属性之间的关系。下面是一个关于图书馆藏书数据的 DTD 和 XML 文档的例子。

```
DTD 文档(Library.dtd):
<! ELEMENT Library (Book*)>
<! ELEMENT Book(Title, Author*,Copyright)>
<! ELEMENT Title (#PCDATA)>
<! ELEMENT Author (#PCDATA)>
<! ELEMENT Copyright (#PCDATA)>
XML 文档(Library.xml):
<? xml version="1.0"? >
<! DOCTYPE Library  PUBLIC "."""Library.dtd">
< Library >
   < Book >
     < Title > 多媒体信息处理 </ Title >
     < Author > 刘永 </ Author >
     < Copyright > 2005 </ Copyright >
   </ Book >
   < Book >
     < Title > 信息系统质量管理 </ Title >
     < Author > 常金玲 </ Author >
     < Copyright > 2004 </ Copyright >
   </ Book >
</ Library >
```

（3）JavaScript 和 VBScript。JavaScript 是由网景公司开发并随 Navigator 导航者一起发布的、介于 Java 与 HTML 之间、基于对象事件驱动的编程语言，正日益受到全球的关注。因它的开发环境简单，不需要 Java 编译器，而是直接运行在 Web 浏览器中，因而备受 Web 设计者喜爱。

JavaScript 是一种可用于增加网页交互性的程序语言。在网络上有大量可应用的 JavaScript 代码可以复制和修改以用于自己的网页，这是学习和使用 JavaScript 的一种很好的方法，经常使用这种方法就能很快创建出自己的脚本。

JavaScript 脚本是一个程序，包含在 HTML 页面中。因为它处于<SCRIPT>标记中，所以脚本的文本并不显示在用户的屏幕上，但网页浏览器知道去运行 JavaScript 程序。<SCRIPT>标记最常见于 HTML 页的<HEAD>部分，但也可以放在<BODY>部分。下面是一个简单 JavaScript 程序，运行结果如图 9-4 所示。

```
<html>
<head><title>JavaScript use operators</title></head>
<body>
<script language="JavaScript">
document.write("<h3>3*5="+(3*5)+"</h3>");
document.write("<h3>1+2*5="+(1+2*5)+"</h3>");
document.write("<h3>901-500="+(901-500)+"</h3>");
</script>
```

```
</body>
</html>
```

Visual Basic Script 是微软公司推出的以 Visual Basic 语言为基础的脚本语言。它通过编写事件驱动的客户端脚本来增强 HTML 功能，客户端脚本由浏览器解释执行，因此只有得到浏览器支持才能正常执行。IE 支持 Visual Basic Script，而 Netscape 不支持 Visual Basic Script。IE 和 Netscape 都支持 JavaScript。

（4）Java Applet 和 ActiveX 控件。Java Applet 是用 Java 编写的、含有可视化内容的、并被嵌入 Web 页面中用来产生特殊页面效果的小程序。它可以为页面带来动态交互内容，如声音、动画等效果。

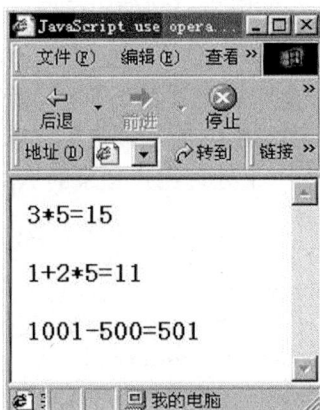

图 9-4　简单 JavaScript 程序执行结果

类似于 Java Applet，ActiveX 控件是一个提供特定功能的二进制对象，具有属性、方法及外界可以捕获的事件。ActiveX 控件可以加入使用 JavaScript 和 Visual Basic Script 的 Web 页面中，以增强 Web 页面的功能，提供如交互性和动画等特殊的页面效果，并能与脚本语言实现互操作以完成特定的功能。IE 和 Netscape 都支持 Java Applet，只有 IE 支持 ActiveX 控件。

9.3.3　Web 服务器端页面技术

（1）CGI。CGI 定义了 Web 服务器与外部程序间通信的标准，使外部程序能够生成 HTML 文档和图像。这样，浏览器的 HTML 页面就能通过 CGI 同 Web 服务器进行动态交互。CGI 开发简单、投入低。但性能不佳。

（2）API。API 允许第三方软件开发者以标准方式编写处理请求与返回动态内容的程序。与 CGI 不同，API 程序将保持装入 Web 服务器的地址空间，因此运行效率大大优于 CGI；但其开发困难、程序也不够健壮。

（3）PHP。PHP 是运行于 Web 服务器端、内嵌于 HTML 中用来实现动态 Web 页面的脚本语言。其源代码开放并且可以免费获得。它可以运行在 Windows、UNIX 和 Linux 多种操作系统平台上，支持 IIS、Apache 等多种 Web 服务器。

（4）Servlet。Servlet 是 Sun 公司推出的运行在 Web 服务器端、扩展 Web 服务器功能的软件，其模式类似于 CGI，但 Servlet 内部以线程方式提供服务，执行效率比 CGI 高。同时，编写 Servlet 的是 Java 语言，所以 Servlet 具有平台无关性。

（5）ASP。ASP 是微软 1996 年推出的进行动态、交互和高性能 Web 页面开发的技术。它适用于微软的 Windows 服务器平台，与 IIS Web 服务器紧密集成，采用 Visual Basic Script 编写程序。

ASP 通过扩展名为.asp 的 ASP 文件来实现。这些.asp 文件位于 Web 服务器的文件目录下。当浏览器向 Web 服务器发出.asp 文件请求时，Web 服务器解释执行 ASP 脚本，然后动态生成一个 HTML 页面发送给浏览器。

ASP 具有如下特点。

1）ASP 脚本完全嵌入在 HTML 文件中。

2）在 ASP 脚本中可以方便地引用 ASP 内置组件和第三方组件，方便扩展 ASP 的功能。

3）使用 ADO 组件作为数据库接口。

4）用户只需使用可解释 HTML 代码的浏览器即可浏览 ASP 页面内容，ASP 的运行独立于浏览器。

5）ASP 脚本在 WEB 服务器端运行，因此，ASP 源代码不会泄露。

6）ASP 脚本无需编译或链接即可解释运行。

一个处理用户登录的 ASP 程序的部分代码如下。

```
<%@ Language=VBScript %>
<HTML><HEAD>
<TITLE>用户登录</TITLE>
<% '服务器端 ASP 脚本语句开始，建立数据库连接。
set con=server.CreateObject ("adodb.connection")
con.Open "DSN=student; uid=; pwd=; database=student"
'从上一个页面中获得用户输入的用户名和密码
id=Request.Form("id") password=Request.Form("password")
    … …
    </HEAD>
<BODY> </BODY>
</HTML>
```

（6）JSP。JSP 是 Sun 公司推出的动态页面开发技术。与 ASP 相似，它是一个技术框架，能够生成动态的、交互的和高性能的 Web 服务器端应用程序。另外，JSP 也提供了在 HTML 中混合程序代码并由语言引擎解释执行程序代码的能力。HTML 代码负责描述信息的显示样式，而程序代码则用来描述处理逻辑。

与 ASP 不同的是，JSP 使用 Java 语言。另外，在 ASP 中，Visual Basic Script 脚本直接被 ASP 引擎解释执行。而在 JSP 中，程序代码先被编译成 Servlet，然后由 Java 虚拟机执行，这种编译操作仅在对 JSP 页面的第一次请求时发生。

（7）ASP.NET。ASP.NET 是 Microsoft.NET 中的网络编程结构，它使得建造、运行和发布网络应用非常方便和高效。ASP.NET 建立在.NET 框架类的基础之上，它提供了由控件和基础部分组成的"Web 程序模板"，大大简化了 Web 程序和 XML Web 服务的开发。因此，ASP.NET 代表了动态 Web 内容开发的最新进展。与 ASP 相比，ASP.NET 具有以下一些特点。

1）可以使用包括 Visual Basic 和 C#在内的任何 Visual Studio.NET 开发语言来创建 Web 页面。

2）ASP.NET Web 页面像 Windows 窗体一样被编译，性能远远高于 ASP 页面。

3）定义 Web 页面界面的 HTML 标记和编程的源代码分别存储在不同的文件中，允许开发者在编辑他们的代码时不影响界面设计者的工作。多个 ASP.NET Web 窗体也能重用代码文件。

4）ASP.NET 引入了服务器端 Web 控件，创建 Web 用户界面，就像创建 Windows 窗体一样简单。

5）能够在集成的开发环境中设计、编写代码和调试 ASP.NET Web 页面。

动态页面包含两方面的内容，一是用户程序，一是用户界面（HTML 标记）。在简单的情况下，程序代码与 HTML 标记可以放在同一个文件中（文件名以.aspx 结尾）。如程序 Default.aspx 的内容如下。

```
<%@ Page language="c#" Codebehind="Default.aspx.cs" AutoEventWireup="false"
Inherits="WebApplication1._Default" %>
<!DOCTYPE HTML PUBLIC "-//W3C//DTD HTML 4.0 Transitional//EN" >
<HTML>
    <HEAD>
        <title>Default</title>
        <meta name="GENERATOR" Content="Microsoft Visual Studio .NET 7.1">
        <meta name="CODE_LANGUAGE" Content="C#">
        <meta name="vs_defaultClientScript" content="JavaScript">
        <meta name="vs_targetSchema" content="http://schemas.microsoft.com/
intellisense/ie5">
    </HEAD>
    <body MS_POSITIONING="GridLayout">
        <form id="Form1" method="post" runat="server">
        这是一个简单 Asp.net 文件。<br>
        <%
            for(int i=0;i<6;i++)
            Response.Write(i);

        %>
        </form>
    </body>
</HTML>
```

其运行结果如图 9-5 所示。

图 9-5　一个简单 ASP.NET 程序的运行结果

　　代码与 HTML 混合在一起不便于修改，也不便于代码重用。因此一种更好的方式是使用代码分离（CodeBehind），它将界面设计从源代码中分离出来。

　　使用 CodeBehind 技术，每个 Web 窗体由两个文件组成，包括界面布局文件（以.aspx 为扩展名）和使用编程语言编写的代码文件（如用 C#编程时，程序代码文件以.aspx.cs 为扩展名）。在.aspx 文件中用一行指令信息指出与它相关的代码文件。如上面的程序使用 Code Behind 技术编写如下。

Default.aspx 的内容。

```
<%@ Page language="c#" Codebehind="Default.aspx.cs" AutoEventWireup="false"
Inherits="WebApplication1._Default" %>
<!DOCTYPE HTML PUBLIC "-//W3C//DTD HTML 4.0 Transitional//EN" >
<HTML>
    <HEAD>
        <title>Default</title>
        <meta name="GENERATOR" Content="Microsoft Visual Studio .NET 7.1">
        <meta name="CODE_LANGUAGE" Content="C#">
        <meta name="vs_defaultClientScript" content="JavaScript">
        <meta name="vs_targetSchema" content="http://schemas.microsoft.com/
intellisense/ie5">
    </HEAD>
    <body MS_POSITIONING="GridLayout">
        <form id="Form1" method="post" runat="server">
        这是一个简单Asp.net文件。<br>
        </form>
    </body>
</HTML>
```

Default.aspx.cs 内容如下：

```
using System;
using System.Collections;
using System.ComponentModel;
using System.Data;
using System.Drawing;
using System.Web;
using System.Web.SessionState;
using System.Web.UI;
using System.Web.UI.WebControls;
using System.Web.UI.HtmlControls;

namespace WebApplication1
{
    /// <summary>
    /// _Default 的摘要说明。
    /// </summary>
    public class _Default : System.Web.UI.Page
    {
        private void Page_Load(object sender, System.EventArgs e)
        {
            //在此处放置用户代码以初始化页面
            for(int i=0;i<6;i++)
                Response.Write(i);
        }
        #region Web 窗体设计器生成的代码
        override protected void OnInit(EventArgs e)
        {
            //
            //CODEGEN：该调用是 ASP.NET Web 窗体设计器所必需的。
```

```
        //
        InitializeComponent();
        base.OnInit(e);
    }
    private void InitializeComponent()
    {
        this.Load += new System.EventHandler(this.Page_Load);
    }
    #endregion
    }
}
```

将源代码与界面相分离有以下好处。

1）它允许界面设计者和编程人员可以同时对一个 Web 窗体进行工作，而不互相干扰。

2）它使开发人员可以在多个 Web 窗体中重用源代码。

3）可以通过简单地改变窗体声明行中 Codebehind 的属性，方便地改变 Web 窗体对应的代码文件。

9.4　B/S 结构的信息系统开发工具

目前，用于 B/S 结构的信息系统开发工具有很多，根据其主要功能的不同可以分为三类：HTML 页面编辑调试工具、动态页面开发工具及图形和动态元素制作工具。

9.4.1　HTML 页面编辑调试工具

这类工具中的突出代表是 Micromedia 公司的 Dreamweaver，它不但能编辑调试网页，而且还能对网页进行管理。另外，微软公司的 Word 也有网页编辑功能。

9.4.2　动态页面开发工具

虽然也能在 Dreamweaver 等 HTML 页面编辑调试工具中嵌入动态程序，但它们主要是用来设计静态页面的。当需要设计动态、交互式的页面时应该选用集成化动态页面开发工具。这一类工具主要有：微软公司的 Visual InterDev 和 Visual Studio.NET、网景公司的 LiveWare、和 Sybase 的 Web.sql 等。下面对微软公司的 Visual InterDev 和 Visual Studio.NET 做简单介绍。

Visual InterDev 是微软公司 Visual 系列工具的产品。它将许多 Web 开发和编程工具集成到一个类似于 Visual Basic 的可视化集成开发环境中，提供了多种向导，支持快速开发 Web 页面，并且能够自动为应用程序增加复杂、交互的页面。它还支持应用程序的团体开发，能和 Visual SourceSafe 一起工作以控制多个程序员的工作，能和 Microsoft FrontPage 协同工作以便非编程人员在创建 Web 页面时和编程人员合作。

Visual Studio.NET 是微软公司最新推出的功能十分强大的开发工具。它实现了 Web 页面和代码的分离，允许界面设计者和编程人员可以同时对一个 Web 窗体进行工作，而不互相干扰。

9.4.3　图形和动态元素制作工具

图形和动态元素不但可以增加页面的审美效果，还可以方便、轻松地表达出文本所不能表现的内容。因此，各种图形和动画制作工具也就成为制作网页必须的工具。这类常用的制作工具有 Adobe 的 Photoshop、Macromedia 的 Flash 和 Firework 以及 Ulead 的 Cool 3D 等。

（1）Photoshop 是功能强大、专业人士首选的图形制作工具。

（2）Flash 是具有交互式功能的矢量图形制作工具，网络上传输的 Flash 图形十分普遍。

（3）Firework 是 Macromedia 公司专为网页制作开发的网络图形制作工具，支持多种图形格式，能够与 Dreamweaver 紧密结合。人们常把 Macromedia 公司的 Dreamweaver、Firework 和 Flash 称为网页设计"三剑客"。Cool 3D 是制作具有立体效果艺术字工具。

💬 章节主题讨论

插件技术大大丰富了浏览器的多媒体信息展示功能，了解并比较常见的插件的作用及其实现的原理，如 Quick Time、Realplayer、MediaPlayer 和 Flash 等。

📇 项目实践

在网络上搜索一些能够自动生成网页的软件或工具，尝试构建一个你所在院系或者学生团体的网站或网络系统，比如社团报名系统等。

第10章 信息系统的发展

10.1 企业内部互联网

随着计算机技术与网络通信技术的发展，信息系统目前已经到了相当高的水平，涉及社会的各个领域。本章将对目前普遍使用的信息系统做介绍。

10.1.1 Intranet 的概念

Intranet 是一个合成词，"Intra"的意思是"内部的"，"net"是"network"的缩写，是指网络，合起来就是"内部网"。由于它主要是指企业内部的计算机网络，所以也称"企业内部网"。因此，严格说来，Intranet 并不是一个信息系统，而是一个采用 Internet 技术建立的企业内部专用网络。它以 TCP/IP 协议作为基础，以 Web 为核心应用，构成统一、便利的信息交换平台。Intranet 作为 Internet 技术在企业机构内部的实现，为企业提供了一种能充分利用通信线路、经济而有效地建立企业内联网的方案。企业的各种信息系统可以在这个平台上运行，从而企业内部的大量信息资源能够以极少的成本和时间高效合理地传递到每个员工。

Intranet 可以不连接到 Internet，但为了充分发挥其强大作用通常与 Internet 相通。Intranet 作为企业内部的信息网络，和 Internet 之间需要有道防火墙，以保证企业的信息不受外界攻击，同时可以和外界进行必需的信息交换。

Intranet 并不等同于企业的局域网（LAN），LAN 可以采用多种协议、技术将企业内计算机连接成为一个网络，而只有具备了与 Internet 相同的技术、架构及使用方式的信息交换平台才是 Intranet。一般说来，一个企业可能早就有了局域网及在局域网上运行的信息系统，但不一定建置了 Intranet。企业原有网络平台的建设可以作为 Intranet 建置的硬件基础，因此 Intranet 并不需从头建立，原有应用系统也可以移植到基于 Intranet 的信息系统中，不过可能需要数据库软件的升级、开发或购买一些接口程序。

Intranet 能够大大提高组织的内部通信能力和信息交换能力，因此企业对 Intranet 的建立兴趣更浓厚。20 世纪 90 年代后期 Intranet 的发展如火如荼，美国《新闻周刊》把 1996 年称为 Intranet 年。统计数据表明，Intranet 的投资回报率远在 100%以上，并且投资收回的时间一般仅需 6～12 个星期。早期的 Intranet 主要在大中型企业中建置，随着信息技术的飞速发展和企业信息化的需求，Intranet 已成为企业不可或缺的基础建设之一。

10.1.2 Intranet 的应用

WWW 是企业内联网的主要应用形式，它直接面向最终用户，具有灵活、高效、网络化等特点。由于采用 Internet 技术，Intranet 可实现的功能极为广泛和强大。

1. 支持协同工作更有效

在传统的工作环境中，许多的沟通与协调，必须依赖电话、书面备忘录与会议的方式。通过 Intranet，信息的沟通与交流，可以利用多种方式，如企业员工可以方便快速地应用电子邮件来传递信息；利用 Web 电子出版发布企业各种信息，供企业内部或指定客户使用；在 Web 上开展电子贸易，主要方式有全球范围内的产品展览，销售的信息服务等；远程用户登录，企业分支机构可以通过电话线路访问总部的信息；远程信息传送，将企业总部的信息传送到用户的工作站上进行处理；企业管理信息系统（MIS）应用，如一般的人事、财务管理系统；通过与 Internet 相连，进行全球范围的通信及视频会议；新闻组讨论，企业员工可就某一事件通过网络进行深入讨论且自动记录在服务器中。

2. 支持决策更快速

传统的管理信息系统可以辅助决策，但辅助决策所需的信息的获取与处理，尤其是企业外信息的获取，往往需要较长的时间。利用 Intranet 系统，可以针对决策者的需要，及时收集各种信息，如重要产业消息、企业内部异常报告、市场竞争分析，包括 MIS 中的信息如企业库存、财务报告等，更可以通过与 Internet 的连接，随时获取不同地区的相关信息。

3. 管理成本更节省

传统的信息传播途径大多是通过纸张方式来进行的，如各种公文、会议记录、传真等，不仅花费大笔的印刷及纸张费用，而且在传递过程中，更是花费员工大量的时间。基于 Intranet 的无纸化办公可以大大节省这笔费用，更可以缩短信息传递的时间。

4. 协助企业流程重组的实施

Intranet 在企业管理中最重要的功能就是推动企业流程重组的实施。基于 Intranet 系统的应用不是对原有手工作业的忠实模拟，而是对其的调整与优化，可以创造出新的革命性的工作方式，这正为企业流程重组的实施奠定了物质与管理基础。

5. 对生产作业的支持

Intranet 可以支持网络销售和市场应用开发，支持售后服务的快捷高效，支持人力资源管理，尤其是在 Intranet 平台上的 CIMS、PDM 可以直接支持企业生产。

见仁见智

Intranet 和 Internet 有什么不同？什么类型的企业应该建立 Intranet？

10.2 专 家 系 统

10.2.1 专家系统的发展历史

专家系统（Expert System，ES）是人工智能应用研究的主要领域之一。20 世纪 50 年代中期，Newell 和 Simon 从其逻辑理论机器出发，提出利用智能计算机生成一个通用目的问题解决器（General Purpose Problem Solver，GPS），其目的是得出使一个初始状态达到预期状态的步骤。该问题解决器可以看做是 ES 的始祖。

20 世纪 60 年代初，出现了运用逻辑学和模拟心理活动的一些通用问题求解程序，它们可以证明定理和进行逻辑推理。但是这些通用方法无法解决大的实际问题，很难把实际问题改造成适合于计算机解决的形式，并且对于解题所需的巨大的搜索空间也难于处理。1960 年，LISP 语言诞生，标志着专家系统进入了实质开发阶段。1965 年，Feigenbaum 等人在总结通用问题求解系统的成功与失败经验的基础上，结合化学领域的专门知识，研制了世界上第一个专家系统 DWNDRAL（推论化学结构的专家系统），可以推断化学分子结构。20 多年来，知识工程的研究，专家系统的理论和技术不断发展，应用渗透到几乎各个领域，包括化学、数学、物理、生物、医学、农业、气象、地质勘探、军事、工程技术、法律、商业、空间技术、自动控制、计算机设计和制造等众多领域，开发了几千个的专家系统，其中不少在功能上已达到，甚至超过同领域中人类专家的水平，并在实际应用中产生了巨大的经济效益。

专家系统的发展已经历了三个阶段，正向第四代过渡和发展。第一代专家系统（dendral、macsyma 等）以高度专业化、求解专门问题的能力强为特点。但在体系结构的完整性、可移植性等方面存在缺陷，求解问题的能力弱。第二代专家系统（mycin、casnet、prospector、hearsay 等）属单学科专业型、应用型系统，其体系结构较完整，移植性方面也有所改善，而且在系统的人机接口、解释机制、知识获取技术、不确定推理技术、增强专家系统的知识表示和推理方法的启发性、通用性等方面都有所改进。第三代专家系统属多学科综合型系统，采用多种人工智能语言，综合采用各种知识表示方法和多种推理机制及控制策略，并开始运用各种知识工程语言、骨架系统及专家系统开发工具和环境来研制大型综合专家系统。在总结前三代专家系统的设计方法和实现技术的基础上，已开始采用大型多专家协作系统、多种知识表示、综合知识库、自组织解题机制、多学科协同解题与并行推理、专家系统工具与环境、人工神经网络知识获取及学习机制等最新人工智能技术来实现具有多知识库、多主体的第四代专家系统。

10.2.2　专家系统的概念

专家系统实质上是一个计算机程序，它能够以人类专家的水平完成特别困难的某一专业领域的任务。在设计专家系统时，知识工程师的任务就是使计算机尽可能模拟人类专家解决某些实际问题的决策和工作过程，即模仿人类专家如何运用他们的知识和经验来解决所面临问题的方法、技巧和步骤。

通过以上分析，可以给出专家系统如下定义：专家系统是一个智能计算机程序系统，其内部含有大量的某个领域专家水平的知识与经验，能够利用人类专家的知识和解决问题的方法来处理该领域问题。专家系统是一个具有大量的专门知识与经验的程序系统，它应用人工智能技术和计算机技术，根据某领域一个或多个专家提供的知识和经验，进行推理和判断，模拟人类专家的决策过程，以便解决那些需要人类专家处理的复杂问题。简而言之，专家系统是一种模拟人类专家解决领域问题的计算机程序系统。

10.2.3　专家系统的构件

ES 由多个构件如知识库、推理机、解释器、用户接口与综合数据库等组成，这些构件相互联系、共同工作，为决策的制定提供专家级的建议和向导。其中，知识库与推理机是最重要的两个构件，它们决定了专家系统的能力和效率。

（1）知识库。知识库（Knowledge base）主要用来存放有关领域内专家的专门知识。一个专家系统的运行需要与领域有关的事实知识、规则知识、控制知识和元知识等。事实是有关问题环境的一些事物的知识，常以"…是…"的形式出现。如事物的分类、属性、事物间关系、科学事实、客观事实等，在知识库中属于低层的知识。如雪是白色的、张三、李四是好朋友。规则是有关问题中与事物的行动、动作相联系的因果关系知识，是动态的，常以"如果…那么…"形式出现。特别是启发式规则是属于专家提供的专门经验知识，这种知识虽无严格解释但很有用处。控制是有关问题的求解步骤，技巧性知识，告诉怎么做一件事。也包括当有多个动作同时被激活时应选哪一个动作来执行的知识。元知识则是有关知识的知识，是知识库中的高层知识。包括怎样使用规则、解释规则、校验规则、解释程序结构等知识。

对于知识库来说，重要的是知识获取与知识表示技术，即如何用适当的方法将领域内的显性知识与隐性知识获取并用计算机可以识别的方式进行表示。通过知识获取与表示工具，用户可以创建自己的知识库，使知识库的建立与维护更容易、更廉价。

知识获取是将人类专家的知识转换为专家系统知识库中的知识。通常有以下三种方法。

1）手动获取知识，即知识工程师与领域专家合作，对领域知识和专家经验进行挖掘、收集、分析、归纳和整理，按专家系统的要求把知识输入到知识库里。

2）半自动获取知识，即利用某种专门的知识获取系统（如知识编辑软件），采取提示、指导或问答的方式，帮助领域专家提取、归纳有关知识，并自动记入知识库。

3）自动获取知识。自动获取知识可以分为两种：①利用专家系统本身具有的自学习功能获取知识；②利用专门的机器学习系统获取知识。

知识表示是利用计算机能够接受并进行处理的符号和方式来表示人们所获得的知识。从某种意义上说，表示可以看做数据结构及其处理机制的综合：

$$知识表示=数据结构+处理机制$$

其中，恰当的数据结构用于存储要解决的问题、可能的中间解答、最终解答及问题涉及的描述。数据结构导致了知识的显式表示，但仅有数据结构并不能体现出知识，只有对其做适当的处理才构成意义。所以要使系统显示出知识，不仅要定义适当的数据结构，还须定义配套的处理机制去使用它们。

（2）推理机。推理机（Inference Engine）是专家系统中实现基于知识推理的部件。它从知识库中搜索信息及关系并提供答案、预测及建议，必须以人类专家处理问题时的思考方式，从存储于知识库的知识中找出正确的规则，并正确地加以运用。推理机能够根据知识进行推理和导出结论，而不是简单地搜索现成的答案。

推理机是基于知识的推理在计算机中的实现，主要包括推理和控制两个方面，是知识系统中不可缺少的重要组成部分。

（3）解释器。解释器（Explanation Facility）回答用户对系统的提问，对系统得出结论的求解过程或系统的当前求解状态提供说明，它专用于向用户解释"为什么"、"怎样"之类的发问，可以让用户理解 ES 是如何得出这个结论的。通过解释工具，ES 能指出所得结论是如何得出的，运用了哪些事实和规则，以及系统列出其他候选解的原因，其功能强弱反映了系统的透明性与信任程度。

（4）用户接口。用户接口（User Interface）是用户与系统进行信息交流的媒介，它为用户提供直观方便的交互手段。它首先识别和解释用户向系统提交的命令、问题和数据等信息，然后将专家和用户的输入信息翻译成系统可接受的内部形式,同时把系统向专家或用户的输出信息转换为人类易于理解的形式。

（5）综合数据库。综合数据库（Global Database）存储了问题的有关初始数据和系统求解期间所产生的所有中间信息，它是反映具体问题在当前求解状态下的符号或事实的集合。

如图 10-1 所示为 ES 的简化结构，该结构突出了知识库与推理机。

如图 10-2 所示为 ES 的详细结构。

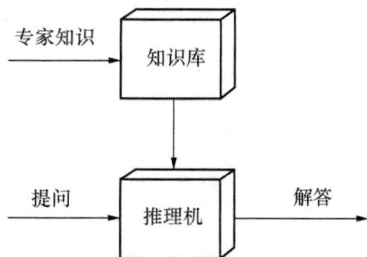

图 10-1　专家系统的简化结构

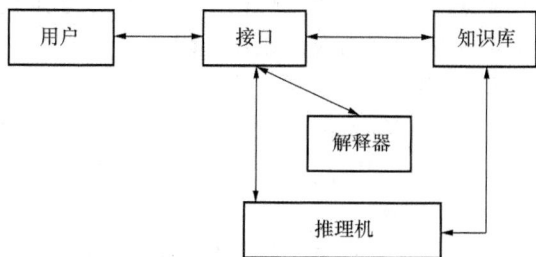

图 10-2　专家系统的详细结构

10.2.4　专家系统的工作过程

通过对 ES 结构的分析，可以大致明确 ES 的工作过程：用户将需要解决的问题通过用户图形界面输入到专家系统中，用户接口将问题转换为系统可以识别的形式交给推理机进行处理。推理机根据问题向知识库寻找相应的规则知识，并进行推理，得出解答后由系统传递给用户界面，同时解释器将求解过程或系统的当前求解状态也提供给用户界面，然后一起提交给用户，从而完成该次问题的求解。

知识库在这个工作过程中起着至关重要的作用。Domain Expert 就是某个领域的专家，他提供原始的知识。知识工程师（Knowledge Engineer）是把专家的知识翻译成计算机所能够识别的知识的工程师。某领域的专家把他所知道的知识告诉 Knowledge Engineer 以后，由 Knowledge Engineer 对这些知识进行处理，最后做成知识库（Knowledge Base）。系统工程师（System Engineer）是设计专家系统的程序员，其主要任务是编写专家系统的推理机（Inference Engine）和用户界面（User Interface）。用户使用用户界面和专家系统打交道，用户和专家系统之间交流的一些信息由工作空间（Working Storage）储存。推理机根据用户信息和知识库中的信息为用户提供服务。

10.2.5　专家系统的特点

专家系统是人工智能应用比较成功的一个方面。它是一个含有知识型程序的系统，利用捕捉人们在有限范围内的知识或经验去解决一个有限范围的问题。

专家系统具有以下几个特点。

1. 启发性

专家系统能运用专家的知识与经验进行推理、判断和决策。世界上的大部分工作和知识都是非数学性的，只有一小部分人类活动是以数学公式为核心的（约占 8%）。即使是化学和物理学科，大部分也是靠推理进行思考的。对于生物学、大部分医学和全部法律，情况也是这样。企业管理的思考几乎全靠符号推理，而不是数值计算。

专家系统具有专家水平的专门知识与经验，以规则或框架的形式表示知识规则。规则是用以描述如何使用知识，得出结论。框架则是用节点的网络表示知识，每个框架表示一个概念，是关于事实与概念的集合。

2. 透明性

专家系统能够解释本身的推理过程和回答用户提出的问题，以便让用户能够了解推理过程，提高对专家系统的信赖感，而用户无需知道系统的内部结构，即对用户来说是透明的。例如，一个医疗诊断专家系统诊断某病人患有肺炎，而且必须用某种抗生素治疗。那么，这一专家系统将会向病人解释为什么他患有肺炎，而且必须用某种抗生素治疗，但为什么该抗生素能治疗肺炎病人则无需知道。

3. 灵活性

专家系统能不断地增长知识，修改原有知识，不断更新。由于这一特点，使得专家系统具有十分广泛的应用领域。

4. 交互性

专家系统具有友好的用户图形界面（GUI），可以让用户方便快捷地操作系统。

正是具有上述特点，专家系统得以迅速发展，应用领域越来越广，解决实际问题的能力越来越强，对国民经济起着重要的作用。

但现阶段专家系统还存在一定的局限性，具体如下。

（1）其应用集中于某一知识领域，比较狭窄。专家系统在该狭窄领域可能非常聪明，但对领域外的问题则无能为力。

（2）不易处理"混合的"知识。例如，专家系统可能无法处理由规则和案例结合而成的知识。

（3）无法自行提炼系统知识库以消除冗余或相互矛盾的规则。

（4）开发成本高，系统维护困难。

📖 **自学模块**

了解专家系统的实施过程，分析身边的哪些系统是专家系统，陈述成功案例。

10.3　企业经营过程重组

自从亚当·斯密在《国民财富的性质和原因的分析》（即《国富论》）中首次提出劳动分工的原理以来，这套商业规则指导企业的运行与发展长达两个多世纪。先是美国汽车业的先锋开拓者亨利·福特（Henry Ford）一世将劳动分工的概念应用到汽车制造上，设计出世界上第一条汽车生产流水线，大规模生产（Mass Production）从此成为人类历史上的现实。通用汽车公司总裁艾尔弗雷德·斯隆（Alfred Sloan）在福特的基础上将劳动分工理论再次向前推进一步，将劳动分工的理论应用到管理部门的专业人员之中，并使之与工人的劳动分工呈平行发展之势。

在 20 世纪 90 年代，这套劳动分工规则受到了挑战。大规模生产已越来越多地被大量定制（Mass Customization）所替代，JIT 和 TQM 等概念成了管理理论与实践的主旋律，企业需要调整原有的业务流程与管理方式以与 JIT、TQM 相适应。于是，企业流程重组（Business Process Reengineering，BPR）则无可争辩地成为企业管理的新时尚，进一步对企业的管理革新产生了深远的影响。有学者认为它实际上开创了自亚当·斯密以来的现代企业管理的第二次革命。

10.3.1　BPR 的概念

1993 年 MIT 的教授 Michael Hammer 和 CSC Index 的首席执行官 James Champy 发表了《公司重组：企业革命的宣言》，标志着 BPR 作为一种管理思想的诞生，成为一股新的管理革新的浪潮。

根据 Hammer 与 Champy 的定义，"业务流程重组就是对企业的业务流程（process）进行根本性（fundamental）的再思考和彻底性（Radical）的再设计，从而获得可以用诸如成本、质量、服务和速度等方面的业绩来衡量的巨大性（dramatic）的成就"。其中，"根本性"、"彻底性"、"巨大性"和"流程"是定义所关注的四个核心领域。

1. 根本性

根本性表明了业务流程重组所关注的是企业核心问题，如"为什么要做现在的工作"、"为什么要用现在的方式做这份工作"、"为什么必须是由我们而不是别人来做这份工作"等等，而不是"如何把现在的事情做得更好"。通过对这些根本性的问题的仔细思考，企业可能发现自己赖以存在或运转的商业假设是过时的，有时甚至是错误的。

实施 BPR 初期，不应该有任何的条条框框，必须摒弃通常已经认可的不合理假设，敢于怀疑一切。正如 Hammer 在他的书中所说，"一整套两个多世纪之前拟订的原则在 19 世纪和 20 世纪的岁月里对美国企业结构、管理和实绩起了塑造定型的作用。现在应该淘汰这些原则，另订一套新规则了。对于美国公司来说，不这样做的另一条路是关门歇业。"

2. 彻底性

彻底性再设计意味着对事物追根溯源，对既定的现存事物不是进行肤浅的改变或调整修补，而是抛弃所有的陈规陋习及忽视一切规定的结构与过程，创造发明全新的完成工作的方法。它是对企业进行重新构造，而不是对企业进行改良、增强或调整。

3. 巨大性

传统的管理方法如激励员工积极性、建立质量保证体系等，可以在一定程度上提高企业的业绩，但远远达不到 BPR 的要求。巨大性意味着业务流程重组寻求的不是一般意义的业绩提升或略有改善、稍有好转等，进行重组就要使企业业绩有显著的增长，极大的飞跃。业绩的显着增长是 BPR 的标志与特点。

IBM 信贷公司的"流程再造"是一个经典的成功案例。IBM 信贷公司是蓝色巨人 IBM 的全资子公司，其主要业务就是为 IBM 的计算机销售提供融资服务。其早期是按传统的劳动分工理论进行设计的生产流程。在这种分工体制下，每份贷款申请无论其业务大小、金额多少，完成整个业务流程平均需要一周的时间，甚至有时需要两周的时间。而且，在申请表进入流程后就完全与销售业务代表无关，销售业务代表也就无法清楚了解其进程。从市场销售的立场来看，这样的过程实在太长了。在"流程再造"后，IBM 信贷公司取得了惊人的成就，为普通客户提供融资服务的平均周期缩短了 90%（由原来的一周压缩到 4h），特殊客户的特殊情况也得到了更为有效的处理。与此同时，由于客户"满意度"和"忠诚度"的大幅度提高，公司的业务量增加了 100 倍。

4. 业务流程

业务流程是指一组共同为顾客创造价值而又相互关联的活动。每个企业都是由流程组成的，例如从原材料采购到向顾客交付产品的制造流程；从发出订单到原材料入库形成采购流程；从新产品构思到形成概念再到生产，形成产品开发流程。可以说，不论什么形态的企业，首先划分为适当的流程，并在此基础上逐步细分开展工作。企业传统地按"组织"进行划分，是建立在亚当·斯密的分工理论基础之上，完整的流程被组织机构所分隔掩盖。员工熟悉部门、科室和班组，但不熟悉流程。流程不仅看不见，没有名称，而且没有被管理，员工被分配负责一个部门或某个具体的任务,没有人负责一个流程。由于各部门缺乏足够的沟通协调,流程进行到何处无人清楚。

BPR 可有效解决这些问题。实施 BPR 的核心是流程,一切"重组"工作全部是围绕业务流程而不是组织展开的,在流程重组过程中必然触及组织机构使之发生变化,原来的机构安排、部门分工会发生改变,有的机构甚至消失。哈佛商学院教授 Michael Porter 将企业的业务过程描绘成一个价值链(Value Chain),竞争不是发生在企业与企业之间,而是发生在企业各自的价值链之间。只有对价值链的各个环节(业务流程)实行有效管理的企业,才有可能真正获得市场上的竞争优势。

5. BPR 与 BPI

BPI 是业务流程改进(Business Process Improvement),是对现有业务流程的优化、改进或调整。BPR 与 BPI 都是"求赢"的工程,它们具有以下共同的特性:强调客户满意;使用业绩改进的量度手段;关注于业务流程;强调团队合作;对企业的价值观进行改造;在组织中降低决策的层级;高层管理人员的参与。

但是,BPR 与 BPI 仍然有着显著差别。BPR 关注于更大范围的、根本性的、全面的业务流程。也因为如此,BPR 是不可能从组织的底层或中层开始或延续下去的,它由位于组织的金字塔顶端的坚信没有任何事情比 BPR 更重要的管理层(或管理者)推动。

10.3.2　BPR 的实施原则

进行业务流程重组主要有两种方法:一是在研究和描述企业现有业务流程的基础上进行重新设计;一是从一张白纸开始构建企业理想的业务流程,构建过程中可以参考相关企业的管理水准。一般情况下,人们都是将这两种方法结合使用。在这个过程中应注意以下原则。

1. 以流程优化为中心,实现从职能管理到面向业务流程管理的转变

传统的劳动分工理论将企业管理划分为一个个职能部门,各职能部门根据级别高低组成一个树形或金字塔式的结构,这即是"科层制"管理。科层制管理虽然有利于专业化劳动技能与管理技能的发展,也有利于企业的稳定。但这种管理组织是以任务、人力资源或结构为中心,没有人对同级部门间的工作进行控制并进行强有力地协调。顾客与企业的联系不是单点方式(Single Point of Contact),如一个顾客要想查询发票信息,必须与企业的财务部门联系,与之打交道的销售部门只知道有关销售方面的信息。此外,由于部门边界限制,很多工作只是为了满足企业内部管理结构的需要而完成,从而存在很多无效的工作。

业务流程重组强调管理要面向业务流程,对业务流程的管理以产出(或服务)和顾客为中心,将决策点定位于业务流程执行的地方,在业务流程中建立控制程序。从而可以大大消除原有各部门间的摩擦,降低管理费用和管理成本,减少无效劳动和提高对顾客的反应速度。

2. 注重整体流程最优的系统思想

在传统劳动分工的影响下,作业流程被分割成各种简单的任务,并根据任务组成各个职能管理部门。经理们将精力集中于本部门个别任务效率的提高上,而忽视了企业整体目标,即以最快的速度满足顾客的不断变化的需求。对企业进行业务流程重组实际上是系统思想在重组企业业务流程过程中的具体实施,它强调整体全局最优而不是单个环节或作业任务的最优。

3. 组织为流程而定,而不是流程为组织而定

业务流程重组以适应"顾客、竞争和变化"为原则重新设计企业业务处理流程,把分散

在功能部门的作业，整合成单一流程，以平行作业代替顺序作业，然后根据业务流程管理与协调的要求设立部门，通过在流程中建立控制程序来尽量压缩管理层次，建立扁平式管理组织，提高管理效率。

4. 充分发挥每个员工在整个业务流程中的作用

在"科层制"管理下的企业每个员工，被困于每个部门的职能范围内，评价他们的标准是在一定边界范围内办事的准确度如何，任何冒险与创新行为都是不受欢迎的。因此，极大地抑制了个人能动性与创造性。

重组后的企业业务处理流程化要求在每个流程业务处理过程中最大限度地发挥每个人的工作潜能与责任心，流程与流程之间则强调人与人之间的合作精神，绝对权威制度显然已无法适应这种观念的转变。因此，必然要求建立以人为主体的流程化"有机组织"，在有机组织中充分发挥每个的主观能动性与潜能。

5. 客户与供应商是企业整体流程的一部分

在知识经济时代仅靠自己企业的资源不可能有效地参与市场竞争，还必须把经营过程中的有关各方如供应商、制造工厂、分销网络、客户等纳入一个紧密的供应链中，才能有效地安排企业的产、供、销活动，满足企业利用全社会一切市场资源快速高效地进行生产经营的需求，以期进一步提高效率和在市场上获得竞争优势。换句话说，现代竞争不是单一企业与单一企业间的竞争，而是一个企业供应链与另一个企业供应链之间的竞争。这就要求在进行业务流程重组时不仅要考虑企业内部的业务处理流程，还应对客户、企业自身与供应商组成整个供应链中的全部业务流程中进行重新设计。

6. 创造性地应用信息技术

信息技术的应用极大地提高了工作效率，使人们欢欣鼓舞。BPR 认识到信息技术真正的优势不仅在于它能使传统的工作方式更有效率，更在于它能使企业打破传统的工作规范，创建全新的过程模式。BPR 不等于流程自动化，它关注的是如何利用信息技术实现新目标，如何利用新技术做好当前和过去没有做过的工作，这就要求创造性地应用信息技术。

7. 信息资源的一次性获取与共享使用

在传统的业务处理流程中，相同的信息往往在不同的部门都要进行存储、加工和管理，这其中存在着很多重复性劳动甚至无效劳动。很多企业甚至建立专门的部门，收集和处理其他部门产生的信息。随着信息技术的发展及其在企业的应用，以及员工素质的提高，信息处理完全可以由处在各不同业务处理流程中的人员自己完成。通过业务流程重组确定每个流程应该采集的信息，并通过信息系统的应用，实现信息在整个流程上的共享使用。

10.4　计算机集成制造系统

美国的约瑟夫·哈林顿（J.Harrington）博士于 1973 年提出了计算机集成制造（Computer Integrated Manufacturing，CIM）的概念。从 CIM 概念的提出至今，CIM 的概念已从美国等发达国家传播到发展中国家，从典型的离散型机械制造业扩展到化工、冶金等连续或半连续制造业。CIM 概念已被越来越多的人所接受，成为指导工厂自动化的哲理。有越来越多的工厂按 CIM 哲理。采用计算机技术实现信息集成，建成了不同水平的计算机集成制造系统。

10.4.1　CIMS 的概述

1. CIMS 的概念

CIMS 是 Computer Integrated Manufacturing System 的缩写,意思是计算机集成制造系统。它是随着计算机辅助设计与制造的发展而产生的。它是在信息技术、自动化技术、制造技术与现代管理技术的基础上,通过计算机技术把分散在产品设计、制造过程中各种孤立的自动化子系统有机地集成起来,形成适用于多品种、小批量生产,实现整体效益的集成化和智能化制造系统。集成化反映了自动化的广度,它把系统的范围扩展到了市场预测、产品设计、加工制造、检验、销售及售后服务等的全过程。智能化则体现了自动化的深度,它不仅涉及物资流控制的传统体力劳动自动化,还包括信息流控制的脑力劳动的自动化。

CIMS 是工厂自动化的新模式,它是面向整个工厂,它可以覆盖工厂的各种经营活动,包括生产经营管理、工程设计和生产制造各个环节,即从产品报价、接受订单开始,经计划安排、设计、制造直到产品出厂及售后服务等的全过程。

CIMS 是自动化程度不同的多个子系统的集成,如 MIS、MRP Ⅱ、CAD、CAPP、CAM、FMS、NC、CNC 及机器人等。CIMS 正是在这些自动化系统的基础上发展起来的,它根据企业的需求和经济实力,把各种自动化系统通过计算机实现信息集成和功能集成。当然,这些子系统也使用了不同类型的计算机,有的子系统本身也是集成的,如 MIS 实现了多种管理功能的集成,FMS 实现了加工设备和物料输送设备的集成等。但这种集成是在较小的局部,而 CIMS 是针对整个工厂企业的集成。

2. CIMS 的要素

CIMS 的三大基本要素是技术、管理与人。对一般企业,技术、管理和人也是三个最基本的要素,但企业引入 CIM 后,这三大要素发生了变化,引起企业相应发生变化。CIMS 本身是一种高新技术,但 CIMS 将覆盖整个工厂,CIMS 强调的是对企业生产经营的全过程实现物流、信息流和工作流的集成,并使企业优化运行。因此,企业的 CIMS 系统实质上就是 CIM 哲理指导下的整个工厂。从这个前提出发,更容易理解技术、管理和人在 CIMS 中的作用。

(1) 技术。作为一种高新技术,CIMS 首先为企业提供了一套技术手段,它综合应用计算机技术、自动化技术、系统工程技术、现代制造技术及管理科学等,对企业的各种经营活动给予技术上的支持。这种支持不仅仅是针对企业的技术活动,也支持企业的经营管理和决策。随着技术进步,这种支持的广度和深度也会越来越大。CIMS 和企业的技术改造有十分密切的关系,无论从技术上还是从经济上看都应结合起来。

技术改造是以"内涵"为主的扩大再生产。从本质上讲,CIMS 也是一种以"内涵"为主的技术改造,它采用各种先进的技术手段,如用计算机辅助设计技术支持企业产品改革,用柔性制造系统、自动生产线、先进的控制方法对生产过程进行改造,用计算机辅助工艺设计技术提供更科学的工艺规程等。通过应用计算机和自动化技术来减轻人们的体力和脑力劳动,提高劳动效率。

CIMS 对企业的改造是从企业的全局出发的,可以对企业技术改进行统筹安排,使各种技改项目协调配套,通过计算机实现集成,从而可使各项技改更能充分发挥作用。

(2) 管理。CIMS 中强调管理的作用是基于以下原因。

1) CIMS 覆盖了整个工厂,企业的管理是企业的决策中枢、协调中心,也是 CIMS 的重要组成部分。

2）现代的大工业生产，规模大、环节多、分工细、关系复杂。因此管理内容多、工作复杂，要处理大量的静态和动态数据。不能只靠人的经验和手工报表进行管理，而应借助计算机技术和现状管理科学技术的成果，提高管理效率和决策水平。

3）先进的技术，包括 CIMS 提供的各种先进技术手段和工具，如果不与先进的管理机制相匹配不能发挥作用，至少不能充分发挥作用。CIMS 并不是用计算机或其他自动化装置简单地代替人的手工劳动，手工劳动的计算机化只是计算机的初步应用。计算机的海量存储功能、快速运算和图形处理功能、无纸通信功能及各种现代科学技术综合应用，将在企业中引起重大变革，使企业的机构设置，岗位分工，甚至经营思想和策略都会有所改变。必须抓住时机，在管理机制上进相应的改革。

（3）人/组织。CIMS 实际上是个复杂的人机系统，即部分工作由计算机完成，部分工作由人来完成。人将永远是 CIMS 的一个重要组成部分。人在 CIMS 地位的重要性表现在以下几个方面。

1）人是 CIMS 的设计者、建造者，CIMS 是按人的意志、人的需求而建成的，CIMS 为企业服务，即是为企业中的人服务。

2）CIMS 中某些系统是辅助性的，为人进行决策、进行工程设计服务。这些决策、设计工作需要人的创造性思维。

3）在那些计算机无法实现的，或不值得用计算机实现的部分，仍然存在大量的非自动化设备，一些岗位仍是由人手工完成。人不仅完成局部功能，也将完成该局部功能与其他部分的集成。系统的设计和安装，系统运行维护仍需由人来完成。

4）CIMS 要适合人的习惯，人的能力，尽可能为人的使用提供方便，提供友好的人机界面。在这里仍然是人为主体。这里说的计算机要适应人的需要并不是迁就人的原有水平，应通过培训学习来不断提高人本身技术水平和思想素质，掌握先进的 CIM 哲理和各种先进的技术。

实践分析表明，CIMS 的成功靠人，CIMS 的障碍也主要来自人。这主要是人的思想素质和技术水平不高造成的。

CIMS 中的三要素是相互关联、相互支持、相互制约的。CIMS 三要素的集成示意图如图 10-3 所示。

在 CIMS 中，人仍然起主导作用：技术靠人来掌握，由人来制定管理模式，确定组织机构，同时也受组织的和管理模式的制约；管理不仅管人，也管技术，技术也支持管理。一个正常运行的企业就是通过这三个要素的集成而形成的统一的有机整体。要在企业信息化建设中贯彻 CIM 理念，就必须在企业的

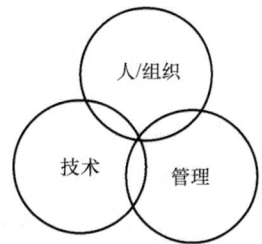

图 10-3　CIMS 三要素的集成

信息系统建设中注重发挥人/组织、技术、管理三要素的作用，以及使这三大要素有机结合。

一些 IT 工作负责人往往只注重技术，只考虑企业应该建什么网、企业应该上什么软件等问题，不懂得运筹策划企业的信息系统更是头等大事，不考虑协调人/组织在企业信息系统中的作用，不重视如何在企业信息系统中应用现代管理技术。这样的企业，软、硬件也许买了不少、网络也可能建了起来，但是企业信息化建设的最终效果往往难以发挥。

一些企业开发了这样、那样的应用系统，但往往只是简单地用计算机来模仿人/组织原来

的工作，没能够根据这些工作的内在客观规律、网络化工作环境的新特点及现代管理技术原理来进行 BPR（Business Process Re-engineering，企业过程重组），以改造提升企业工作。其结果是企业工作没有得到质的提高。

有些企业各种计算机应用都有一些，就认为这跟 CIMS 也差不离了，其实这是一种误解。按照 CIM 哲理，CIMS 并不是许多应用系统的简单叠加，而是一种人/组织、经营管理和技术三要素集成优化的先进制造体系。

10.4.2 CIMS 的组成

当前，我国制造业企业 CIMS 总体结构基本参照国际标准化组织 ISOTC184 技术委员会提出 CIMS 结构方案（CIM-OSA），并根据"现代集成制造"系统的观点对其功能进行扩展，如图 10-4 所示。

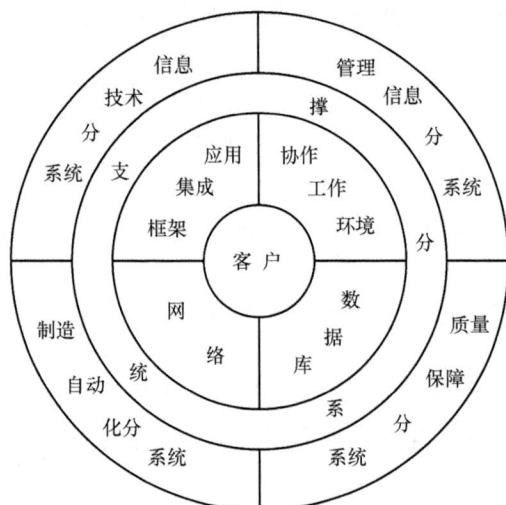

图 10-4　总体集成框架

该模型包括以下五个分系统。

（1）管理信息分系统。管理信息分系统（MIS）包括企业资源计划（ERP）、供应链管理（SCM）、客户关系管理（CRM）、商业智能（BI）、电子商务（EB）等。它是以 CIM 为指导思想，使用计算机来管理产品设计/开发、生产制造、经营活动的系统。

管理信息分系统的主要作用为合理安排产品设计、开发与生产；提高企业工作效率；降低产品成本；提高对客户的服务质量；提高企业的管理水平和管理素质；增加企业的应变能力和竞争能力。它是 CIMS 中的神经中枢，指挥控制着 CIMS 各分系统有条不紊地运行完成企业的生产经营活动。近年来，国外企业的营销和服务已经发展到基于"Internet"的企业间合作 EB、CRM、SCM 及经营管理的决策支持（IB）等。

（2）技术信息分系统。技术信息分系统（TIS）包括传统的计算机辅助设计（CAD）、计算机辅助工程分析（CAE）、计算机辅助工艺规程编制（CAPP）、数控程序编制（NCP）等系统，用以支持产品的设计和工艺准备等功能，处理有关产品结构方面的信息。当今发展起来的新产品开发技术——虚拟样机技术，它是一种基于产品的计算仿真模型的数字化设计方法。这些数字模型即虚拟样机（Virtual prototype），将不同工程领域的开发模型结合在一起，它从外观、功能和行为上模拟真实产品，支持并行工程方式。利用虚拟样机可以代替物理样机对产品进行创新设计、测试和评估，缩短开发周期，降低成本，改进产品设计质量，提高面向客户与市场需求的能力。

（3）制造自动化分系统。制造自动化分系统（MAS）是 CIMS 中信息流和物料流的结合点。先进的制造自动系统一般由数控机床、加工中心、清洗机、测量机、柔性制造系统、搬运小车、自动化立体仓库，机械手/机器人等相关技术组成。它在计算机的控制和调度下，根据产品的工程技术信息，车间层的加工指令，完成对零件、毛坯加工的作业调度和制造，完成设计及管理中指定的任务，并将制造现场的不同信息实时地或经过初步处理后反馈到相应部门，最终使产品制造活动优化、周期短、成本低，柔性高。现代 CIMS 系统中产品的加工、制造也可实现基于网络的异地制造。

（4）质量保证分系统。质量保证分系统（CAQ）包括质量计划与决策、质量检测和数据采集、质量计分析和评价、控制与跟踪等功能。该系统保证从产品设计、制造、检测到后勤服务整个过程的质量。以实现产品高质量、低成本，提高企业竞争的能力。

（5）支撑平台分系统。支撑平台分系统包括计算机网络系统、数据库存系统、集成平台/框架子系统和协同工作子系统。其中，计算机网络系统采用国际标准和工业规定的网络协议，实现异种机互联，异构局域网络及多种网络互联。它以分布为手段，满足各应用分系统对网络支持不同需求、支持资源共享、分布处理、分布数据库等。数据库子系统是逻辑上统一，物理上分布的全局数据库管理系统。通过该系统可以实现企业数据共享和信息集成。集成平台/框架子系统是中间件、支持信息集成与过程集成。协同工作子系统支持团队协同工作。

10.5 决 策 支 持 系 统

决策支持系统（Decision Support System，DSS）是辅助决策者通过数据、模型和知识，以人机交互方式进行半结构化或非结构化决策的计算机应用系统。它是管理信息系统（MIS）向更高一级发展而产生的先进信息管理系统。它为决策者提供分析问题、建立模型、模拟决策过程和方案的环境，调用各种信息资源和分析工具，帮助决策者提高决策水平和质量。

10.5.1 决策过程

决策过程是人们为实现一定目标而制定的行动方案，并准备组织实施的活动过程，这个过程也是一个提出问题、分析问题、解决问题的过程。

以西蒙为代表的"决策理论"学派认为，整个管理过程就是系列的决策过程，"管理就是决策"。西蒙建立的决策过程的基本模型包括三个阶段，如图 10-5 所示。

情报阶段是决策的第一个阶段。它的任务是调查情况，搜集有关数据并进行分析处理，以发现可能存在的问题或潜在的机会。这也是一个发现问题、提出问题的阶段。

问题确立之后，应提出各种解决问题的可能方案，决策进入设计阶段。在这一阶段对可能的方案进行可行性分析，列出可行方案及其优缺点，作为下一阶段进行抉择的依据。分析时若发现第一阶段收集的数据不足，应返回第一阶段。

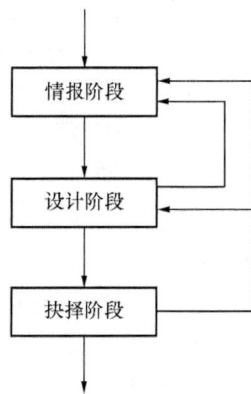

图 10-5 西蒙决策模型

下一阶段是抉择阶段，决策者比较可行方案，选出一种并付诸实施。选择方案时，必须以组织的整体利益和目标为根本出发点。若可行方案都不能令人满意，应返回第二阶段重新设计方案，或返回第一阶段进一步收集数据。在实施过程中，应不断收集反馈信息，以调整与修正行动方案。

与西蒙决策模型相对应，一般的决策过程如图 10-6 所示。

（1）广义讲，人类的决策行动包括确定目标、设计方案、评价方案和实施方案四个阶段，但通常所说的决策科学的研究对象则主要包括前三个阶段。

（2）图 10-6 中的"环境"既包括客观物质世界，也包括与决策者密切相关的社会系统。

（3）人们在决策时，必须认识环境。了解有关信息。因为决策的各个阶段都要受到环境的制约，例如某决策问题的目标确定可能受到环境中层次较高的目标约束，又如方案的设计必然要受到现实可行性的限制等。

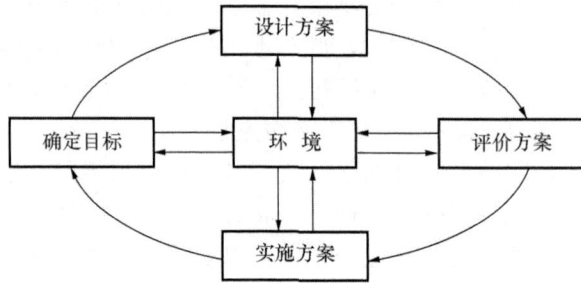

图 10-6　一般决策过程

10.5.2　决策问题的性质和层次

按照决策内容的性质不同，可以把决策分为结构化、半结构化和非结构化的决策，或者叫程序化、半程序化和非程序化的决策。

如前所述，决策过程包括确定目标（亦称理解活动）、设计方案（亦称设计活动）、评价方案（亦称选择活动）三个基本阶段。这三个阶段既是区别结构化、半结构化和非结构化问题的根据，同时又使它们没有严格的内涵和外延，使它们界限模糊，至今没有明确定义。

结构化决策是指决策过程的三个基本阶段都能使用确定的算法或决策规则来确定问题，设计出供选择的解答方式。结构化决策涉及的变量较少，是建立在清楚的逻辑基础上的决策，只要采用专门的公式来处理相关信息，就能够得到准确的答案。通过计算机语言来编制相应的程序，就可以在计算机上处理这些信息。结构化决策的制定不需要专门的知识和丰富的经验，完全可以用计算机来代替，所以又称为"程序化决策"。

如果决策过程的三个基本阶段均不能按确定的算法或决策规则求解问题，我们就称之为非结构化决策。由于没有明确的决策规则作为依据，决策者往往凭自己的经验、学识和创造力做出直觉判断，或用探索法、经验规则和反复试验的办法做出决策。在非结构化决策中，可能提供出很多正确的解决方案，但是没有精确的计算公式能够计算出哪个解决方案是最优。也没有规则和标准能够衡量那种方案是最佳解决方案。例如，应该采用何种方式来改变公司的形象？目前公司中最大的一些客户存在的价值是什么？公司在市场活动中刚刚发展的新客户与原有的老客户相比较，哪一类客户更能给公司带来大的利润？等诸如此类的问题。

事实上，管理人员所面临的许多决策，既不是绝对的结构化决策，又不是完全的非结构化决策，而是介于二者之间。在特定情况下，决策过程的一个或两个阶段不能清晰描述，但其他阶段则结构清晰，能够进行准确描述，这就是半结构化决策。半结构化决策可以运用决策规则解决问题，同时还要依靠决策者的经验和学识。

上述对决策问题的划分不是绝对的。随着人们对问题认识的不断深化，非结构化问题可以转化为半结构化问题，进而转化为结构化问题。

我们知道，管理活动一般分为三个层次：高层管理（战略规划）、中层管理（战术管理）和基层管理（操作控制），每一类决策问题又可以按这三个层次进行划分。它们之间的关系及示例如表 10-1 所示。

表 10-1 决策问题的性质分类

决策类型	管 理 层 次			
	操作控制	战术管理	战略规划	支持需求
结构化（白）	库存报表 定单登记	预算分析 生产调度 短期规划	仓库和工厂 的位置选择	EDPS、MIS
半结构化（灰）	股票管理 现金管理 生产调度	开发市场 投资分析 经费预算	资本获利分析 新产品计划	DSS
非结构化（黑）	选择杂志封面 PERT/成本管理	聘用管理人员	研究与开发	经验和直觉 DSS

10.5.3 DSS 的发展

DSS 产生以来，研究与应用一直很活跃，新概念新系统层出不穷。目前，除一般形式的系统类型外，决策支持系统还有以下几种类型。

1. 群体决策支持系统

所谓群体决策是相对个人决策而言的。DSS 技术与群体决策理论研究相结合产生了群体决策支持系统（Group Decision Support System，GDSS）。群体决策支持系统能供异地决策者共同参与进行决策。GDSS 利用便捷的网络通信技术在多位决策者之间沟通信息，提供良好的协商与综合决策环境，以支持需要集体做出决定的重要决策。为了支持群体决策，一般来说 GDSS 应具备多用户的实时功能、良好的通信及图形显示功能。在许多情况下还应是分布式的结构，使各决策者既可以利用共享的模型库和数据库，也可以拥有专用的模型库和数据库。群体决策支持系统从 DSS 发展而来，通过决策过程中参与者的增加，使得信息的来源更加广泛；通过大家的交流、磋商、讨论而有效地避免了个体决策的片面性和可能出现的独断专行等弊端。

但是由于群体成员之间存在价值观念、个人偏好等方面的差异，如何开发 GDSS 来支持群体决策成为一项复杂的任务。GDSS 将通信、计算机和决策技术结合起来，使问题的求解条理化，并力图提供一种系统方法，有组织地指导信息交流方式、议事日程、讨论形式、决议内容等。各种技术（如电子会议、局域网、远距离电话会议及决策支持软件的研究成果）的进步，推动了 GDSS 的发展。

从理论上讲，GDSS 对群体决策是非常有益的手段，但它涉及的面很广。GDSS 要面对不同风格与偏好的个人，要综合决策科学、人工智能、计算机网络、运筹学、数据库技术、心理学及行为科学等多种学科的理论、方法与技术，实用系统研究与开发的难度非常大。目前国内外能投入实际运行的 GDSS 很少见。

在 GDSS 的基础上，为了支持范围更广的群体，包括个人与组织共同参与大规模复杂决策，人们又将分布式的数据库、模型库与知识库等决策资源有机地集成，构建分布式决策支持系统 DDSS。DDSS 研究内容广泛，难度很大，目前尚不成熟。

2. 分布式决策支持系统

由于现代社会决策问题的复杂性，有时候决策支持的对象，不仅限于单个的决策者或代表同一机构的决策群，而是若干具有一定独立性又存在某种联系的决策组织。许多大规模管理决策活动已不可能或不便于集中方式进行，这些活动涉及许多承担不同责任的决策人，决策过程必需的信息资源或某些重要的决策因素分散在较大的活动范围，因而是一类组织决策或分布决策。

分布式决策支持系统（Distributed Decision Support System，DDSS）是由物理上分离的多个信息处理节点构成的网络系统，网络中的每个节点至少含有一个决策支持系统或辅助决策的功能。它不仅包含软件系统，还包含硬件系统，使二者的有机结合。

3. 智能决策支持系统

智能决策支持系统（Intelligent Decision Support System，IDSS）是在传统 DSS 的基础上结合人工智能技术而形成的。20 世纪 80 年代知识工程（KE）、人工智能（AI）和专家系统（ES）的兴起，为处理不确定性领域的问题提供了技术保证，使 DSS 向智能化方向迅速发展。IDSS 和一般 DSS 的主要区别在于学习和推理，而学习和推理均是人工智能研究的内容，因而我们可以说 IDSS=DSS+AI。 IDSS 在结构上增设了知识库、推理机与问题处理系统，人机对话部分还加入了自然语言处理功能。由于 IDSS 能充分利用人类已有知识，所以在用户决策问题的输入、机器对决策问题的描述、决策过程的推理、问题解的求取与输出等方面都有了显著的改进。较完整与典型的 IDSS 结构是在传统三库 DSS 的基础上增设知识库与推理机，在人机对话子系统加入自然语言处理系统（LS），在四库之间插入问题处理系统（PSS）而构成的四库系统结构。

4. 决策支持中心

1985 年 Owen 等人提出了由专业人员组成的，支持决策者使用 DSS 解决决策问题的决策支持中心（Decision Support Center，DSC）的概念。决策支持中心的核心是一个由了解决策环境的信息系统组成的决策支持小组，该中心采用先进的信息技术。通常 DSC 在位置上和高层领导十分接近，以便能及时地提供决策支持，决策支持小组随时准备开发或修改 DSS 以支持高层领导做出紧急和重要的决策。DSC 既容易实现，也能明显改进决策环境。DSC 与 DSS 的本质区别是：DSS 是以基于计算机的信息系统为核心支持决策者解决决策问题；而 DSC 则是以决策支持小组为核心，采取人机结合方式支持决策者解决决策问题。

5. 综合决策支持系统

综合决策支持系统（Intelligent，Interactive，and Integrated DSS，I^3DSS）是集智能型、交互型、集成化的决策支持系统为一体的决策支持系统。它是面向决策者、面向决策过程的综合性决策支持系统的一个功能框架。I^3DSS 的提出以及实际应用，使 DSS 进入一个新的历史发展阶段。

10.6 电 子 商 务 模 式

10.6.1 B2C 电子商务

B2C（Business to Customer，B2C）电子商务是企业（Business）对消费者（Customer）通过电子化、信息化的手段，尤其是 Internet 技术，把本企业或其他企业提供的产品和服务，直接传递给消费者的新型商务模式。基本上等同于电子化的零售。目前，各类企业在 Internet 上纷纷建立网上虚拟商场，从事网上零售业务。

B2C 电子商务的基本业务形式主要有商家自己进行网络直销和通过网上电子交易市场两

种。其网络直销的业务流程如图 10-7 所示。

10.6.2 B2B 电子商务

B2B（Business to Business，B2B）电子商务即企业对企业电子商务，是指企业通过内部信息系统平台和外部将面向上游的供应商的采购业务和下游代理商的销售业务有机地联系在一起，从而降低彼此之间的交易成本，提高客户满意度的商务模式。B2B 电子商务涉及很广的应用范围，使得公司或企业能够与它们的分销商、转售商、供应商及其他合作伙伴建立良好的关系。

图 10-7　网络商品直销的流程

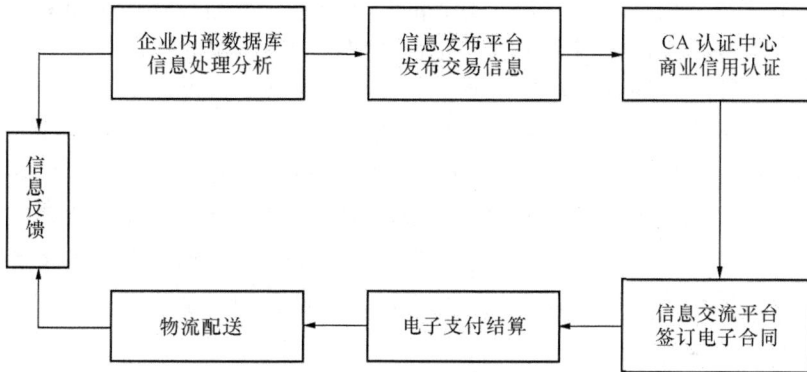

B2B 电子商务的主要业务形式有企业间直接网络交易和通过网上电子商务中介交易两种。企业间网络交易的一般流程如图 10-8 所示。

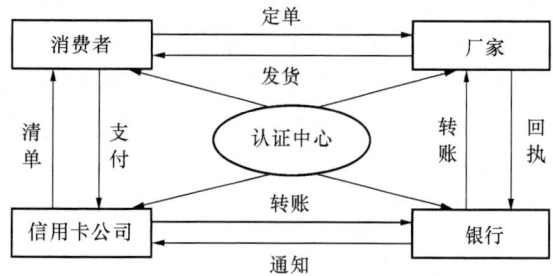

图 10-8　企业间网络交易流程

10.7　地理信息系统、电子数字交换

10.7.1 地理信息系统

地理信息系统（Geographical Information System，GIS）是一种决策支持系统，它具有信息系统的各种特点。地理信息系统与其他信息系统的主要区别在于其存储和处理的信息是经过地理编码的，地理位置及与该位置有关的地物属性信息成为信息检索的重要部分。即它不仅包含反映地物属性的一般数字、文字数据信息，还包含反映地理分布特征及其之间拓扑关系的空间位置信息。

地理信息系统的定义是由两个部分组成的。一方面，地理信息系统是一门学科，是由计算机科学、测量学、地理学、地图学、管理科学等多门学科综合的一门新兴交叉学科；另一方面，地理信息系统是一个信息系统，是由计算机硬件、软件和不同方法组成的，具有支持空间数据的获取、管理、分析、建模和显示功能，并可解决复杂的规划和管理问题的信息系统。

一般来说，地理信息系统按其内容可以分为以下三大类。

（1）专题信息系统（Thematic Information System）。是具有限定目标和专业特点的地理信息系统，为特定的、专门的目的服务，如矿产资源管理信息系统、农作物估产信息系统、灾害监测信息系统、城市管网信息系统等。

（2）区域信息系统（Regional Information System）。也称为综合信息系统，主要以区域综合研究和全面的信息服务为目标。区域信息系统可以有不同的规模，如国家级、地区或省级、市级和县级等为各个不同级别行政区服务的区域信息系统；也可以是按自然分区或流域为单位的区域信息系统，如黄河流域信息系统，区域资源与环境信息系统等。

（3）地理信息系统工具（GIS Tools）。也称地理信息系统开发平台，是具有地理信息系统基本功能的软件包或基础软件，供其他系统调用或进行二次开发。国外比较著名的有美国环境系统研究所（ESRI）的 ArcGIS，美国 MapInfo 公司的 MapInfo 系统等；在国内比较著名的有，北京超图公司的 SuperMap，中国地质大学开发的 MapGIS 等。将通用地理信息系统工具与数据库系统结合，不仅可以便捷地开发区域或专题信息系统，而且可以开发出相应的决策支持系统、专家系统等。

GIS 不仅被广泛应用在与空间位置有关的现代测绘、土地、环境和资源管理等自然科学领域，而且被广泛应用在社会科学领域，在管理和决策中起重要作用。如 GIS 可为政府和企业提供极为有力的管理、规划和决策工具，它可用于企业生产经营管理、税收、地籍管理、宏观规划、开发评价管理、交通工程、公共设施使用、道路维护、公共卫生管理、经济发展和赈灾服务等。如今，在社会科学中使用 GIS 已经越来越普遍了。如英国 Leicestershire 警察局使用 GIS，警察可以在地图上复制事件，根据嫌疑犯或作案交通工具在不同地点出现的情况勾画案情（当案情发展时图形也会随之改变），还能将犯罪事件与嫌疑犯联系在一起；加州大学伊雷温分校将地理信息系统列入工商管理硕士的课程中（从金融分析到市场推销等各个商科专业）等。

10.7.2　电子数据交换

电子数据交换（Electric Data Interchange，EDI）是一种商务信息管理或处理的有效手段，它是用一种统一规定的通用标准格式，将标准的经济信息，通过计算机通信网络，使各有关部门、公司和企业之间进行数据交换和处理，并完成以贸易为中心的全部业务过程。由于 EDI 的使用可以完全取代传统的纸张文件的交换，俗称"无纸贸易"或"电子贸易"。

EDI 的目的是充分利用现有计算机及通信网络资源，提高贸易伙伴间通信的效益，降低成本。EDI 主要应用于制造业、贸易运输业、流通和金融业等。

10.8　信息系统的研究方向

1. Web Services

W3C 在 2004 年对 Web Services（Web 服务）重新下的定义是："以支持网络不同计算机之间互操作为目的而设计的软件系统。该系统提供计算机可处理的一种接口描述格式（特别地，WSDL），其他系统利用 SOAP 消息以 Web 服务所描述的格式与其交互，常用传输方法是 HTTP 协议和 XML 描述，并结合其他有关 Web 的标准"。

从 W3C 的描述看，Web Services 的目的是实现跨网络的分布式异构信息系统互操作。以 CORBA、Java RMID 和 DCOM/COM 为代表的分布式对象技术，虽然适合分布式应用，便于维护和扩展系统，但是，它们对服务器端和客户端的耦合性要求很高，不具备重用性和灵活性的特点，互操作性低，并且防火墙使系统之间数据通信困难。

Web Services 的出现则在最大程度上解决了这些局限性。与它们相比较，Web Services 主要具有以下优点。

（1）真正的跨平台，解决了传统中间件技术不能解决的构件互用性问题。

（2）数据松散耦合，数据服务的提供者可以选择将全部数据作为服务向外提供，也可以只提供数据的一部分，方便灵活，容易更改。数据随时使用、随时部署，Web Services 能彻底地改变传统的数据集成中点对点的集成处理方式。

（3）方便灵活开发，Web Services 能够快速、低代价地开发、发布、发现和动态绑定数据服务。从长远来看，Web Services 可以实现应用程序之间的函数或方法级的集成。同时支持 Web Services 的开发工具繁多，如 . NET、Delphi、C＋+Builder、J2EE 等，都为 Web Services 的开发提供了便利条件。

Web 服务是建立在 HTTP、SOAP、WSDL 和 UDDI 等标准及 XML 技术之上的，其最大优势是允许在不同平台上以不同语言编写的各种程序以基于标准的方式相互通信。其主要技术标准如图 10-9 所示。

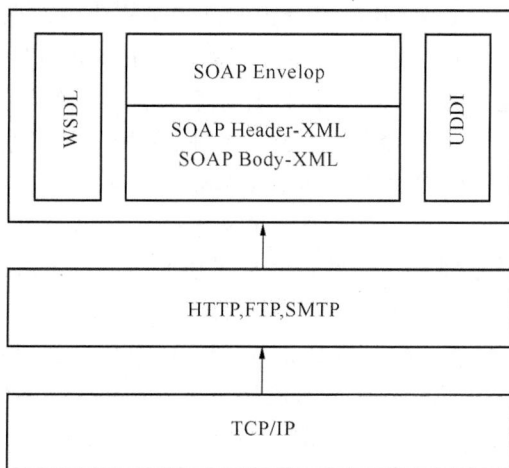

（1）XML：可扩展标记语言。XML 是 W3C 制定的可扩展的文本标记语言。其优越性在于简单地利用文本标记语言表现、描述数据和定义复杂类型数据的结构，并且可以利用目前标准的网络协议进行传输。XML 不依赖特定的平台，有进行分布式计算的先天优势。它消除了在不同平台和不同语言编写的系统之间的数据

图 10-9　Web 服务技术标准

结构和消息交换模式的差异，使得数据交换方式在 XML 技术的支持下统一了起来。XML 是 Web 服务实现的技术基础。

（2）SOAP：简单对象访问协议。SOAP 是一个基于 XML 的，用于分布式计算环境下数据交换的简单、轻量级协议。它一般绑定在 TCP/IP 的应用层协议 HTTP 上传输，因此可以充分利用现有网络协议的优势。SOAP 提供了一种将消息打包的标准机制，可以使客户端和远程服务器之间以 RPC 的形式通信。SOAP 是同类协议中第一个被世界上主要软件公司都接受的协议。

（3）WSDL：Web 服务描述语言。WSDL 是一种基于 XML 的语言。它提供了客户端与 Web 服务进行交互所必需的信息。WSDL 文档的根元素是 definition，该元素包含 types、message、portType、binding、service 五个子元素。

（4）UDDI：通用描述、发现和集成。UDDI 是一种发布有关 Web 服务技术信息的集中的目录服务。UDDI 规范跟前面的几种技术标准一样，也是由微软、IBM 和 Ariba 等公司提出和支持的。UDDI 的基础结构由一组注册表和注册器组成。注册表用于保存 UDDI 目录的完整副本，注册器用于为客户提供 UDDI 注册服务。

Web 服务的模型如图 10-10 所示。该模型中主要涉及以下三种基本角色。

（1）服务提供者（Services　Provider）。该对象提供服务并对服务进行注册以便于服务的利用。

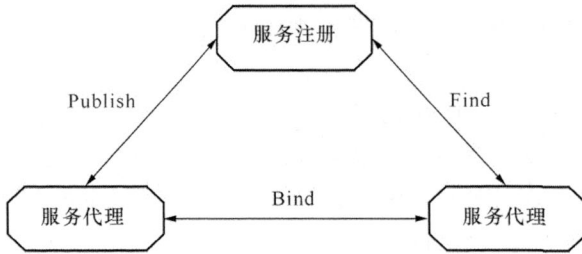

图 10-10　Web 服务模型

（2）服务注册中心（Services Register Center）。它是服务提供者和服务请求者之间的媒介，提供了一定的机制使服务提供者和服务请求者能够发现对方。

（3）服务请求者（Services Requester）。向服务注册中心请求服务并调用这些服务以完成具体任务。

另外，Web 服务模型中还包括以下几种基本操作。

（1）发布（Publish）。服务提供者向服务注册中心发布服务，即进行服务的注册。

（2）发现（Find）。服务请求者向服务注册中心提交发现操作的请求描述所需的服务，服务注册中心在完成匹配之后反馈相应的结果。

（3）绑定（Bind）。在服务请求者和服务提供者之间建立绑定使得服务请求者可以直接访问和调用服务提供者所提供的服务。

总之，这些开放的标准使 Web 服务屏蔽了不同系统间的差异和底层细节，实现了更高层次的抽象，因此是信息系统的研究热点和发展方向。

2．Agent

Agent 技术是 20 世纪 90 年代在网络技术和 Internet 发展的基础上兴起的一门实用性很强的计算机软件技术。目前，人们还没有对它做出精确的定义，但学术界对 Agent 技术的一些特性有一定的共识。Agent 具有如下特性。

（1）自治性（autonomy）。Agent 能在没有用户和其他 Agent 干预的情况下完成大部分问题求解任务。即 Agent 可以通过它自身的内部状态控制自己的行为。

（2）社会性（social ability）。Agent 能够按照自己的角色与用户或其他 Agent 交互地完成特定的问题求解任务，并能适时地为其他 Agent 提供服务。即 Agent 可以通过其通信语言与其他 Agent 进行交互。

（3）反应性（reactivity）。Agent 能够监测自己所处的环境，并能对所关心的环境变化做出理智的反应。即对环境的感知和响应。

（4）主动性（proactive）。Agent 不仅能够被动地对环境变化做出反应，同时也能够主动产生新目标并通过动作影响环境。即 Agent 可以主动采取面向目标的行动。

（5）适应性（adaptability）。Agent 可根据变化的环境条件逐步修改，完善自身的行为，增加有关问题求解的知识。

Agent 系统可分为单 Agent 系统和多 Agent 系统。单 Agent 系统中 Agent 可分为本地 Agent 和网络 Agent；多 Agent 系统中可分为基于分布式人工智能的 Agent 与移动 Agent。

单 Agent 系统大量地用于信息过滤、信息检索、个人助手、智能信箱和搜索引擎等方面。

基于分布式人工智能的多 Agent 系统主要关心自主 Agent 间的合作，它的应用范围很广，如自然语言分析、运输规划、电信管理等。

移动 Agent 是一种强有力的分布式计算模式，它使程序能够从客户端移动到能提供某种数据操纵服务的服务端，并以异步方式独立工作。因此，移动 Agent 的应用领域广阔，在电子商务、移动计算、信息查询、远程监控和信息发布等方面都有很好的应用前景。

3.　网格计算

网格（Grid）一词是借鉴电力网提出来的，网格设计的本意是让用户在使用网格时，就如同使用电力一样方便。网格奠基人 Ian Foster 把网格描述为"在动态变化的多个虚拟机构间共享资源和协同解决问题"，并提出网格同时满足三个条件。

（1）在非集中控制的环境中协同使用资源，如在分布式环境中使用分布的资源。

（2）用标准的、开放的和通用的协议和接口。

（3）提供非一般服务，而不是简单的单机计算服务。

目前，已有一些概念性的网格经过验证。例如，在政府服务方面，美国华盛顿特区的应急指挥系统就采用了网格计算技术，以逐步实现华盛顿特区所在的三个州的消防、警察、交通、救护等的相关部门之间异地数据库和异类信息系统的共享与协作。该系统可以使超过 40 个地方、州和联邦政府部门的官员和其他被授权的应急人员在突发事件是通过无线上网的方式获取不同政府部门的数据，并进行实时的联络，从而帮助这些负责公共安全的官员及时做出相关的决策。此外，还有为监控保健服务的专用网格、为协作研究的虚拟网格，为市场服务的公共网格等。

章节主题讨论

1. 请举例一个比较熟悉的高级信息系统，分析这个高级信息系统的作用，用到了哪些技术。

2. 为什么说高级信息系统不仅是一个技术系统，而且还是一个社会系统？

项目实践

1. 学生分组，开展信息系统最新应用或者学科前沿小报告活动，了解信息系统的新知识、新发展。

2. 搜索企业运用高级信息系统的案例，主要了解实施该系统之前企业的状况，系统是如何运行的，运行之后带来了什么样的改变。

参 考 文 献

[1] 吴忠，朱君璇. 现代信息管理与信息系统 [M]. 北京：清华大学出版社，2011.

[2] 刘永. 信息系统分析与设计 [M]. 北京：科学出版社，2008.

[3] 李晓. 信息系统分析与设计 [M]. 北京：水利水电出版社，2010.

[4] 肯尼斯，C. 劳顿，简 P. 劳顿. 管理信息系统 [M]. 北京：机械工业出版社，2007.

[5] 于丽娟，管理信息系统开发实务 [M]. 北京：清华大学出版社，2012.

[6] 刘仲英，管理信息系统 [M]. 2 版. 北京：高等教育出版社，2012.

[7] 黄超，管理信息系统 [M]. 北京：清华大学出版社，2012.

[8] 刘腾红. 管理信息系统-理论与应用 [M]. 北京：电子工业出版社，2012.

[9] 周明红. 管理信息系统 [M]. 北京：人民邮电出版社，2012.

[10] 李德建. 卢永刚，邢太北，管理信息系统 [M]. 北京：中央广播电视大学出版社，2012.

[11] 石昊苏. 管理信息系统 [M]. 上海：复旦大学出版社，2012.

[12] 吴琼瑶，谢清佳. 管理信息系统 [M]. 上海：复旦大学出版社，2003.

[13] 苏选良. 管理信息系统 [M]. 北京：电子工业出版社，2002.

[14] Raymond Mcleod，Jr.，George Schell. Management Information System(8th Edition) [M]. Beijing: Publish House of Electronics Industry，2002.

[15] 张维明. 信息系统集成技术 [M]. 北京：电子工业出版社，2002.

[16] 刘永等. 信息系统分析与设计 [M]. 北京：科学出版社，2002.

[17] 张维明. 信息系统原理与工程 [M]. 北京：电子工业出版社，2002.

[18] 斯蒂芬. 哈格. 信息时代的管理信息系统 [M]. 2 版. 北京：电子工业出版社，2000.

[19] 陈国清. 信息系统的组织·管理·建模 [M]. 北京：清华大学出版社，2002.

[20] 凯. 软件质量工程的度量与模型 [M]. 王振宇，等，译. 北京：机械工业出版社，2003.

[21] Jeffrey L.Whitten，System Analysis and Design Methods [M]. Sixth edition Beijing: china machine press，2004.

[22] 左美云，等. 信息系统的开发与管理教程 [M]. 北京：清华大学出版社，2001.

[23] 洪伦耀，等. 软件质量工程 [M]. 西安：西安电子科技大学出版社，2004.

[24] 凯西. 施瓦尔贝. IT 项目管理 [M]. 王金玉，等，译. 北京：机械工业出版社，2002.

[25] Harold Kerzner. Project Management: a system approach to planning，scheduling，and controlling [M]. Beijing: publishing house of elctronics，2002.

[26] Rajeev T Shandilya. 软件项目管理 [M]. 王克任，等，译. 北京：科学出版社，2002.

[27] 王要武. 管理信息系统 [M]. 北京：电子工业出版社，2003.

[28] 张志清. 管理信息系统实用教程 [M]. 北京：电子工业出版社，2005.

[29] 安忠，吴洪波. 管理信息系统 [M]. 北京：中国铁道出版社，1997.

[30] 曹锦芳. 信息系统分析与设计 [M]. 北京：北京航空学院出版社，1987.

[31] 高洪深. 决策支持系统（DSS）理论·方法·案例 [M]. 北京：清华大学出版社，1996.

[32] 芭芭拉. C. 麦克纳林，拉尔夫. H. 小斯普拉格. 信息系统管理实践（第七版影印版）[M]. 西安：西安交通大学出版社，2008.

[33] 白丽君，彭扬. 物流信息系统分析与设计 [M]. 北京：中国物资出版社，2009.

[34] 陈承欢. 管理信息信息系统开发案例教程 [M]. 2 版. 北京：人民邮电出版社，2009.

[35] 冯耕中. 物流信息系统 [M]. 北京：机械工业出版社，2009.

[36] 何有世，刘秋生. 管理信息系统 [M]. 2 版. 南京：东南大学出版社，2009.

[37] 刘兴. 防空防天信息系统及其一体化技术 [M]. 北京：国防工业出版社，2009.

[38] 苏强，耿强. 电信企业信息系统建设理论与实践 [M]. 北京：电子工业出版社，2009.

[39] 苏选良. 管理信息系统——应用导向的理论与实践 [M]. 北京：电子工业出版社，2009.

[40] 卫红春. 信息系统分析与设计 [M]. 北京：清华大学出版社，2009.

[41] 吴信才. 地理信息系统设计与实现 [M]. 2 版. 北京：电子工业出版社，2009.

[42] 肖默，张畅. 管理信息系统 [M]. 北京：人民邮电出版社，2009.

[43] 周敬治，张晓青. 数字信息服务系统的比较研究 [M]. 北京：科学出版社，2009.

[44] 周少华，王小丰. 管理信息系统/工商管理系列教材 [M]. 长沙：湖南大学出版社，2007.

[45] 邹恒明. 有备无患-信息系统之灾难应对 [M]. 北京：机械工业出版社，2008.

[46] 黄梯云. 管理信息系统 [M]. 北京：高等教育出版社，2000.

[47] 姜旭平. 信息系统分析 [M]. 长沙：湖南科学技术出版社，1992.

[48] 姜旭平. 信息系统开发方法 [M]. 北京：清华大学出版社，1997.

[49] 邝孔武，王晓敏. 信息系统分析与设计 [M]. 北京：清华大学出版社，1999.

[50] 李宇红. 信息系统原理及解决方案 [M]. 北京：电子工业出版社，1999.

[51] 刘锦德，刘后铭. 计算机网络大全 [M]. 北京：电子工业出版社，1997.

[52] 刘鲁. 信息系统分析与设计 [M]. 北京：北京航空航天大学出版社，1995.

[53] 王守茂. 管理信息系统的分析与设计 [M]. 天津：天津科技翻译出版公司，1993.

[54] 王治宇. 信息系统分析与设计 [M]. 北京：航空工业出版社，1997.

[55] 吴迪. 企业管理信息系统（MIS）基础 [M]. 北京：清华大学出版社，1998.

[56] 伍俊良. 管理信息系统开发与应用 [M]. 北京：科学出版社，1999.

[57] 薛华成. 管理信息系统 [M]. 3 版. 北京：清华大学出版社，1999.

[58] 余伟萍. 计算机管理信息系统开发与利用 [M]. 北京：电子科技大学出版社，1998.

[59] 郑人杰，殷人昆. 软件工程概论 [M]. 北京：清华大学出版社，1998.

[60] 琳达. N. 阿普盖特，F. 沃伦·麦克法轮，詹姆斯·麦肯尼. 公司信息系统管理 [M]. 李东，译. 大连：东北财经大学出版社，2000.

[61] 罗伯特·斯库塞斯，玛丽·萨姆纳. 管理信息系统 [M]. 李一军，等，译. 大连：东北财经大学出版社，2000.